Research on the Influence of Air Pollution on

CHINESE
STOCK MARKET

空气污染对中国股票
市场的影响研究

吴琴琴 ◇ 著

中国财经出版传媒集团

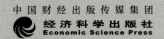

经济科学出版社
Economic Science Press

图书在版编目（CIP）数据

空气污染对中国股票市场的影响研究／吴琴琴著.
—北京：经济科学出版社，2022.7
ISBN 978 - 7 - 5218 - 3886 - 2

Ⅰ. ①空…　Ⅱ. ①吴…　Ⅲ. ①空气污染 - 影响 - 股票
市场 - 研究 - 中国　Ⅳ. ①F832.51

中国版本图书馆 CIP 数据核字（2022）第 133112 号

责任编辑：初少磊　杨　梅
责任校对：靳玉环
责任印制：范　艳

空气污染对中国股票市场的影响研究
吴琴琴　著
经济科学出版社出版、发行　新华书店经销
社址：北京市海淀区阜成路甲 28 号　邮编：100142
总编部电话：010 - 88191217　发行部电话：010 - 88191522
网址：www. esp. com. cn
电子邮箱：esp@ esp. com. cn
天猫网店：经济科学出版社旗舰店
网址：http://jjkxcbs. tmall. com
北京季蜂印刷有限公司印装
710 × 1000　16 开　12.25 印张　180000 字
2022 年 10 月第 1 版　2022 年 10 月第 1 次印刷
ISBN 978 - 7 - 5218 - 3886 - 2　定价：60.00 元
（图书出现印装问题，本社负责调换。电话：010 - 88191510）
（版权所有　侵权必究　打击盗版　举报热线：010 - 88191661
QQ：2242791300　营销中心电话：010 - 88191537
电子邮箱：dbts@ esp. com. cn）

前　言

中国股票市场中，易受情绪影响的个人投资者主导了市场的交易。因而，与发达股票市场相比，中国股票市场受到了更多的非理性因素的影响。这为本书从投资者情绪角度研究空气污染对中国股票市场的影响提供了一个理想的实验环境。大量医药学和心理学文献均表明，无论是在长期还是短期，空气污染都会导致人们的悲观情绪和风险厌恶行为。本书则基于空气污染造成投资者的悲观情绪，进而影响他们在股票市场中的投资决策的假定，分别构造由空气污染引致的本地、个人和机构投资者情绪指数，系统深入地研究空气污染对股票定价和交易行为的影响机制。

首先，本书研究了空气污染引致的本地投资者情绪对中国股票市场的影响。研究结果发现：空气污染影响了本地投资者情绪，且投资者具有本地偏好，进而影响了本地公司的股票定价；严重的空气污染降低了本地股票的收益率、流动性和波动性，且这种效应并不是由空气污染影响当地经济活动的机制驱动的，而是通过投资者情绪渠道造成的；空气污染对当地股票收益率的影响程度在难以估值和难以套利的公司中更显著。其次，本书研究了空气污染引致的个人投资者情绪对中国股票市场的影响。本书构造了一个公司层面的个人投资者情绪指数，研究结果发现：个人投资者情绪只与个人投资者交易行为显著相关，其有效性得到验证；个人投资者情绪越悲观，股票的收益率、流动性和波动性就越低；个人投资者情绪的投资组合的异常收益率不能被资产定价模型所消除，证实了中国股票市场并非完全有效。最后，本书研究了空气污染引致的基金经理情绪对中国股票市场的影响。研究结果发现：悲观的基金经理情绪显著降低了股票的流动性和波动性；基金经理情绪越悲观，股票收益率越低，且基金经理情绪对股票定价的影响在套利成本高的公司中更大。

相比较于之前的文献，本书的创新之处体现在以下几个方面：

第一，采用公司层面的数据，从本地偏好角度检验空气污染对本地股票定价和交易活动影响。本书的研究揭示了在中国股票市场中，空气污染影响股票定价的本地偏好机制。这不仅证实了中国股票市场上本地偏好现象的存在，还增加了空气污染与股票收益率负相关的证据。

第二，构造了公司层面的空气污染引致的个人投资者情绪指数。本书的研究揭示了空气污染可以通过个人投资者情绪渠道影响股票定价，并且证明了中国股票市场由于存在种种套利约束，其市场效率受到了一定的限制。

第三，研究了空气污染如何通过其基金经理情绪渠道影响股票定价。本书的研究证实了机构投资者并不是完全的理性投资者，也会受到情绪的影响，进而导致其在股票市场中的行为偏差。同时，本书的研究也证实了投资者情绪引起的资产误定价在套利成本较高的股票中更显著。

目 录
— CONTENTS

第一章

绪　论

第一节　研究背景与意义

众所周知，在中国经济的快速发展中，我国也付出沉重的环境代价。正如徐等（Xu et al.，2013）所强调的，经济快速增长虽然改善了生活条件，但是随之而来的空气污染正日益危害着公民的身体和心理健康。美国耶鲁大学在 2018 年 1 月 23 日发布了《2018 年环境绩效指数报告》。该报告显示，在全球 180 个国家中，中国的环境绩效指数（EPI）得分为50.74，居 120 位。空气质量是 EPI 的一个关键指标。近几年来，中国各大城市的空气质量受到越来越多的关注。中国工程院院士钟南山曾指出，空气污染比重症急性呼吸综合征（SARS）更可怕，因为几乎没有人能够免受其侵害（Li，2013）。《2016 年环境绩效指数报告》中指出，全球每年因恶劣的空气质量所导致的死亡人数比不安全饮水导致的死亡人数高 5 倍多。2016 年美国华盛顿大学卫生计量与评价研究所估计，在每年因环境问题导致的死亡和残疾人数中，其中有 2/3 是由空气污染物导致的疾病造成的。

空气污染不仅危害着人们的身体健康，还会对人们的心理健康产生不利影响。首先，空气污染基于它的有毒性，直接引起人们的身体不适、激素分泌失调等问题，并进一步引起精神病的症状，包括情绪紊乱、认知能力下降和记忆力衰退等；其次，空气污染能够直接导致人们的负面情绪，包括焦虑、紧张、抑郁和情绪低落；最后，即使当空气质量处于良好的状态时，人们持有的空气污染有害的信念也会间接引致人们的负面情绪。因此，在中国空气污染问题如此严峻的情况下，中国股票市场的投资者情绪或多或少都会受到空气污染的影响，并最终导致了他们在股票市场中的行为偏差。

中国股票市场经过近 30 多年的发展，已经取得了重大的进步。但是，与发达国家的股票市场相比，中国股票市场还有很多问题亟待解决，且各项制度还需不断完善。首先，中国股票市场的投资者结构失衡。依据上海证券交易所的统计数据，尽管目前中国股票市场中个人投资者的持股市值占比为 20% 左右，但是其成交量却占市场总额的 80% 以上。个人投资者普遍被认为是非理性投资者，会引起市场波动，造成资产误定价，并降低了市场效率。因此，中国股票市场需进一步加强培植机构投资者，并加强提升个人投资者的专业技能。其次，中国股票市场的套利成本高。中国股票市场的金融创新产品不够丰富，衍生品市场发展落后，因而不存在有效的避险机制。中国股票市场的融资融券制度并没有完全放开，存在较高的套利约束。最后，中国股票市场在很大程度上受到政府的干预。理论上，政府相关部门应该只需履行其股票市场的监管职责，不需要过多地去干预市场。在中国股票市场上，为维持市场稳定，政府相关部门直接干预股票发行资格与发行价格、二级市场中的股票价格和股票退市，政府的这些干预行为让投资者对其产生依赖性，进一步加重了投资者的恐慌心理。

综上所述，中国股票市场不是完全有效的资本市场，并不符合传统金融理论的前提假设。所以，本书认为很有必要从行为金融学的角度来研究中国股票市场问题。中国的大多投资者并非理性投资者，其投资决策容易受到情绪的影响，空气污染会导致投资者的悲观情绪，进而影响他们在股票市场的投资行为并造成资产误定价。本书根据这一逻辑主线，研究空气污染与中国股票市场之间的关系。本书的研究意义体现在以下几个方面。

第一，本书基于放松传统金融理论中的投资者完全理性的假设，研究由空气污染导致的不同投资者情绪对股票定价和交易行为的影响。这不仅对投资者情绪领域的研究进行了补充，还对促进资本市场的有效运行、提高资本配置效率，具有重要的学术价值。

第二，本书的研究厘清了空气污染通过投资者情绪渠道影响股票市场的机制，增添了自然环境影响金融市场这一研究领域的证据，为后续研究提供了依据。

第三，本书的研究还可以为证券监管部门的有效监管提供理论依据，为提高资本市场效率提供合理建议，并为投资者提供投资决策参考。

第二节　研究内容与框架

中国市场为研究空气污染对股票市场的影响提供了一个独特的环境。首先，根据世界交易所联合会 2017 年底的统计数据，经过近 30 年的快速发展，中国 A 股市场已成为世界第二大股票市场和全球最大的订单驱动市场。因此，中国资本市场在世界上发挥着越来越重要的作用。本书的研究有助于了解订单驱动市场中空气污染对股票定价的影响。其次，中国的空气污染是环境问题的一个严峻挑战，引起了越来越多的关注，这自然而然地形成了一个得天独厚的试验环境。

本书在阅读并掌握现有文献的基础上，沿着"空气污染→悲观情绪→行为决策偏误"的逻辑主线，系统深入地考察股票市场参与者对股票市场的影响。本书共七章，主要包括以下研究内容。

第一章为绪论。首先，提出了选题的研究背景与意义；其次，概括了研究内容与框架；最后，指出研究贡献。

第二章为文献回顾。在梳理大量文献的基础上，其一，回顾了传统金融学和行为金融学的相关理论；其二，对投资者情绪的定义和度量方法进行阐述；其三，分析了投资者情绪对投资者交易行为和股票定价的影响；

其四，从心理学和医药学的视角详尽地论述了空气污染对投资者情绪和投资决策的影响机制，并形成本书的理论基础；其五，回顾并分析现有的研究空气污染与股票市场之间关系的文献；其六，对现有的研究现状加以总结，为本书的研究和拓展提供支撑。

第三章分析了中国股票市场的投资者结构，并与海外股票市场进行对比分析。从投资者的持股市值、成交量占比和投资盈利情况的角度分析了中国股票市场中的各类投资者（包括个人投资者、一般法人、专业机构投资者和沪港通）的作用，为研究不同投资者的行为提供了现实依据。

第四章研究了本地偏好、空气污染、股票收益率和交易行为。从本地偏好机制角度研究了空气污染如何影响中国股票市场。首先，对空气污染影响中国股票市场的本地偏好机制进行验证；其次，在此基础上研究了空气污染对本地投资者交易行为的影响，进而研究其对本地的股票定价的影响；再次，对空气污染影响中国股票市场的经济机制和投资者情绪机制进行分析；最后，研究了公司特征如何影响空气污染与股票定价之间的关系。研究结果发现：空气污染影响了本地投资者情绪，且投资者具有本地偏好，进而影响了本地公司的股票定价；严重的空气污染降低了本地股票的收益率、流动性和波动性，且这种效应并不是由空气污染影响当地经济活动的机制驱动的，而是通过投资者情绪渠道造成的；空气污染对当地股票收益率的影响程度在难以估值和难以套利的公司中更显著。

第五章研究了空气污染引致的个人投资者情绪对中国股票市场的影响。从个人投资者角度研究了空气污染如何影响中国股票市场。首先，构造了公司层面的由空气污染引致的个人投资者情绪指数，研究了个人投资者情绪对股票定价和交易活动的影响；其次，通过建立个人投资者情绪投资组合，验证中国股票市场是否有效。研究结果发现：个人投资者情绪越悲观，股票的收益率、流动性和波动性就越低；个人投资者情绪投资组合的异常收益率不能被资产定价模型所消除，证实了中国股票市场并非完全有效。

第六章研究了空气污染引致的基金经理情绪对中国股票市场的影响。

从机构投资者角度研究了空气污染如何影响中国股票市场。首先，利用基金经理所在城市的空气污染数据和其持股数据构造了公司层面的空气污染引致的基金经理情绪指数，研究了基金经理情绪对股票流动性和波动性的影响；其次，进一步考察基金经理情绪对股票定价的影响。研究结果发现：悲观的基金经理情绪显著降低了股票的流动性和波动性；基金经理情绪越悲观，股票收益率越低，且基金经理情绪对股票定价的影响在套利成本高的公司中更大。

　　第七章为结论及研究展望。本章对全书各个章节进行总结，并为该领域后续的进一步研究提出了设想。

　　本书的研究框架可以分为四个层次，即绪论、文献回顾与理论基础分析、理论与实证研究，以及结论。基本研究框架如图 1-1 所示。

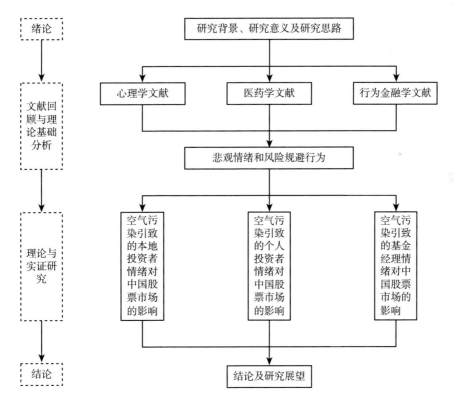

图 1-1　本书的研究框架

第三节　研究贡献

本书基于放松投资者为理性人的研究假设，以空气污染为投资者情绪的代理变量，从本地投资者、个人投资者和机构投资者的角度深入探讨了空气污染对股票市场的影响机制，丰富了投资者情绪领域的相关研究。本书的研究贡献主要体现在以下几个方面。

第一，本书从个股层面较为全面地检验了空气污染通过从本地偏好机制对本地股票定价和交易活动的影响。目前国内外关于空气污染与股票市场关系的研究主要停留在以股票市场整体为研究对象上，从个股层面进行的研究还比较少。本书的研究揭示了在订单驱动市场上，空气污染影响当地投资者情绪，进而影响注册在当地的公司的股票定价。这不仅证实了中国股票市场上本地偏好现象的存在，还增加了空气污染与股票收益率负相关的证据。此外，本书的研究还发现在难以套利和难以估值的公司中，股票收益率对空气污染引致的投资者情绪的敏感度更大，证实了贝克和沃格勒（Baker and Wurgler, 2006）的研究结论。

第二，从个人投资者角度研究空气污染与股票市场关系的方面看，本书构造了公司层面的直接衡量自然环境引致的个人投资者情绪的指数。本书的研究证实了空气污染可以通过个人投资者情绪渠道影响股票定价。此外，本书的研究发现个人投资者情绪投资组合的异常收益率不能被风险因子所解释，证明了中国股票市场由于存在种种套利约束，其市场效率受到了一定的限制。

第三，从机构投资者角度研究空气污染与股票市场关系的方面看，本书研究了空气污染如何通过基金经理情绪渠道影响股票定价。本书的研究证实了机构投资者并不是完全的理性投资者，也会受到情绪的影响，进而导致其在股票市场中的行为偏差。此外，本书的研究证实了投资者情绪引起的资产误定价在套利成本较高的股票中更显著，这与以往文献的研究结果一致。

第二章

文献回顾

第一节　传统金融学理论的发展与局限

一、传统金融学理论的发展

预测股票价格的波动规律一直以来是金融学家极具挑战和难以攻克的难题。传统金融学理论基于投资人完全理性的假设，试图通过建立量化的资产定价模型来对股票价格的变动加以解释。1827年，英国植物学家罗伯特·布朗（Robert Brown）在用显微镜观察悬浮于水中由花粉所迸裂出的微小颗粒时，发现微粒在不停地做不规则的曲线运动，但是他当时并不知道内在的原因。随后，他在1828年出版的书中，将这种不可预测的自由运动用自己名字命名为"布朗运动"。从布朗运动原理视角出发，奥斯本（Osborne，1959）利用数学公式将股票价格的变动形式化，认为基于过去的表现，是无法预测股票价格将来的变动方向的，即股票价格的波动与粒子的布朗运动相似。实质上，股票交易中的买方与卖方同为理性人，且能够获得对等的信息，因此在双方都认为股价公平合理时，交易才会达成。因而，现在的股票价格已经完全反映了股市中的供求关系，而股价未来的变动方向则是对随机到来的事件信息做出的反应。

马尔科维特（Markowits）于 1952 年创立了现代资产组合理论（modern portfolio theory）。他首次提出了资产组合报酬的均值和方差两个数学概念，并定义了具有风险厌恶特征的投资者的效用函数，认为通过有效的资产分散化，可以避免市场中的非系统性风险。马尔科维特还深入阐述了资产组合和优化的方法，认为最优的资产组合应该是投资者的无差异曲线与资产组合的有效边界的交点。这就形成了量化资产定价的基本研究框架，为传统金融学理论的后续发展奠定了坚实的基础。夏普（Sharpe，1964）、林特纳（Lintner，1965）和莫森（Mossin，1966）等在现代资产组合理论和资本市场理论的基础上，研究资产的预期收益率与风险资产之间的关系，提出了均衡状态下的资本资产定价模型（capital asset pricing model，CAPM）。CAPM 指出无风险收益率与有效风险资产组合收益率的连线反映了具有不同风险偏好的投资者的资产组合。罗斯（Ross，1976）在 CAPM 的基础上提出了一个更为一般化的均衡状态下的资产定价模型，即套利定价理论（abtrage pricing theory，APT）。套利定价理论认为套利行为是均衡价格形成的一个决定因素。如果市场未达到均衡状态的话，那么市场上就会存在无风险套利机会。根据无风险套利原则，均衡状态下的风险资产收益率与一组基本面因素之间存在近似的线性关系。这些理论的提出使得金融学成为一个独立的学术领域，并广泛应用于投资决策和公司理财领域中。

传统金融理论中最具代表性的理论恐怕非有效市场假说（efficient markets hypothesis，EMH）莫属了。有效市场假说是由法玛（Fama）在 1970 年深化提出的。有效市场假说认为投资者是完全理性的，可以通过获得的信息对股票价格进行评价，再根据均值—方差关系对股票进行权衡取舍，以获得高回报。证券市场中的股票价格充分地反映了所有可获得的信息，当新的信息到来时，股票价格能够迅速而准确地变动。即使股票价格偏离其基本价值，投资者可以通过无风险套利很快地使股票价格回归到基本价值。根据获得的信息集，有效市场假说主要有三种形式，即弱式有效市场、半强势有效市场和强式有效市场。其中，弱式有效市场假说认为股票价格已经充分反映了所有的历史价格信息。那么，在这种情况下，通过股票的基本面分析可以获得超额利润，但是股票价格的技术分析已经失效。半强势有效市场假说认为股票价格已经充分反映了所有公司已经公开的信息，包括历史价格信息、公司财务信息和其他公开披露的信息。那么，在这种假说的前提下，投资者利用基本面信息已经无法获得超额利润，只能去挖掘内幕消息才有获利的可能。强势有效市场假说认为股票价格已经充分地反映了所有的信息，包括公开信息和内幕消息。如果强势有效市场假说成立，投资者将没有任何办法获得超额利润。

二、传统金融学理论的局限

施莱费尔（Shleifer，2000）指出，有效市场理论主要是在以下三条基本假设上建立起来的：第一，投资者是理性的，因而可以理性地对证券进行评估；第二，即使投资者在一定程度上是非理性的，但是他们的交易是随机的，因而可以彼此抵消对证券价格的影响；第三，即使在某种程度上投资者的交易具有同步性，但是市场中的理性套利者可以通过无风险套利消除他们对证券价格的影响。

然而，随着越来越多的异象被发现，包括规模溢价之谜、价值溢价之谜、股票价格短期的动量效应和长期的反转效应，并且这些异象无法被有效市场理论所解释。学者开始对有效市场理论在理论和实证上都产生怀疑，并对其进行批判。

首先，投资者并非是完全理性的。在证券市场中，很多投资者并非是基于对信息的充分挖掘来进行交易的。投资者很有可能将自身的异质性信念误认为是信息，并以此进行投资者决策。正如布莱克（Black，1986）中所指出的，投资者所依据的是"噪声"。卡尼曼和里佩（Kahneman and Riepe，1998）从风险态度、非贝叶斯预期的形成和投资决策对问题框架的敏感性三个方面，对投资者偏离传统金融理论的行为进行了归纳。第一，投资者在评判风险时，并不是依据最终获得的财富水平，而是根据某个参考点的相对得失，并且投资者的投资决策可能会因参考点的不同而不同。同时，由于投资者的损失厌恶，其损失效用函数的斜率比获利效用函数的斜率陡峭。第二，投资者在预期不确定的结果时，往往会违背贝叶斯法则和大数据概率理论。投资者经常会利用近期的历史数据来预测未来，并对其赋予了多高的权重，而却忽略了这些近期信息只是偶然产生的。第三，投资者的投资决策会由于问题的呈现形式或描述方式不同而有差异，尽管问题在实质上没有不同。

其次，投资者的非理性行为并非随机的。卡尼曼和特韦尔斯基（Kahneman and Tversky，1979）在他们的理论研究中指出，投资者的非理性行为并不是随机的，而是具有协调一致性，所以由投资者非理性行为导致的股票误定价并不会相互抵消。席勒（Shiller，1984）认为在投资者听信谣言或相互模仿的情境下，投资者非理性行为会造成更加严重的资产误定价。投资者情绪就是一种导致投资者犯同样错误的因素，这是本书的主要研究点，将在本章的后半部分进行详细讨论。

最后，套利会受到一定的限制，使其不能完全发挥作用。有效市场理论认为当股票价格偏离基本价值时，套利者通过无风险的套利行为最终使股票价格稳定到基本价值。套利机制的有效发挥是有效市场理论成立的重要基石。然而，由于种种限制，无风险的套利很难实施。施莱费尔和维什尼（Shleifer and Vishny，1997）指出了实务中的三条套利限制：第一，非理性投资者的总投资资本不能在市场中占统治地位，否则理性投资者很难使股票价格回归到基本价值；第二，市场只能允许理性投资者进行低成本的卖空，否则非理性投资者的卖空行为会使股票价格进一步偏离；第三，股票价格经过一定的时间后必须回归到基本价值，否则非理性投资者不会认识到他们的错误行为并调整认知，股票价格也会继续偏离其基本价值。要同时满足以上条件是非常困难的。另外，套利者在卖空被高估股票的同时，需要买进相同或类似的没有被高估的替代产品，从而规避套利风险。但是，很多股票难以找到完美的替代品，因而套利本身是存在风险的。即使找到了被高估股票的完美替代品，但是两种证券的价格可能在未来一段时期内继续错下去，即高估的股票价格继续走高，低估的股票价格继续走低。如果理性投资者在股票价格回归到基本价值前因难以承受该风险而提前变现套利组合，那么他们有可能会损失惨重。

基于理论和实证的最新发现，有效市场理论的三条假设前提都受到了严峻挑战。学者开始寻求其他的理论来对市场中的异象进行解释。不同于传统金融学理论理性人的假说，忽略了投资者本身的投资决策行为对资产定价的影响，行为金融学理论开始重视人的异质性。本章第二节将对行为金融学的相关理论进行详尽的阐述。

第二节　行为金融学理论

一、前景理论的介绍与发展

行为金融学是将心理学和行为学融入金融学理论的一门交叉学科。它从市场参与者的心理状态和行为偏差的视角，研究不同市场参与者在不同环境下的异质信念和决策行为。卡尼曼和特韦尔斯基（Kahneman and Tversky，1979）提出了前景理论（prospect theory），分析了人们在不确定情况下的决策行为，标志着行为金融学理论的发展取得重大进展。

传统金融理论中的决策行为理论是依据期望效应假说建立的。在期望效用假说中，定义一个赌局为 $(x, p; y, q)$。在这个赌局中，某人可以选择参加或者不参加。如果参加，他得到 x 的概率为 p，而得到 y 的概率为 q，且 $p+q=1$，x 与 y 可正可负。定义一个期望效用函数 U，且具有以下特性：（1）$U(x,p;y,q)=pu(x)+qu(y)$，其中 $u(x)$ 表示得到 x 的效用；（2）$u''<0$，即人们是风险厌恶的。如果这个人的初始财富为 w，那么他参加这个赌局的充分条件为 $U(w+x,p;w+y,q)>u(w)$，即得到新资产的期望效用要大于初始资产的效用。也就是说，人们是依据最终获得的财富水平而不是相对收益或损失来衡量效用的。

然而，卡尼曼和特韦尔斯基（1979）以学校老师和学生为研究对象，通过问卷调查的方式，发现个人的行为决策是经常违背期望效用假说的，而传统金融理论又无法给出合理的解释。

第一，人们在面对获利时，相对于不确定的结果，人们会对确定的结果给予过高的权重，这就是前景理论中的确定性效应。假如有一个赌局，某人可以选择其中的一个参加。选择 A 有33%的概率得到2500元，66%的概率得到2400元，1%的概率一无所获；选择 B 确定可以得到2400元。在这个赌局中有82%的选择参加 B。另一个赌局中，选择 A 有33%的概率得到2500元，67%的概率一无所获；选择 B 有34%的概率得到2400元，66%的概率一无所得。在这个赌局中，有83%的人选择参加 A。在第一个赌局中，根据期望效用理论，$0.33u(2500) + 0.66u(2400) < u(2400)$，或者为 $0.33u(2500) < 0.34u(2400)$。在第二个赌局中却相反，$0.33u(2500) > 0.34u(2400)$。

第二，人们在面对损失时，会对不确定的结果过度重视，刚好与面对获利的情况相反，因而称之为反射效应。将之前两个赌局中的数值都换成其相反数，那么大多数人则会选择第一个赌局中的 A 组，和第二个赌局中的 B 组。也就是说，人们在面对获利时是风险厌恶的，而在面对损失时又是风险偏好的。

第三，在一个多阶段的选择问题中，人们将问题分解为共同成分和异质成分的方式，以及所处的分解位置，都可能使其有不同的偏好，称之为分离效应（isolation effect）。卡尼曼和特韦尔斯基（1979）设计了一个两阶段的赌局，如图 2-1 所示。在赌局的 A 阶段设置了一道门槛，使75%的人直接出局，一无所获，而25%的人进入 B 阶段。在 B 阶段有两个选择，一个是确定获得3000元；另一个是80%的概率获得4000元，而20%的概率获得0元。处于 A 阶段的人通过计算可知，获得3000元的概率是0.25，获得4000元的概率为 $0.2(0.25 \times 0.8)$。在整个赌局中，有78%的人选择直接获得3000元。但是如果直接将问题换成20%的概率获得4000

元或者 25% 的概率获得 3000 元，有 65% 的人选择前者。实质上，这两个赌局并无不同。但是在两个阶段赌局中，人们忽略了 A 阶段的赌局，而将其视为确定获得 3000 元，或者以 80% 的概率获得 4000 元的赌局。

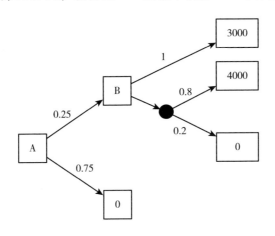

图 2-1　分离效应的案例

第四，问题的描述方式不同，人们可能会有不同的风险偏好，称之为框架相依。上述的案例也是框架相依的一个例子，人们的风险偏好根据概率描述方式的不同而改变。人们的风险偏好也会随着结果的不同而改变。假设在一个赌局中，如果某人先被给了 1000 元，问他在 50% 的概率获得 1000 元和确定获得 500 元之间如何选择。84% 的人选择了直接得到 500 元。在另一个赌局中，如果一个人先被给了 2000 元，问他在 50% 的概率损失 1000 元和确定损失 500 元之间如何选择。有 69% 的选择前者。根据预期效用假说，两个赌局中的前一个选择的效用都为 $0.5u(1000) + 0.5u(2000)$，而后者的效用都为 $u(1500)$。因而，人们是依据财富的变化来评估获得的效用，并不是财富的最终水平。

卡尼曼和特韦尔斯基（1979）也提出了理论模型来解释人们在不确定性情况的行为决策。他们提出了两个函数，其中一个是价值函数 $v(x)$，用来代替期望效应假说中的效用函数 $u(x)$，表示人们在得到 x 的主观价值；另一个是决策权重函数 $\pi(p)$，它将期望效应假说中的概率转换成了决策权重，表示概率 p 对整个期望价值的影响。但是，$\pi(p)$ 并不是指概率，且

$\pi(p) + \pi(1-p)$ 经常小于 1。在前景理论中，人们会选择一个参考点，依据相对于参考点的收益或损失来评价自身所有的价值。因此，参考点是价值尺度的 0 点，而 v 衡量了偏离参考点的价值。

卡尼曼和特韦尔斯基（1979）定义了一个赌局 $(x,p;y,q)$，且 $p+q \le 1$，其中得到 x 的概率为 p，得到 y 的概率为 q，一无所得的概率为 $1-p-q$。如果 x，$y > 0$ 且 $p+q=1$，那么这个赌局是严格正态的（strictly positive）；如果 x，$y < 0$ 且 $p+q=1$，那么这个赌局是严格负态的（strictly negative）；其他情况下，这个赌局是常态的（regular）。在一个常态的赌局中，赌局 $(x,p;y,q)$ 的整体价值表示为：

$$V(x,p;y,q) = \pi(p)v(x) + \pi(q)v(y) \tag{2-1}$$

严格正态或严格负态的赌局与常态赌局的价值评判方式不同。严格正态或严格负态的赌局可以分为无风险成分和风险成分。无风险成分是指确定的最小损失或利得。风险成分是指可能发生的额外损失或利得。因此，如果 $p+q=1$ 且 $x>y>0$ 或 $x<y<0$，那么该赌局的整体价值为：

$$V(x,p;y,q) = v(y) + \pi(p)\big[v(x) - v(y)\big] \tag{2-2}$$

也就是说，$v(y)$ 是无风险成分，而 $v(x) - v(y)$ 是风险成分。

价值函数 $v(x)$ 是一个单调递增函数，如图 2-2 所示，且具有三个重要的特征：（1）价值函数是以相对于参考点的相对利得或损失定义的，而与期末的财富水平无关。参考点一般是根据目前的财富水平决定的；（2）当 $x>0$ 时，价值函数是一个凸形的函数，即 $v''(x) < 0$，而当 $x<0$ 时，价值函数是一个凹形的函数，即 $v''(x) > 0$。也就是说随着损失或者利得的增加，其边际价值是递减的；（3）价值函数中损失部分的斜率比利得部分的斜率更陡峭，即损失一部分财富所经历的痛苦要比获得同样额度财富而得到的快乐大。也就是说，人们是损失厌恶的。

决策权重函数 $\pi(p)$ 如图 2-3 所示。它具有两个重要特性：（1）决策权重是概率 p 的递增函数，但是它并不是概率；（2）当 p 很小的时候，$\pi(p) > p$，表明人们过度重视概率很小的事件，而随着 p 增大到一定程度时，$\pi(p) < p$。

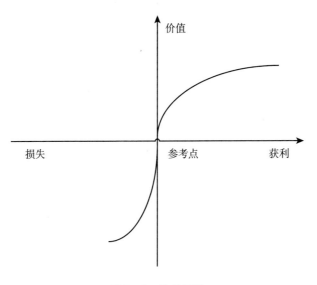

图2-2　价值函数

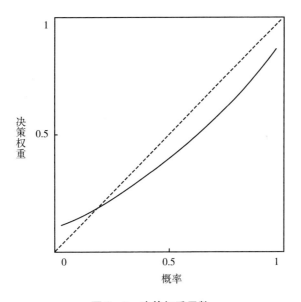

图2-3　决策权重函数

　　前景理论提出之后，学者开始利用它来解释很多传统金融学理论无法解释的现象。下面将对此进行详细阐述。

　　第一，沉没成本效应。泰勒（Thaler，1980）认为沉没成本效应是指对一件商品或服务之前的支出，会影响人们现在的行为决策。阿克斯和布鲁默（Arkes and Blumer，1985）指出沉没成本效应是以前投入的时间、金钱或其他资源会对人们后续的决策产生影响。泰勒（1980）在他的研究中列举了一个案例来解释沉没成本效应。有一家人，花了 40 美元买到了离家 60 英里外的篮球赛门票。但是，在比赛的当天有一场暴风雪。他们决定无论如何都要去看比赛，但如果把买门票的钱退还给他们，他们就待在家里。那么，在比赛当天，买门票的 40 美元就是沉没成本。根据前景理论，获利部分的价值函数是凸的，而损失部分的价值函数是凹的。这一家人观看比赛的价值为 h，而去比赛场地的成本为 c。如果比赛门票是免费的，去不去观看比赛是无差别的，那么观看比赛获得的享受与去比赛场地的过程中所遭受的痛苦应该相等，即 $v(h) = -v(-c)$。但是，购买门票 40 美元是影响这项决策的一个因素，所以这一家人观看比赛的净享受为 $v(h) + v(-c-40) > v(h) + v(-c) + v(-40) = v(-40)$。所以，这一家人去观看比赛的净效用比损失 40 美元的效用要大，因而选择去观看比赛。

第二，机会成本效应。泰勒（1980）将机会成本定义为获得收益的一个机会，他列举了一个案例对机会成本效应进行建模解释。20 世纪 50 年代末，R 先生以每瓶 5 美元左右的价格买了一箱好酒。几年后，酒商提出以每瓶 100 美元的价格回购这款酒。但是他拒绝了，尽管他从未以超过 35 美元的价格买过一瓶葡萄酒。前景理论认为，损失部分的价值函数斜率比获利部分的价值函数斜率陡峭，那么同等数额损失的价值比同等数额获利的价值更高，即 $v(x) < -v(-x)$。实质上等同于说，人们更看重损失的部分。在这个例子中，如果 R 先生将酒卖出去，那么他就失去拥有这箱酒的资格。这箱酒当前的公允价值就是 R 先生的损失。同时，他也获得同等数额的收益。但是，根据前景理论，人们是损失厌恶的，R 先生将不会卖出这箱酒。此外，R 先生之前购入这箱酒所支付的价格也会被视为损失，这就是前面说的沉没成本。

第三，心理账户。心理账户的说法最早是由芝加哥大学经济学家泰勒于 1980 年提出，用来解释沉没成本效应。卡尼曼和特韦尔斯基（1981）认为心理账户是指人们在心理上对结果进行分类记账、编码、估价和预算的过程。由于心理账户的存在，人们对多个不同的赌局有不同的决策行为。例如，人们在买进一只股票时，会将买入价作为参考点，并把亏损或盈利的股票分别放进不同的账户，从而对这两类账户中的股票有不同的态度和决策行为。客观上来说，卖掉亏损的股票和保留亏损的股票实质上没有差别，只不过一个是实现的亏损，另一个是账面亏损。但是，人们在心理上把它们严格区分开来。人们是损失厌恶的，卖掉亏损的股票就相当于实现了真正的损失，使人们在心理上更加痛苦。泰勒（1999）系统性地对心理账户进行了总结，认为心理账户有三个部分值得关注：首先，心理账户提供了决策前后的损失—收益分析，可以用于对决策结果的感知、制定和评价；其次，人们会根据资金的来源与支出将其划分到不同的账户，且消费有时受到隐性预算或显性预算的限制；最后，心理账户可以按照每天、每周甚至每年来评价，并且分类的框架也可宽可窄。

第四，处置效应。处置效应是指投资者倾向于卖出盈利的股票，而继续持有亏损的股票。前景理论认为，当股票价格高于参考点时，投资者是风险规避的；而当股票价格低于参考点时，投资者是风险偏好的。如果投资者用买股票的买入价格作为参考点，那么当股票价格高于参考点时，投资者面临两个选择，即卖出股票获得较少的收益，或者继续持有但是冒着股票价格下跌的风险。由于这个时候的大多数投资者都是风险规避型的，所以倾向于尽早卖出股票。相反地，如果股票价格低于买入价时，多数投资者趋于冒着股票继续下跌的风险保留亏损的股票。谢夫瑞和斯塔特曼（Shefrin and Statman，1985）认为投资者由于害怕后悔，所以就想方设法避免后悔发生，因而会表现出非理性行为。投资者不愿意看到实现的亏损，为了避免后悔，会选择继续持有股票以期股票价格回升。

二、行为金融学其他理论

行为金融学中除了前景理论衍生出的相关理论外，该领域的学者也逐渐提出了其他理论来解释微观个体的非理性行为。

（一）启发式认知偏差

它也称之为启发式偏差，是指人们往往依据"经验法则"来进行行为决策。如果所依赖的信息中遗漏了重要因素，那么他们很有可能得出错误的结论，表现出非理性行为。启发式偏差主要有易得性法则、代表性偏差和锚定效应三种。

易得性法则指人们经常根据容易被感知或回想起来的信息而不是所有的信息，来评价某件事情发生的可能性。卡尼曼和特韦尔斯基（1973）认为人们存在严重的回忆偏向和搜索偏好，并不是所有的相关信息都能够被无偏差地搜索到。事件发生的频率、范围和激烈程度都会影响人们记忆的可获得程度。德雷曼（Dreman，2000）认为人们往往会忘记过去，而近期发生的事件更能吸引他们的注意力。一件事情在近期越突兀，人们就越有可能夸大该事件的长期发生概率。例如，假设投资者购买了雅虎的股票后，股价上涨了 20 倍，那么他们就很有可能忘记这种股价的急剧上涨与长期的基本面价值是相背离的，更有可能忘记在过去很多类似的事件中亏损的经历。

代表性偏差指人们在判断事件发生的可能性时，常常根据以往同类事件的经验或规律到得出结论。卡尼曼和特韦尔斯基（1974）认为人们将事物根据过去的代表性特征划分为几类，然后依照已有的发展模式对新出现的事物进行评价。但是，人们过于看重这些代表性特征，而忽略其他重要因素，并习惯于用已发生的小样本事件来判断大样本，从而出现决策失误。

锚定效应指人们在对某个事件定量评估时，经常会以某个特定数值为起始点，来调整人们对事件的评估结果。卡尼曼和特韦尔斯基（1974）发现人们对起始点的设定会受到问题描述中的数值的不断影响。投资者会根据股票过去的价格来估计股票的当前价格，就是一种典型的锚定效应。

（二）模糊厌恶

模糊厌恶是指模糊意味着对未来的不确定性，很可能会带来重大损失，因而人们对模糊性具有强烈的厌恶心理。埃尔斯伯格（Ellsberg，

1961）认为人们愿意从事概率已知的冒险行为，而规避概率不确定的冒险行为。例如，两个黑箱中各有 100 个球，其中 A 箱中有 50 个红球和 50 个黑球，而 B 箱中的红球和黑球的数量不确定。如果从 A 箱或者 B 箱中随机抽取出一个红球，那么将获得 100 元。在实验中，大多数人都会选择 A 箱下注。这主要是因为 B 箱中抽出红球的概率不确定，人们下意识地进行规避。

（三）过度自信

格尔维斯等（Gervais et al.，2002）将过度自信定义为自己获得的信息的准确性比实际上更高的一种信念，也就是说人们对自己的信息赋予了更大的权重。丹尼尔等（Daniel et al.，1998）认为人们倾向于将成功归因于自己知识的准确性和个人能力，这种自我归因会使人们过度自信。巴伯等（Barber et al.，2007）利用一家大型经纪公司的家庭账户数据，分别分析男性和女性投资者的普股票交易情况，发现男性投资者的成交量比女性投资者高出 45%。这主要是因为在金融市场中，男性投资者的过度自信程度更高。

第三节　投资者情绪的定义与度量方法

投资者情绪理论是行为金融学的支柱之一，它在行为金融学越来越受到重视的过程中得到了迅速发展（鲁训法和黎建强，2012）。正是由于有关投资者情绪的研究发展非常迅速，学术界甚至还来不及对投资者情绪给出准确的、统一的定义，只是从不同的角度进行了描述。

一种观点是从心理学的角度来描述投资者情绪，这种情绪实际上是由"情感"带来的偏差，如斯坦（Stein，1996）认为投资者情绪是由情感或情绪而不是理性因素诱发的思想、观点或看法。这种投资者心理因素会导致资本市场上证券的误定价，并在未来一定时期内继续偏离其内在价值；王美今和孙建军（2004）把投资者情绪看成是投资活动中的一种"基于情感的判断",由于心理或认知上的偏差而产生,导致对风险资产预期收益分布形成错误看法,并将投资者情绪具体化为噪声交易者对风险资产的估价与理性投资者的偏差;仪垂林(2006)认为投资者情绪是投资活动中不被当前事实所证明的对未来现金流和投资风险的一种"基于情感的信念",由于心理或认知上的偏差,导致对风险资产未来收益分布形成错误的看法。另一种则是从预期偏差的角度来描述,如饶育蕾和张轮(2005)、韩泽县(2005)和王宇(2012)均指出,投资者对未来有系统性偏差的预期可以称为投资者情绪;薛斐(2005)将投资者情绪定义为投资者由于受认知结构影响,而形成的具有系统性偏差的投资信念。

还有一些是从其他方面来描述的,如布朗和克里夫(Brown and Cliff,2004)把投资者情绪定义为市场参与人的心理预期与正常状态的比较,或者是资本市场的总体乐观状态或悲观状态;德朗等(De Long et al.,1990)把拥有错误观念的投资者称为噪声交易者,并将这种错误观念看成"投资者情绪";贝克和斯坦(Baker and Stein,2004)以及波尔克和萨皮恩扎(Polk and Sapienza,2009)都把投资者情绪定义为对资产内在价值的错误评判;张圣平等(2003)认为投资者情绪是指投资者在不确定环境中,由于自身认知偏差而形成的错误信念。这种信念对资产价格的形成将产生显著的系统性影响,从而导致资产价格长期偏离其均衡价值。

从以上各类定义来看,尽管各自的观察角度不同,但基本上都认为投资者情绪会导致资产的错误定价。由于资本市场参与者众多且影响投资者情绪的因素无法完全消除,将导致资本市场异象长期存在,所以在分析资产定价的过程中不能忽视投资者情绪。

一、直接指标

直接指标是指直接向投资者发出问卷或者询问对未来经济和股票市场的看法,并以此来评判投资者对市场前景的态度,也被称为调查类指标。文献中主要采用的直接指标包括:投资者智慧指数(investor intelligence,

II）；美国个人投资者协会指数（American association of individual investors，AAII）；消费者信心指数（consumer confidence index，CCI）；"央视看盘"指数；好淡指数等。

II 是通过对 130 多家报纸的股评人士对市场未来走势的观点进行调查，其调查结果作为情绪指标。由于选择的被调查者多为股票市场中市场专业人士，所以，II 在一定程度上可以代表机构投资者的情绪。布朗和克里夫（Brown and Cliff，2004）用 II 来研究投资者情绪对股票长期收益的影响。他们发现，过度乐观将导致市场价格高估，因此，当期较高的情绪预示着股票在未来较低的长期收益率。不过克拉克和斯塔特曼（Clarke and Statman，1998）、索尔特和斯塔特曼（Solt and Statman，1998）都认为 II 效果不太好，他们的研究没有发现 II 与股票预期收益的关系。

AAII 是美国个人投资者协会通过对该协会会员所作的关于投资态度的调查得出的情绪指标。德邦特（De Bondt，1993）的研究发现，AAII 对未来股票的收益率具有一定的预测能力。

奥图（Otoo，1999）发现 CCI 与股票收益率具有很强的同步性，但在检查二者之间因果关系时，发现在短期内收益率是 CCI 的 Granger 原因，反之则不然。莱蒙和波特尼亚奎纳（Lemmon and Portniaguina，2006）的研究表明，CCI 能够预测小规模公司股票和机构股东较少公司股票的收益率。邱和韦尔奇（Qiu and Welch，2004）也发现，CCI 与小规模公司股票的超额收益显著相关。施梅林（Schmeling，2009）用 CCI 作为投资者情绪变量，研究了 18 个工业化国家的股票市场，在控制了价值股、成长股、规模等因素后，他们发现投资者情绪与市场收益率呈负相关，即当情绪高涨时，未来的股票收益率将下降，反之亦然。他们还发现，在市场信用度更低或更具有"羊群效应"的国家，情绪对资产定价的影响更严重。祖瓦伊等（Zouaoui et al.，2011）随后用美国和 15 个欧洲国家的数据再次验证了施梅林（2009）的结论。

"央视看盘"指数是中央电视台根据对证券公司和机构投资者关于后市看法进行询问，并整理为日度和周度的统计数据。王美今和孙建军

（2004）用"央视看盘"指数作为情绪代理变量研究发现，投资者情绪不仅显著影响了市场收益率，还反向修正了市场的收益波动率。不过，该指数已经停止公布。

好淡指数。《股市动态分析》杂志每周五调查投资者对市场未来表现的观点，并将投资者的观点分为涨、跌、平三类，再根据统计结果，构造出了短期（周）和中期（月）两种好淡指数，并在随后出版的周刊《股市动态分析》上公布。程昆和刘仁和（2005）认为好淡指数能够较好地反映股市的牛熊状况，并发现投资者中期情绪指数对市场收益率波动的影响程度更高，且中期情绪指数对市场收益率有一定的预测能力，而短期情绪指数并没有。陈其安等（2012）用好淡指数对其所建立的投资组合模型进行实证分析，结果表明投资者情绪乐观时，上证综指收益与风险正相关，当投资者情绪消极时，则会出现相反的结果。

随着互联网的迅速发展，人们只需花费少量成本就可获取大量信息。多数股票投资者都会浏览财经新闻或者在股吧、财经论坛中发帖，所以有些学者认为从网络上直接获取的信息比调查得到的更能全面准确地反映投资者情绪。目前有些文献开始利用文本分析技术，从金融新闻、股吧和财经论坛中挖掘相关信息，以构建投资者情绪指数（Garcia，2013；耿志民和乔智，2013；张紫琼等，2013）。

用调查类指标测量投资者情绪具有许多好处。调查过程本身充分考虑了与投资者社会经济特征相关的心理状态。调查中使用的标准化问卷可以使得对情绪的测量更精确，也容易构造长期的、有规则的时间序列数据。然而，调查也有一些缺陷。第一，样本量常常受到限制；第二，还存在声誉偏差（如受访者往往用一种使他们自身感觉良好的方式来回答问题，这无疑会影响调查结果）；第三，有些调查可能会延续一周甚至一个月，使调查并不能及时反映投资者的当期情绪，而是混合了一段时期的感受；第四，除瑞银或盖洛普的方法外，其余调查方法均没有在乐观或悲观之间设定一些中间层次，受访者的答案要么是乐观，要么就是悲观；第五，对所有受访者给予了相同的权重。基于这些缺陷，学术研究中更多地采用情绪的间接指标和代理指标（Beer and Zouaoui，2013）。

二、间接指标

间接指标通过对资本市场客观数据进行整理分析后得到，能较好地反映投资者对资本市场未来的态度和看法，这些指标包括：封闭式基金折价率；零股买卖比；开放式基金净赎回量；流动性；股票投资技术分析的指标，如相对强弱指数（relative strength index，RSI）、腾落指数等；IPO发行量；IPO上市首日收益率；换手率；新开交易账户数等；

尼尔和惠特利（Neal and Wheatley，1998）认为与零股买卖比相比较，封闭式基金折价率和开放式基金净赎回量能更好地预测大、小公司之间的收益率差。德朗等（1990）的研究发现，封闭式基金折价率是一个衡量投资者情绪的良好代理变量，且小公司股票和个人持股比例较高的股票更容易受到投资者情绪影响。贝克和斯坦（2004）认为在具有卖空限制的市场机制中，流动性可以用来度量投资者情绪。较高的流动性意味着非理性投资者的过度乐观，随之而来的是未来收益率降低。鲁训法和黎建强（2012）用投资者新开账户数来测度投资者情绪，研究了它与市场指数之间的关系，分析表明，市场指数是投资者情绪变化的重要影响因素，即市场处于牛市时，投资者情绪更为乐观，有更多的新投资者进入，当市场处于熊市时，投资者表现为悲观，场外投资者将处于观望状态，并不急于入市。于晓红等（2013）用IPO上市首日换手率和新股中签率来度量投资者情绪研究了中国创业板市场，他们发现，投资者情绪对创业板上市公司的股票价格具有显著影响，当上市首日换手率越高、中签率越低时，投资者乐观情绪越高，IPO抑价程度越严重。

间接指标有许多好处，首先，它比较容易构造和获得；其次，该指标可以实时观察到；最后，该指标反映了市场牛熊市的强度。间接指标的缺陷在于其依赖的理论基础存在一定的争议，如对于封闭式基金折价率，现有文献从代理成本、基金流动性、基金分散化投资程度、市场分割和投资者情绪等方面都做了解释（Beer and Zouaoui, 2013），所以，邱和韦尔奇（2004）比较发现，相对于封闭式基金折价率，CCI 能更好地度量投资者情绪；此外，间接指标与市场活动或经济变量之间存在一定的内生性，这种相互影响的关系也降低了间接指标的精确度。

三、综合指标

综合指标，也就是把多种单一的情绪指标通过一定的方式组合在一起来代表投资者情绪。贝克和沃格勒（Baker and Wurgler, 2006）较早采用组合方式构造投资者情绪，他们将 6 个间接指标通过主成分分析进行线性组合：封闭式基金折价率；NYSE 换手率的对数；IPO 的数量；IPO 上市首日收益率；股票发行总量与债券发行总量的比值；股利溢价率（发放股利公司与不发放股利公司之间市场价值/账面价值比率的差值）。他们发现当情绪较高时，主观估值较高和套利成本较高的股票在未来具有较低的收益率。易志高和茅宁（2009）用封闭式基金折价率、换手率（市场交易量/流通市值）、IPO 数量、IPO 首日收益率、新开交易账户数和 CCI 来构造投资者情绪指数，研究发现该指数与市场指数存在明显的相关性。陈等（Chen et al. , 2010）用卖空交易量、香港银行间拆借利率（Hong Kong inter-bank offered rate, HIBOR）、相对强弱指数、资金流入指数（money flow index）、市场换手率和每日市场指数表现 6 个指标来构造综合的投资者情绪，他们发现小规模公司的股票比大规模公司的股票更容易受到情绪影响。胡和王（Hu and Wang, 2012）用 IPO 上市首日收益率、封闭式基金折价率、换手率和每月新股发行量来构造综合的投资者情绪指数，他们认为投资者情绪是资产定价的系统性风险之一，对于热门股和价值股而言，投资者情绪具有显著的增量解释力度。贝尔和祖瓦伊（Beer and Zouaoui, 2013）则把两个直接指标（II and CCI）和四个间接指标（每月的 IPO 数量；IPO 上市首日收益率；美国共同基金净现金流入额；封闭式基金折价率）共 6 个指标通过主成分分析（principal component analysis）来构造投资者情绪（composite sentiment index，CSI），他们发现，在控制了经济基本面和系统风险之后，投资者情绪对小规模公司股票、价值股、上市期较短的股票、不盈利公司的股票和无形资产较多公司的股票有显著影响，这些股票更难定价和套利，较高（低）的 CSI 预示着这类股票的预期收益较低（高）。黄等（Huang et al.，2015）使用偏最小二乘法（partial least squares，PLS）构造一个新的投资者情绪指数，该指数比贝克和沃格勒（Baker and Wurgler，2006）的投资者情绪指数在样本内和样本外具有更强的预测能力。

四、代理指标

代理指标主要指影响投资者对市场预期和资产定价的非经济变量（王宇，2012）。这类变量更多地表现为自然条件或状态，如天气因素、月相变化、自然灾害等。与自然条件相关的变量之所以可以作为投资者情绪的代理指标，是因为人类社会在长期的进化和发展过程中，不可避免地受到自然条件的影响和制约，发表在 2013 年第 1 期《美国经济评论》上的 leading article "'走出非洲'假设、人类基因多样性和比较经济发展" 认为，当前世界经济发展不平衡的格局，实际上是在人类出走非洲的时候就已经决定了，非洲的地理环境决定了远古时期智人的迁徙路径，而迁徙路径又决定了基因多样化的程度，从而影响后来一系列的世界经济发展水平（Ashraf and Galor，2013）。陆静（2011）也指出，人类在进化过程中，为适应自然条件的变化，已经具备了一套随自然条件周期变化的生理调节机能。这种生理调节机能在一定条件下可以适应自然变化，但是在超过某一限度后，人体就会表现不适，甚至出现伤亡现象。所以，自然条件的任何变化都会导致人们机体和心理极为复杂的直接和间接反应。罗尔（Roll，1992）曾在《新帕尔格雷夫大辞典：货币与金融》中关于天气词条有这样的描述："天气的确是一个外生于经济体系的因素……在早期的计量经济学文献中，天气被看作是很好的外生变量……因为天气既是外生的又是可

以被直接观察到的……天气对于评估金融市场的信息处理能力肯定是有用
的。"马萨诸塞大学的教授桑德斯（Saunders，1993）较早研究了天气与股
价的关系，他发现纽交所股票的收益率与交易所所在地区的云层覆盖率呈
负相关关系。该研究立即得到了投资者的广泛关注，斯特克洛（Stecklow，
1993）随后在《华尔街日报》上评论道："忘掉股市的一月效应吧，马
萨诸塞大学的教授已经找到了观察股市涨跌的更好的指标，你只需要问
一问华尔街的天气就行了。"赫什莱弗和肖姆威（Hirshleifer and Shum-
way，2003）用 Logit 模型检验了全球 26 个股票交易所市场指数与当地云
层覆盖率的关系，他们发现有 25 个回归系数为负值，如果每个回归系数
的符号都呈独立的二项分布（出现正负的概率都为 0.5），则出现这种情
况的概率只有 4×10^{-7}。所以，他们据此认为这是天气影响股票收益率
的明显证据之一。拉夫兰和舒尔茨（Loughran and Schultz，2004）发现，
暴风雪当天，该注册地上市公司的股票交易量减少了 17%，接下来的第
二天，股票交易量继续减少了 15%。这一方面说明天气的确对股票市场
产生影响；另一方面也说明天气的影响具有持续性。常等（Chang et al.，
2008）的研究还发现，天气不仅影响股市收益，还影响投资者的交易行
为，如云层覆盖率对股价波动率和市场深度均具有负向作用。道林和露
西（Dowling and Lucey，2008）发现，由昼夜相对时间长短计算的季节
性情绪紊乱指数（seasonal affective disorder，SAD）对股市收益率有显著
影响。用上交所 A 股日交易数据，康等（Kang et al.，2010）发现极端
恶劣的天气（如非常高的湿度和非常低的日照指数）与股市收益率呈负
相关。采用云层覆盖率和降雨量指标，韩泽县（2005b）发现日照与沪
深两市的指数收益率存在稳定且显著的关系，基于天气指标的投资策略
能提高投资组合的夏普比率，并且中国股票市场天气效应的强度和统计
显著性高于英美等发达市场，说明中国资本市场的投资者更容易受到情
绪影响。单和龚（Shan and Gong，2012）研究了四川汶川地震前后公司
总部在震源附近的上市公司的股价波动，他们发现地震后的短期内，这
类公司的股价明显降低，而在地震发生前或地震发生后的长期中，不存

在这个现象。他们据此认为，投资者情绪和当地偏差效应的交互作用将影响股票定价。

以上文献都是利用自然环境指标构建投资者情绪指数，而对市场其他参与者的情绪指数的构建则鲜有涉猎。近两三年，才有文献直接构建公司管理者、分析师以及银行借贷审批人员的情绪指数，进而研究情绪指数与其行为偏差之间的关系。陈等（Chen et al.，2017）以公司发布盈余预测报告前的一段时期的云层覆盖率作为公司管理者的情绪指数，发现在晴天的天气状况下，公司管理者情绪越高涨，越倾向于高估公司盈余。郭际等（2018）发现当空气质量越差时，重污染企业存在向下的盈余管理行为。乔卡里亚等（Chhaochharia et al.，2019）基于同样的方法构造情绪指数，发现当云层覆盖率较低时，公司管理者更有可能决定增加公司投资和雇用更多的职员。德哈恩等（Dehaan et al.，2017）研究发现当分析师经历糟糕的天气状况时，会更加不及地发布研究报告，并倾向于低估公司业绩。朱小能和刘鹏林（2018）发现空气质量影响了分析师对公司盈余和投资评级的预测。科尔蒂斯等（Cortés et al.，2016）的研究表明银行借贷审批者在晴天时会批准更多的信贷申请。

第四节　投资者情绪对股票市场的影响

一、投资者情绪对交易行为的影响

贝克和斯坦恩（Baker and Stein，2004）建立了投资者情绪与市场流动性的模型，认为非理性投资者对订单流中的信息反应不足，并且由于卖空约束的存在，高的市场流动性是非理性投资者主导市场的一个预兆。相应地，杨和李（Yang and Li，2014）建立一个关于情绪和信息相关的动态资产定价模型，表明当情绪需求强度超过特定值时，情绪交易量会增加市场流动性。刘（Liu，2015）对投资者情绪影响市场流动性的理论机制进行了详尽的归纳。他基于凯尔（Kyle，1985）的研究将市场参与者分为噪声交易者、知情交易者和做市商三类交易者的框架，认为只要其中任何一类参与者受到投资者情绪的影响，那么他们的行为就会对市场流动性造成影响。中国股票市场并不存在做市商，那么在中国股票市场上，投资者情绪影响流动性的理论机制就与美国市场并不完全相同。德朗等（De Long et al.，1990）的建模分析发现，当投资者情绪高涨时，噪声交易者高估了股票价格，他们会更多地购买并持有股票资产；而当投资者情绪回落时，噪声交易者低估了股票价格，他们会卖空股票等风险资产。这样就导致无论投资者情绪是高涨还是回落，噪声交易者的成交量都会增加。然而，现实中卖空是有成本的，尤其在中国这个 2010 年才实施融资融券制度即卖空机制且杠杆交易量很小的市场上，卖空的成本就更大。因此，噪声交易者只会在情绪高涨时才会增加成交量，从而增大流动性。格尔维斯和奥丁（Gervais and Odean，2001）、斯塔特曼等（Statman et al.，2006）以及拉夫兰和舒尔茨（Loughran and Schultz，2004）认为当投资者情绪高涨时，投资者（包括噪声交易者和知情交易者）会更加自信和乐观，因而对风险的承受力度增强，更愿意在股票市场进行交易，也会增加市场流动性。

目前，国内外已有相关文献对投资者情绪与流动性之间的关系进行了研究。乔和杨（Choe and Yang，2010）基于个人投资者更易受到情绪的影响的观点，研究发现在韩国股票市场上，被较多个人投资者交易的股票具有更高的流动性。德巴塔和马哈库德（Debata and Mahakud，2018）通过建立多元 VAR 模型，发现印度股票市场中的投资者情绪在金融危机时期能够在很大程度上预测市场流动性。达乌伊和巴查（Dhaoui and Bacha，2017）利用非对称自回归分布滞后模型（asymmetric autoregressive distributed lag model）研究投资者情绪与标普 500 指数成交量的关系，发现市场流动性对投资者情绪的响应是非对称的。约瑟夫等（Joseph et al.，2011）认为在线股票查询记录（online ticker searches）通常与个人投资者有关，是一个有效的投资者情绪代理变量，并发现网上搜索强度能够较好地预测标普 500 股票的交易量。卡罗伊等（Karolyi et al.，2012）分别采用贝克和沃格勒（Baker and Wurgler，2006）的情绪指数，以及本地和全球的封闭式基金折价率为投资者情绪代理变量，利用时间序列数据研究发现，贝克和沃格勒（2006）的情绪指数与市场流动性不相关，而封闭式基金折价率显著地影响了市场流动性。这表明当投资者情绪越乐观，市场流动性也越高。李等（Lee et al.，2014）选用 21 只国家交易所交易基金（country ETF）为样本，在国际市场上获取的证据也证实了投资者情绪引致了市场流动性的观点。然而，国内对这方面的研究还较少。刘晓星等（2016）选取 2005 年 7 月至 2013 年 5 月期间的周数据为样本，发现中国股票市场的投资者情绪显著正向地影响着市场流动性。尹海员（2017）利用中国 A 股市场的数据也得到了上述结论，但是卖空机制反向抑制了投资者情绪对市场流动性的影响。石广平等（2016）发现投资者情绪对市场流动性的影响程度在牛市中更为显著，存在非对称性。

投资者情绪对波动性的影响，学者对这个话题进行了激烈的争论（Nofsinger，2005）。一方的观点认为，悲观情绪会导致更高程度的投资者意见分歧，并且这种意见分歧度可以通过波动在市场上反映出来（Chang et al.，2008；Gao et al.，2006；Nofsinger，2005）。所以，悲观情绪常常伴随着较大的市场波动性。另一方的观点认为，投资者情绪很可能形成一种系统性风险（Brown，1999）。那么，当情绪高涨时，投资者会过度自信和积极交易，进而导致高度的收益率波动性（Gervais and Odean，2001；Nofsinger，2005；Statman et al.，2006）。从这个角度来说，情绪与收益率波动正相关。

在实证研究方面，投资者情绪对股票波动性的影响也并未得出一致的结论。张宗新和王海亮（2013）发现投资者情绪对股市波动率有正向的冲击。高和张（Gao and Zhang，2013）发现高涨的投资者情绪加剧了市场的波动，但同时也会削弱市场的平均相关性，反过来修正市场波动。李等（2002）以及王美今和孙建军（2004）均发现投资者情绪的变动导致波动性进行反向的修正。库马里和马哈库德（Kumari and Mahakud，2015）认为投资者情绪对收益率波动的影响具有非对称性。然而，贝基罗斯等

（Bekiros et al.，2016）却发现贝克和沃格勒（2006）、黄等（Huang et al.，2015）的投资者情绪指数对股票波动性都没有预测能力。

二、投资者情绪对资产定价的影响

德朗等（1990）较早提出了关于投资者情绪的资产定价模型，即DSSW 模型。DSSW 模型假定市场上存在两类投资者：理性投资者和噪声交易者。理性投资者根据理性预期来对证券进行估值，而噪声交易者对证券的估值受到情绪的影响。噪声交易者的情绪是随机的且不能被理性投资者准确地预计。如果噪声交易者在市场上随机地交易证券，则他们的情绪风险可以像传统资产定价理论中的公司特质风险一样被分散掉。然而，当不同噪声交易者的情绪及其波动具有共性时，这种风险就不能被分散掉，必然在资产定价中反映出来。事实上，绝大多数研究表明，投资者情绪会影响资产定价（Baker and Wurgler，2006；Baker et al.，2012；Beer and Zouaoui，2013；Hu and Wang，2012；Yu and Yuan，2011；陈其安等，2012；鲁训法和黎建强，2012）。

（一）投资者情绪对资产定价的时间效应

股票价格的动量效应（或惯性）表明股票短期收益率呈正相关，长期收益率则呈现负相关。传统金融理论认为这是由非同步交易和买卖价差等市场摩擦性因素导致的，并非市场无效率的结果。而大量的经验证据表明投资者情绪与股票市场定价有较强的关联（Brown and Cliff，2004；高振华，2011；关晨晖，2012；张婷等，2013a；张婷等，2013b），因此从投资实务的角度来看，投资者情绪比传统金融理论对解释这一现象更具说服力。

本雷弗尔等（Ben-Rephael et al.，2012）认为投资者情绪与同期股票市场超额收益正相关，并且在这些同期相关中有 85% 会在未来 4 个月内反转，其余的会在 10 个月内反转。施梅林（Schmeling，2009）研究了 18 个工业国家的股票市场，表明投资者情绪高涨时，未来的股票收益率会更低。安东尼乌等（Antoniou et al.，2013）研究显示只有当投资者情绪处于乐观状态时动量收益才是显著的，而长期价格反转也只发生在情绪高涨之后。前述研究都只考察了投资者情绪对国内资本市场的影响，贝克等（2012）则把投资者情绪的影响扩展到国际资本市场，他们认为投资者情绪可以通过资本流动机制在跨国股票市场传染，从而形成全球投资者情绪，并且全球投资者情绪对市场收益率有负向的预测能力。雅各布斯（Jacobs，2015）发现投资者情绪对市场中 100 个买入—卖空（long-short）投资组合异象有较强的预测能力，且这种预测能力受限于买空方投资组合收益率的实现。

我国学者王美今和孙建军（2004）通过建立 TGARCH-M（1，1）模型，证明投资者情绪是影响股票定价的系统性风险因子之一。王宇（2012）的研究表明滞后一期的情绪指数越高，中国股票市场收益也随之走高，但是滞后一期的投资者情绪指数的变动会降低股票市场收益的波动性。王木伟（2012）发现在牛市时，投资者情绪在短期内可以正向预测收益率，在长期存在反转效应，而在熊市时，投资者情绪在短期和长期都可以正向预测收益率。范雯（2013）运用格兰杰因果检验，发现投资者情绪和市场收益之间可以相互预测。但是鲁训法和黎建强（2012）的研究结果却显示投资者情绪的变化不能预测上证综合指数收益率。肖金利（2013）将投资者情绪分为积极和消极情绪，发现当市场上投资者情绪高涨时，积极的情绪对股票收益产生正向影响，而当市场上投资者情绪回落时，消极的情绪对股票收益没有影响。陆江川和陈军（2013）依据其偏离均值的方向和幅度，将情绪分为极端和非极端、乐观和悲观四类，研究发现短期极端悲观情绪降低了股价指数，长期极端悲观情绪则会增加对股价指数，而其他情绪对股价指数没有影响。胡和王（2013）基于投资者追求财富最大化的角度将投资者情绪分为理性和非理性投资者情绪，研究表明非理性投资者情绪在短期对股票收益有正向的预测能力，而在长期则具有负向的预测能力。理性投资者情绪无论在短期还是长期，都能较准确地预测股票收益。刘新新（2013）分别构造了个人和机构投资者情绪指数，研究表明个人投资者情绪对同期的市场收益率有显著的正向影响，而机构投资者情绪对未来一期的市场收益率有正向影响。文凤华等（2014）发现积极情绪和情绪的向上变化都能正向地预测股票收益率，而消极情绪和情绪的向下变动的影响则不显著。史永东和王镇（2015）发现在控制了市场风险因素、公司特征、市场状态后，市场的动量效应在乐观情绪时期更容易出现。

（二）投资者情绪对资产定价的截面效应

在引入投资者情绪之前，"规模溢价之谜"和"价值溢价之谜"一直是许多研究难以解释的现象。传统金融理论认为的合理解释是影响股票收益率的因素有很多，规模溢价和价值溢价是除市场系统风险外的另外两个系统性因素；而行为金融理论则认为是由于投资者的损失厌恶和心理账户引起的。随后许多学者将股票按照市值、账面市值比等进行分组，在控制规模溢价、价值溢价等因素后，来研究投资者情绪对股票横截面收益的影响，多数结果显示，投资者情绪对那些难以估值和套利的股票仍然具有较大的影响。

贝克和沃格勒（2006，2007）针对美国股票市场的研究表明，当投资者情绪较低时，波动性大、亏损、不分红和陷入困境的股票未来收益率会更高。谢夫瑞（2015）认为投资者情绪作为一个媒介改变了投资者对时间序列预期收益率和横截面风险的判断，最终影响了股票价格。伯杰和特特尔（Berger and Turtle，2012）运用条件绩效评估模型进行研究，投资者情绪敏感度会随着公司不透明程度的增加而增大。基于18个工业国的股票市场的数据，施梅林（2009）认为在具有羊群效应和过度反应倾向的国家，投资者情绪对其股票市场的截面收益影响更大。贝克等（2012）、科瑞多等（Corredor et al.，2013）通过构造全球投资者情绪指数，也证实了投资者情绪对股票的截面收益具有反向的预测能力。弗思等（Firth et al.，2015）发现公司透明度越低的公司的股票定价越容易受到投资者情绪的影响。杨等（2016）认为投资者情绪对资产定价的横截面效应主要是因为在市场情绪高涨时期，难以套利和估值的股票往往被高估，机构投资者通过识别和卖出这些被高估的股票，从而提高市场效率。苏和张（Su and

Zhang，2013)、胡和王（2012）、关晨晖（2012）、刘新新和范雯（2013）
等对中国股票市场进行研究，得出了类似的结论。然而，闫伟（2012）用
EGARCH 模型进行研究，虽然表明大盘股、低市盈率股、低价股、绩优股
及价值股更易受到情绪波动的影响，但是小盘股和亏损股并非更易受情绪
波动影响。钟等（Chung et al.，2012）认为只有在经济高涨时期，投资者
情绪对股票的截面收益具有预测能力，而当经济处于萧条时期，投资者情
绪的这种预测能力就不显著。

（三）投资者情绪对资产定价的行业效应

过去的研究主要集中在市场的时间序列收益和横截面收益，较少涉及
行业方面的因素，而近年来的研究表明股票收益的行业效应也是一个不容
忽视的方面。达什和马哈库德（Dash and Mahakud，2013）运用五因子模
型对印度股票市场的研究表明，尽管在 14 个行业中投资者情绪对难以估值
和套利股票的收益率影响更大些，但是其中有 7 个行业的股票收益率对投
资者情绪更为敏感。郭（Guo，2013）的研究显示投资者情绪对 A-H 抑价
的影响在各行业间也有显著的不同。基于 11 个亚洲国家的样本数据，陈等
（2013）用本地股票市场换手率和全球股票市场换手率分别作为本地和全
球投资者情绪代理变量，研究发现乐观的全球投资者情绪导致行业收益被
高估，而悲观的全球投资者情绪导致行业收益被低估，较高的本地投资者
情绪会提高基本材料、电信和公用事业等行业的收益率。塞伊姆等（Sayim
et al.，2013）研究认为投资者情绪对美国所有行业的股票收益率具有正向
影响，其中理性投资者情绪对美国的汽车和金融行业的股票收益率波动有
显著的负向影响。我国学者范雯（2013）的研究表明除制造业和社会服务
业外，行业收益会受到投资者情绪变动的影响。

第五节 空气污染、投资者情绪与投资决策

空气污染是由人类生产活动造成的一种自然条件。近年来，越来越多

的心理学文献对空气污染和心理健康之间的关系展开了研究。空气污染对投资者情绪和行为的影响机制可以归纳为以下几个方面。

首先，空气污染基于它的有毒性和对心理健康的负面影响，可以直接导致人们的悲观情绪。伦德伯格（Lundberg，1996）认为空气污染会通过心理和有毒性的影响途径，引起精神病的症状，包括焦虑、情绪紊乱、认知下降和行为偏差。通过调查研究，勒切尔等（Lercher et al.，1995）发现疲劳、情绪低落、紧张以及眼睛的疼痛感等都与空气质量紧密相关。贾等（Jia et al.，2018）推测$PM_{2.5}$通过降低海马糖皮质激素受体的表达，导致血浆中糖皮质激素分泌增加，最终导致神经毒性，这表明$PM_{2.5}$对情绪调节有不利影响。莫科耶纳等（Mokoena et al.，2015）发现长期吸入臭氧会导致记忆障碍、焦虑和抑郁，以及与抑郁症类似的一些症状。塔隆等（Tallon et al.，2017）发现长期暴露于$PM_{2.5}$和二氧化氮之中，会显著降低认知功能，并且这种影响在中风或焦虑的群体中更为明显，这暗示$PM_{2.5}$可能通过与情绪紊乱相关的机制进而影响认知。鲍尔等（Power et al.，2015）也发现了类似的证据。戴尔斯和卡克马克（Dales and Cakmak，2016）发现在加拿大群体中，有情绪障碍或情绪不良症状的人更有可能遭受空气污染的负面生理影响。利姆等（Lim et al.，2012）和劳蒂奥等（Rautio et al.，2018）的研究均表明空气污染与情绪低落显著相关。此外，大量的实证研究表明空气污染降低了认知能力。方肯等（Fonken et al.，2011）认为活性氧的活化和颗粒污染引起的炎症会损害中枢神经系统，并发现长期接触空气污染微粒会改变情感反应和损害认知。莫海等（Mohai et al.，2011）发现位于高空气污染水平的学校的入学率更低，不符合国家教育考试标准的学生比例也更高。威夫等（Weuve et al.，2012）发现美国长期暴露于空气污染中的人群，认知能力下降得更为严重。此外，即使在短期内，空气质量也与情绪强烈相关。松什科维奇等（Szyszkowicz et al.，2009）发现，空气污染水平较高时，当天的抑郁症患者就诊数量显著增加。秋等（Cho et al.，2014）也出了类似的实证证据，但该效应对于在那些有心血管疾病、糖尿病或哮喘的人群中更显著。

其次，空气污染有害的信念可以间接导致情绪低落，尽管空气质量处于无害的水平（Claeson et al.，2013）。众所周知，空气污染是导致心肺疾病的一个重要因素。波普等（Pope et al.，2011）的研究发现空气中的颗粒污染引起肺部和全身炎症，进而显著激活血管内皮细胞和改变血管功能。布鲁克等（Brook et al.，2004）表明，无论长期还是短期暴露于一定浓度的空气颗粒污染中，都会增加心血管疾病的风险。贝尔等（Bell et al.，2005）揭示了臭氧与死亡率在短期内存在紧密关系。安德森等（Anderson et al.，2012）发现长期接触空气颗粒污染物与较高的心血管疾病和死亡率有关，而长期暴露于空气颗粒污染物之中则显著增加了心血管疾病的发生率。因此，如果人们意识到空气污染更有可能导致高风险的疾病，他们的情绪将更容易受到空气污染的负面影响。

此外，严重的空气污染会增加皮质醇的分泌，而皮质醇与风险承担有着负相关的关系（Rosenblitt et al.，2001）。因而，空气污染越严重，投资者对待风险的态度就越小心谨慎。

在经济学中，情绪在决策中的作用在 20 世纪的大部分时间里很少被关注（Lerner et al.，2015）。然而，自 21 世纪以来，一场名为情绪科学的重要革命已经发生。根据勒纳等（Lerner et al.，2015）关于情绪与决策的研究在 2007～2011 年翻了一番。许多心理学家意识到，情绪是生活中最有意义的决策的主要驱动因素（Ekman，2007；Keltner and Lerner，2010；Keltner et al.，2014；Loewenstein et al.，2001）。心理学研究表明，人们在评价某一事物时，会将情绪（尽管与该事物无关）误认为是信息。具体而言，在涉及风险和不确定性的复杂决策情况下，与处于中性情绪的人相比，情绪不好的人对未来预期更为悲观；而情绪良好的人则对未来预期更为乐观。

在资产定价领域，由于各种套利限制的存在，如执行成本、噪声交易者风险和基本风险等，由投资者情绪导致的股票误定价始终存在，尽管套利者意识到定价不当。这意味着，即使只有少数投资者受到情绪的影响，这种影响仍然可能呈现于股票定价中（Lucey and Dowling，2005）。因而，由于空气污染会对人们的身心健康产生不利影响，这种影响会使投资者对未来预期更加悲观，更加不愿意购买和持有风险资产（如股票），进而导致股票价格下降。刘（2015）以及拉夫兰和舒尔茨（Loughran and Schultz，2004）认为当投资者情绪悲观时，投资者会更加厌恶风险，不愿意交易股票资产。因而，负面情绪会降低成交量（Gervais and Odean，2001；Statman et al.，2006），并增加市场非流动性（Baker and Stein，2004；Liu，2015）。从医药学的角度，严重的空气污染会使投资者减少冒险行为，更加谨慎小心地进行交易，因而股票流动性也会下降。至于空气污染对波动性的影响，本书认为严重的空气污染会使投资者的过度自信程度降低，进而不会激进地交易股票资产，并最终降低了波动性（Gervais and Odean，2001；Nofsinger，2005；Statman et al.，2006）。综上所述，空气污染对股票收益率和交易活动的影响机制如图 2 - 4 所示。

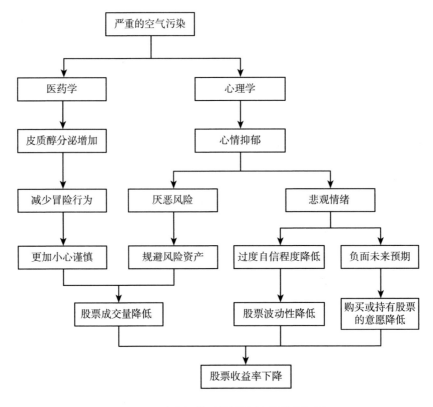

图 2 - 4　空气污染对股票定价的影响机制

第六节 空气污染对股票市场的影响

利维和亚吉尔（Levy and Yagil，2011）是首篇研究空气污染与股票市场收益率之间关系的文献。他们发现空气污染越严重，美国市场指数收益率越低。莱波里（Lepori，2016）验证了空气污染与美国市场收益率的负相关关系。但是，他在进一步地获取国际市场的证据时，发现空气污染与市场收益率的负向关系只存在于采用大厅交易制度的股票市场。海斯等（Heyes et al.，2016）研究美国曼哈顿的 $PM_{2.5}$ 短期变化与 S&P 500 指数收益率之间的关系，发现 $PM_{2.5}$ 每增加一个标准差，当天的 S&P 500 指数收益率将下降 11.9%。普斯蒂（Försti，2017）以芬兰股票市场的市场指数收益率和行业指数收益率为研究对象，发现了不健康的空气质量会显著降低第二天的收益率，且对石油行业的收益率影响程度更大。德米尔和埃尔桑（Demir and Ersan，2016）也验证了土耳其股票市场的空气污染效应。

然而，根据现有的文献，本书发现在中国股票市场上，空气污染对市场收益率的影响方向并不明确。首先，一部分学者发现了股票交易所所在城市的空气质量反向地影响市场收益率的经验证据（Hu et al.，2014；Li and Peng，2016；郭际等，2018；郭永济和张谊浩，2016；孟祥旭和李增刚，2017；万孝园和陈欣，2016；杨磊，2016；张谊浩等，2017）。但是，李和彭（Li and Peng，2016）以 2005～2013 年为研究期间时，发现上海的空气质量与市场收益率之间的关系在统计上不显著，而以 2005～2009 年为研究期间时，却发现市场指数收益率受到当地空气质量的正向影响。莱波里（2016）发现上海空气质量对上证 50 指数和上证 180 指数的收益率影响不太显著。何和刘（He and Liu，2018）也发现在全样本期间，中国股票市场中的空气污染效应并不显著。他们认为这是因为中国的公众环境意识不高，阻碍了中国市场上的空气污染效应机制的发挥。吴等（Wu et al.，2018）认为中国股票市场采用了订单驱动交易制度，投资者遍布全国各地，那么市场收益率应该受到全国各个城市的空气污染影响而不只是交易所所在的城市的空气污染。他们考虑到投资者具有本地偏好的特征，空气污染可以通过这个机制影响当地投资者情绪，进而降低本地公司的股票收益率。利用公司级别的数据，张等（Zhang et al.，2017）发现空气污染显著降低了注册在北京的公司收益率。吴等（2018b）的研究发现空气污染与股票收益率之间的这种负相关关系只存在于六个严重污染行业之中。类似地，黄（Huang，2017）也发现$PM_{2.5}$能够降低污染行业的股票价格，但是却增加了环保行业的股票价格。

同时，由于认知偏差，空气污染也可能会影响交易行为。黄等（2017）对空气污染与投资者交易绩效不佳之间的关系提出了两种解释：一种解释是空气污染加重了个人的处置效应，即当空气质量较差时，投资者会更倾向于实现收益而非损失；另一种解释是空气污染损害了投资者获取和处理信息的能力，从而导致他们倾向于购买具有吸引公众注意的股票，而不是价值被低估的股票。李等（2017）利用中国共同交易基金的773198个有效账户为样本，也证实了空气污染加重了个人投资者处置效应。

第七节　文献评述

本书的研究集中于将空气污染作为新的情绪代理变量，研究由空气污染导致的各类投资者的悲观情绪对其行为偏差和股票市场的影响。纵观国内外文献，可以发现以下几点。

首先，大量的心理学和医药学文献已经验证空气污染在长期和短期都会导致人们的悲观情绪。现有文献中研究投资者情绪与资产定价之间关系的已经比较多，但是将空气污染作为情绪代理变量进行学术研究还处于起步阶段。利维和亚吉尔（2011）、莱波里（2016）、海斯等（2016）、郭永济和张谊浩（2016）、万孝园和陈欣（2016）、高彦彦和张嘉润（2018）等只是集中于研究空气污染对股票市场的整体影响，而并没有考虑公司特征、市场微观结构等一系列微观因素在其中的交互作用。因此，采用个股层面的数据对这一领域进行深入挖掘，很可能会得出更多有价值的信息。

其次，现有文献表明，空气污染导致的悲观投资者情绪显著降低了股票收益率，但是已有研究多是将股票交易所所在地或者公司注册地的空气质量指数作为投资者情绪代理变量，并没有针对个人和机构投资者分别构造的情绪指数。

最后，现有文献很少研究空气污染对股票市场中其他参与者行为偏差的影响，如公司管理者、分析师等。其中，公司管理者对公司经营决策有重大影响，并进一步影响地区经济活动。因而，从空气污染引致公司管理者情绪的角度来研究，为将宏观经济与微观公司金融连接在一起展开分析提供了可能性。

第三章

中国股票市场的
投资者结构

第一节　中国股票市场的投资者结构状况

上海证券交易所和深圳证券交易所自 20 世纪 90 年代早期设立以来，经历了快速的发展。根据 2017 年底世界交易所联合会的统计数据，上海证券交易所和深圳证券交易所的总市值分别在世界上排第 4 位和第 7 位。这两个市场的总市值之和约为 8.7 万亿美元。这使中国 A 股市场成为世界上仅次于美国股票市场的第二大市场，同时也是世界上最大的订单驱动市场。因而，中国股票市场在全球资本市场中处于越来越重要的位置。

根据上海证券交易所的统计年鉴数据，图 3 - 1 和图 3 - 2 分别报告了各类投资者自 2007 年以来的持股市值占比和成交量占比。从图中可知，个人投资者的持股市值占比在 2007 年约为 50%，随后逐步下滑，并在近几年稳定在 20% 左右。然而，个人投资者的成交量占比一直处于 80% 以上。因此，个人投资者由于其资金规模小，投机心理强，且缺乏获取和处理信息的专业技能，在市场中容易追涨杀跌，频繁交易，从而主导了 A 股市场的成交量。专业机构投资者（包括投资基金和其他专业机构）的持股市值

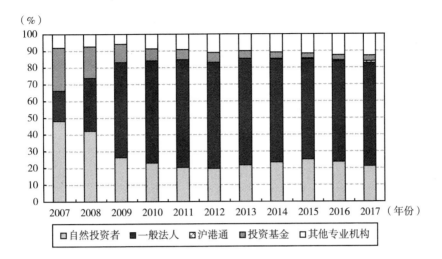

图 3-1 上交所投资者持股市值占比

资料来源：上海证券交易所统计年鉴。

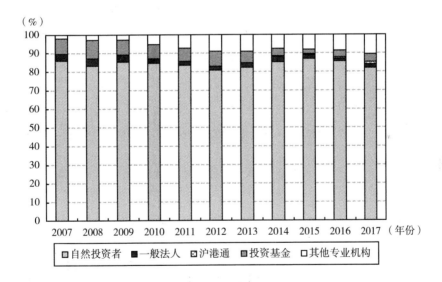

图 3-2 上交所投资者成交量占比

资料来源：上海证券交易所统计年鉴。

占比由 2007 年的 33.74% 逐渐下降到 16.13%，降低了 52.19%。专业机构投资者的成交量占比保持在一个相对降低的水平，在 10.37%～17.12% 的范围内波动。一般法人进行股票投资的目的有两个：资产增值和参与公司管理。这也就决定了一般法人主要进行长期投资，且资金量巨大，但交易相对稳定。毫无意外地，从图 3-1 和图 3-2 观测到一般法人的持股市值比较高，长期在 60% 左右，但是交易量占比很低，大约只占市场总成交量的 2%。沪港通由证监会在 2014 年 11 月 10 日宣布于当月 17 日开始交易，允许两地的投资者通过证券公司或经纪商交易规定范围内的对方交易所上市的股票。尽管沪港通制度放开了外地投资者交易 A 股的限制，但是图 3-1 和图 3-2 表明外地投资者通过沪港通持有的 A 股市值和成交量都比较低，均不足市场总额的 2%。因而，这类投资者对中国 A 股市场的影响力微乎其微。

图 3-3 报告了各类投资者在 2007～2017 年的盈利情况。从图 3-3 中可知，投资者的投资盈利情况可以间接反映 A 股市场的整体状态。当 2008 年全球金融危机来临时，所有的投资者都在劫难逃，平均损失 21716.52 亿元。随后，投资者经历了几年的市场低迷期，投资者的盈利或亏损幅度较低。直到 2014 年，A 股市场逐渐活跃，所有的投资者在这一年的盈利陡然增加。伴随而来的 2015 年下半年的 A 股股灾，上证综指从 5178 点的高点一路下滑到 2015 年底的 3500 点，使整个 A 股市场资金直接蒸发约 30%。然而，各类投资者在 2015 年都获得了正的投资盈利，说明部分投资者能够及时止损。2016～2017 年，A 股市场依然处于下行周期，但是幅度减缓。

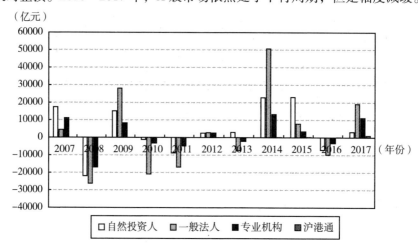

图 3-3 上交所投资者盈利

资料来源：上海证券交易所统计年鉴。

由于个人投资者持续地主导着 A 股市场的交易，导致了市场的过度波动，降低市场效率（Allen and Shen，2013）。个人投资者的非理性行为不利于股票市场的健康发展。近 30 年来，为稳定市场，提高市场效率，改善中国市场的投资者结构，中国政府已经实施了一系列的培养机构投资者的制度改革。1998 年 3 月，第一只封闭式基金成立，标志着专业机构投资者成功地进入中国股票市场。但是，封闭式基金的投资组合中股票的占比却越来越少。在 1998 ~ 2016 年，封闭式基金的股票交易量在市场中的比例从 58.29% 下降至 6.91%。2001 年 9 月 11 日，第一只开放式基金（即华安创新基金）成立。自此，中国市场的专业机构投资者经历了一个快速增长期。

2001 ~ 2016 年，投资基金和其他专业机构投资者的规模迅速扩大。专业机构投资者持有的 A 股市值从 2001 年的 284.5 亿元上升到 2016 年的 38170.6 亿元，占总流通股市值的 9.75%。与此同时，投资基金的数量急剧增加，从 53 只增加到 3821 只。到 2016 年底，基金规模达到 91060 亿元，比 2001 年底的 818 亿元增长了 110 倍。图 3 - 4 报告了各类专业机构投资者的持股市值比例和投资基金的持股市值。如图 3 - 4 所示，到 2016 年底，投资基金的持股市值已从 2001 年的 284.5 亿元增加到 15861.8 亿元。2001 ~ 2002 年，投资基金的持股市值比例高达 100%，即中国市场的专业机构投资者只有投资基金。随着其他机构投资者进入市场，投资基金的持股市值占比在 2003 年开始下降，并在 2003 ~ 2009 年保持在较高的水平，然后继续下降到 2016 年的 41.33%。平均而言，投资基金的持股市值占比在样本期间为 71.61%。尽管投资基金在专业机构投资者中的话语权在逐步减弱，但它依然是中国股票市场上最重要的专业机构投资者。因此，投资基金在中国股票市场上扮演着重要的角色，并可能对市场的稳定和效率的增加产生重要影响（Boehmer and Kelley，2009；Huang，2015；Sias and Starks，1997）。

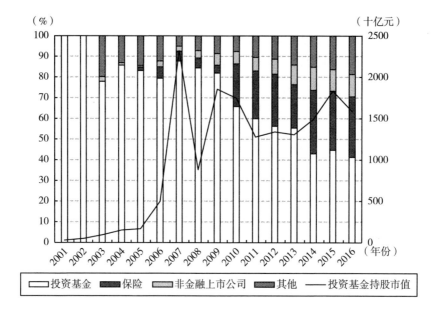

图 3 - 4　专业机构投资者持股市值占比

资料来源：Wind 数据库。

第二节　与海外股票市场投资者结构的对比分析

本节将中国股票市场与国际上其他股票市场，尤其是美国股票市场进行横向比较，以期观测出中国股票市场可能存在的其他问题和推测出未来可能的发展方向。本书根据中金公司研究部的研究报告，以及 Wind 数据库和美联储的相关数据，将国际上七大股票市场的投资者结构进行比较分析。图 3 - 5 报告了各个股票市场的个人投资者、金融机构、非金融企业和海外投资者的持股占比。从图 3 - 5 中可以看出，中国股票市场中的个人投资者持股占比最高，为 41%，而海外投资者持股占比最低，都不足 1%。在中国、韩国、印度这几个新兴市场中，都呈现出个人投资者持股占比和非金融企业持股占比相对较高，而金融机构持股占比较低的特点。在美国、日本和英国股票市场中，机构投资者明显占据着更为重要的位置，市场对外开放程度也更高。尽管中国和美国股票市场中的个人投资者持股占比接近，但是两个市场的投资者结构差异还是尤为显著。其中，美国的个人投资者中还包含非营利机构，实际上美国市场的个人投资者持股占比比图 3－4 中的要低。

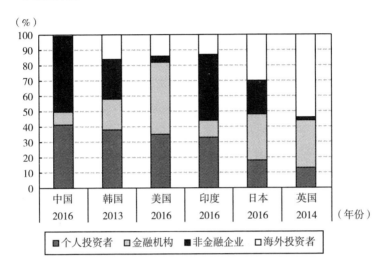

图 3－5　国际股票市场的投资者结构
资料来源：中金公司研究部的研究报告、Wind 数据库和美联储。

根据世界交易所联合会的统计数据，美国股票市场在 2017 年底的总市值是 32.12 万亿美元，而中国股票市场的同期总市值为 8.70 万亿美元。也就是说，中国股市的总规模仅相当于美国股市的 27.09%。由于个人投资者成交量占比较高，中国股票市场普遍呈现出高波动性和高流动性的特点。据统计，上海证券交易所和深圳证券交易所在 2016 年期间的平均换手率分别为 449.7% 和 518.6%，显著高于国际上其他股票市场。2017 年，上海证券交易所和深圳证券交易所的平均换手率有所下降，分别为 161.6% 和 264.5%，但依然排在世界前三位。

美国股票市场的稳定性，很大程度上要归功于多样化的专业机构投资者。20 世纪 50 年代初，美国股票市场的个人投资者持股比例高达 90% 以上。随后，美国采取各种措施发展专业机构投资者，从而逐渐消除个人投资者造成的市场不稳定性。从发展历程来看，美国培植专业机构投资者主要有三个阶段：第一阶段为 1950～1985 年。这一期间，美国开始将养老金引入股票市场，其持股占比从 0 增长到了 26%；第二阶段为 1985～2005年。这一阶段的共同基金在美国股票市场迅速崛起，其持股市值占比由5% 增长到 24%，并超过同时期的养老金的持股占比，占据机构投资者的主导地位；第三阶段为 2005～2018 年，这一期间，美国财富管理行业迅猛发展，ETF 成为配置资产的重要手段，从而其持股占比从 1% 增加到了 6%左右。图 3-6 报告了 2017 年底美国各类投资者的持股占比。从图 3-6 中可知，共同基金、养老基金、退休金和 ETF 是美国国内最重要的专业机构，其持股占比分别为 21%、11%、6% 和 6%。

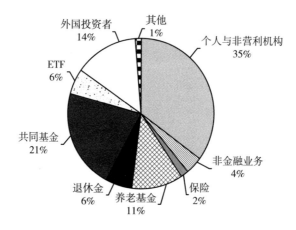

图 3-6 美国股票市场的机构投资者持股占比
资料来源：美联储。

归根结底，美国股票市场个人投资者比例不断降低的原因有以下四点。第一，机构投资者在复杂的交易机制中更发挥专业优势。对于个人投资者来说，其专业知识相对匮乏，时间精力也有限，很难在股票市场中赢过专业机构。因而，个人投资者更愿意将资金交给专业机构管理。第二，个人投资者没有信息优势。由于个人投资者的信息和能力的限制，很难发现市场中的欺诈问题。只有当欺诈事件进入诉讼程序时，个人投资者才会发现问题，从而不可避免地会遭受损失。第三，投资养老金和退休金具有税收优惠，受到个人投资者的青睐。美国的 401K 退休金计划允许个人自

行从股票、债券和基金等资产选择配置资产,再交由专业机构管理。401K
计划中每年划入的资金免税,且投资收益也免税。个人退休账户 IRA 计划
允许个人划入的资金和投资收益延期纳税。1998 年,罗斯 IRA 计划则允许
注入账户的资金和投资收益免税。第四,美国多样化的专业机构,提供了
丰富的可供选择的投资产品,逐渐满足了个人投资者的投资需要。因而,
只有很小部分的个人投资者选择直接在股票中进行投资。

　　图 3-7 报告了 2016 年底中国股票市场中的各类专业机构的持股市值
在专业机构持股总市值中的占比。这几类专业机构投资者的持股市值只有
市场总流通市值的 9.45%,连 1/10 都不到。中国股市目前的投资结构与
美国股市在 20 世纪 80 年代的情形比较类似。社保基金占专业机构持股总
市值的比例仅为 6.1%,并且社保基金和企业年金的持股市值之和在市场
总流通市值中比例还不足 0.6%。这说明中国股票市场中的养老金和退休
金还只是起步阶段,与美国股票市场有较大的差距。尽管投资基金是股票
市场中最大的专业机构投资者,但是其持股市值占市场流通市值的比例仅
为 4%,几乎在市场没有话语权,也很难起到稳定市场的作用。

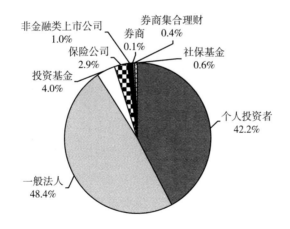

图 3-7　中国股票市场中专业机构投资者持股占比
资料来源:Wind 数据库。

　　图 3-8 报告了香港交易所中 2014 年 10 月至 2015 年 9 月的个人和机
构投资者的成交量占比。从图 3-8 中可看到,本地和外地投资者的成交量

占比之间不相伯仲，都约占 39% 左右。在本地投资者中，个人和机构投资者的成交量占比都为 19%。而在外地投资者中，个人和机构投资者的成交量占比分别为 32% 和 8%。香港交易所本身所参与的交易量占比为 22%。因而，机构投资者主导了香港交易所的交易，这与内地股票市场完全相反。

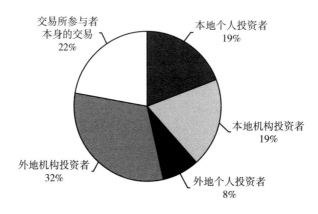

图 3 - 8　香港股票市场投资者交易占比

资料来源：香港交易所 2015 年市场资料。

通过以上分析可知，中国股票市场的专业机构投资者还处于起步阶段，市场对外开放程度也较低，与发达国家股票市场差距明显。因而，本书认为可以从以下几个方面平衡中国股票市场的投资者结构。

首先，逐渐壮大养老金在股票市场中的投资规模。中国股票市场目前波动性较大，风险也较高。而养老金受到政府部门的监管，在管理上要求更为严格，投资风格上更稳健。因而，中国股票市场目前还不具备快速发展养老金的充分条件。在 2018 年 6 月 7 日，我国开始推行个人税收递延型养老保险产品，从而吸引个人投资者加大对养老金的投资。养老金主要从事稳健性的长期投资，可以起到稳定市场的作用。因此，为逐渐壮大养老金在股市中规模创造条件，不仅可以降低个人投资者比例，还能增加市场效率。

其次，进一步发展投资基金。尽管投资基金的规模在逐年递增，但是其持股占比是逐渐下降的。美国股票市场中的共同基金和 ETF 的市场份额之和将近30%，而中国股票市场中的投资基金占比仅为4%左右。

最后，逐渐引进海外投资者。目前，海外投资者主要通过合格境外投资者（qualified foreign institutional investors，QFII）和沪港通与深港通两大渠道来投资中国股票市场，且海外投资者的市场份额不足1%。因而，中国股票市场的市场分割程度非常严重，极大地削弱了市场效率。随着中国A股纳入MSCI新兴市场指数后，中国市场也将逐渐对外开放。

第四章

本地偏好、空气污染、 股票收益率和交易行为

第一节 问题的提出

利维和亚吉尔（2011）认为空气污染会导致投资者的负面情绪和风险厌恶行为，并发现在美国股票市场，股票交易所所在地的空气污染与市场收益率负相关。德米尔和埃尔桑（2016）以及海斯等（2016）也支持了利维和亚吉尔（2011）的结论。但是，莱波里（2016）站在全球的视角，发现空气污染与市场收益率的这种负相关系只存在于使用大厅交易机制的证券交易所中。

中国股票市场采用电子订单驱动交易制度，交易过程是由来自全国各个城市的投资者交易订单驱动的。很多关于金融市场中本地偏好的文献表明，投资者更愿意购买或持有公司总部注册在投资者所在地的股票（Becker et al., 2011; Bodnaruk, 2009; Ivkovic and Weisbenner, 2005; Seasholes and Zhu, 2010）。弗伦奇和波特巴（French and Poterba, 1991）发现尽管美国资本市场市值仅占全球市场的48%，美国投资者通常会将94%的资金用于投资美国资产。单和龚（2012）认为中国汶川地震的发生让处于震中附近的投资者沉浸在负面情绪中，同时投资者偏好投资本地的股票。基于这个

假定，他们发现投资者的负面情绪显著地降低了公司总部位于震中附近区域的股票收益率。埃德曼斯等（Edmans et al.，2007）发现，如果某个国家的球队在世界杯比赛中输球，这个国家第二天的市场异常收益率会显著下跌，并且这个现象在国际板球、橄榄球和篮球比赛中也可以观测到。常等（2012）使用公司层面的数据进行研究，也发现了这一结果，并且比赛结果对收益率的影响在小公司、不分红的公司、收益率波动性高的公司和盈利能力差的公司中更显著。

因此，如果投资者的投资组合中主要是本地股票，且投资者所在地的空气质量影响他们的情绪、风险态度和投资决策，那么，这些公司的股票定价应该受到其总部所在城市的空气质量的显著影响。如果只以股票交易所所在地的空气质量来研究其对中国股票市场收益率的影响，研究结果便会有很大的偏差。目前，研究空气污染对市场收益率的影响效应的相关文献并不能给出一致的结论。莱波里（2016）的研究发现上证50指数和上证180指数的收益率均不受上海空气质量的影响。郭永济和张谊浩（2016）以及万孝园和陈欣（2016）在中国股票市场上发现了市场收益率与空气质量的显著负向关系。但是在另一项研究中，李和彭（2016）却发现上海证券交易所的市场指数收益率受到当地空气质量的正向影响。本章将在这些文献的基础上，利用公司总部注册地的空气质量代替交易所所在地的空气质量，进一步检验股票市场中的空气污染效应。

中国股票市场为从本地偏好的角度研究股票市场中的空气污染效应提供了一个良好的实验环境。首先，中国幅员辽阔，各大城市之间有很大的空间距离，因而各个城市的空气质量并不完全同步。所以，各个城市中受空气质量影响的投资者情绪也并非完全同步。其次，从全球的视角看，在其他股票市场进行这项研究并不具备优势。尽管美国疆域辽阔，但是它被划分为四个时区，为了方便交易，多数个人和机构投资者都聚集在东部地区。那么，如果利用美国的数据，很难分析城市空气污染水平对公司层面的股票交易的影响。加拿大和澳大利亚拥有更广阔的领土，但是它们的股票市场规模较小，不具有代表性。而一些欧洲国家，如英国、德国和法国，它们的领土面积较小，城市之间的空间距离较短，导致了各个城市的空气质量具有同步性。

本章的研究在莱波里（2016）以及利维和亚吉尔（2011）基础上做了进一步拓展，利用个股数据探讨了空气污染如何从本地偏好机制影响股票收益率和交易活动。

第二节　研究设计

一、被解释变量

在上海证券交易所和深圳证券交易所上市的公司均为本章的研究样本。本章将选用股票收益率、非流动性、换手率和波动性作为被解释变量。其中，收益率的计算公式如下所示：

$$Return_{i,t} = (Price_{i,t} - Price_{i,t-1})/Price_{i,t-1} \times 100 \qquad (4-1)$$

其中，$Price_{i,t}$ 是公司 i 在交易日 t 的经过分红和股权拆分调整的收盘价。由于注册在同一城市的公司可能具有一些类似的特征，本章还将采用 CAPM 模型调整的收益率（Ret_adj）来作为另一个被解释变量。公司 i 在第 t 天的经调整的收益率为在 $t-1$ 到 $t-60$ 天期间的 CAPM 回归模型的残差预测值。日换手率（$Turn$）为当天的成交量除以流通股数的百分比。根据阿米胡德（Amihud, 2002）的研究，非流动性（$Illiq$）为日收益率的绝对值除以对应的日成交金额，再放大 10^8 倍。本章遵循安德森等（Andersen et al., 2001a, 2001b）的方法计算每只股票的日收益率波动。首先，本章构建了每只股票每天每五分钟的收益率。中国股票交易所在上午的 9：30 至 11：30 和下午的 1：00 至 3：00 期间运营，那么，每只股票每天总共有 48 个每五分钟的收益率。其次，本章计算了每只股票每天的收益率方差，以此来衡量股票的波动性。所有被解释变量的数据都来自 Wind 数据库和 CSMAR 数据库。各变量的定义详见附录表 1。

二、关键解释变量

在 2013 年以前，中华人民共和国环境保护部提供了根据 PM_{10}、二氧化硫（SO_2）和二氧化氮（NO_2）计算的空气污染指数（air pollution index，API），以此定量描述空气质量状况。之后，中国环境保护部又采用了空气质量指数（air quality index，AQI）来代替之前的 API。AQI 是根据 $PM_{2.5}$、PM_{10}、SO_2、一氧化碳（CO）、NO_2 和臭氧（O_3）这六个污染物的浓度计算得到的一个综合性指数。相对于 API 而言，AQI 考虑了更多的污染物指标，因而更具全面性和准确性。本章的空气污染数据是在中国空气质量研究平台网站上收集的，该网站公布了自 2013 年 12 月以来的中国 300 多个城市的日度 AQI 和六个污染物浓度的数据。本章的研究期间为 2013 年 12 月 1 日至 2015 年 12 月 31 日。中国环境保护部公布的空气质量标准中，将空气质量按照 AQI 划分为六个等级，即 0～50、51～100、101～150、151～200、201～300 及 300 以上，且分别对应于空气质量优、良、轻度污染、中度污染、重度污染及严重污染。当 AQI 越大时，空气质量越差，对人们的健康越有不利影响。本章使用 AQI 及其六个污染物浓度这七个指标来实施研究，以期获得稳健的结果。

三、控制变量

以往的实证文献中，天气状况，包括云层覆盖率（Hirshleifer and Shumway，2003；Loughran and Schultz，2004；Saunders，1993）、气温（Hirshleifer and Shumway，2003；Keef and Roush，2007）、相对湿度（Yoon and Kang，2009）和风速（Keef and Roush，2002），都能够对股市产生重大影响。因此，在本章的研究，天气因素也会被控制。天气状况数据来自 Weather Underground Corporation（www.wunderground.com，WUC）的网站。该网站提供了全世界主要城市的每小时的温度、湿度、风速、气压和能见

度数据。因而，本章使用的天气变量有日平均的相对湿度、气温、大气压强、可见度和风速。WUC 网站并没有直接披露云层覆盖率的数据，所以本章为此设立了一个虚拟变量。当天具有雨、雪、雾和其他大部分或全部覆盖天空的天气事件时，变量取值为 1，否则取值为 0。WUC 网站只公布中国 33 个城市的天气数据，因而本章样本限定注册在这 33 个城市的公司中。在 2015 年底，中国股票市场中共有 2724 家 A 股上市公司，而注册在这 33 个城市的公司共有 1548 家。

股票市场过去的收益率会影响投资者的预期，因而是影响投资者情绪的关键因素（Brown and Cliff，2004）。本章使用上证 A 股综指过去 30 个交易日的平均收益率来控制该因素。莱波里（2016）、陆和周（Lu and Chou，2012）都控制了季节性情感紊乱指数（seasonal affective disorder，SAD），本章也对此进行控制。本章根据卡姆斯特拉等（Kamstra et al.，2003）的方法计算 SAD，但是其在春季和夏季的数值并没有用 0 代替。星期一效应被设定为一个虚拟变量，如果当天是星期一则取值为 1，否则取值为 0。此外，本章还考虑在模型中加入月度的虚拟变量。

四、描述性统计

表 4-1 报告了变量的描述性统计。从组 B 中可知，AQI 大于 100 的交易日占比至少为 25%，明显高于利维和亚吉尔（2011）中美国的不健康空气质量的天数占比[①]。组 D 报告了空气质量和市场投资者情绪指数的 Pearson 相关系数。本章假设空气质量通过影响投资者情绪，进而影响他们的投资行为。因此，本章推测空气污染的指标与贝克和沃格勒（2006）中的市场投资者情绪指数负相关。本章无法获得中国市场的股利溢价和股票发行在总股本和债券发行中的占比的月度数据。因此，本章使用消费者信心指数（CCI）和股票市场投资者新开户数（NA）来代替。参考贝克和沃格

---

① 在利维和亚吉尔（2011）的研究中，美国金县和费城的 AQI 大于 100 的交易日占比分别仅为 1.43% 和 1.65%。

勒（2006）的方法，本章选用换手率、IPO 的数量、IPO 的平均首日收益率、封闭式基金折价率、CCI 和 NA 作为投资者的情绪代理变量，并利用主成分分析法进而构造出一个综合的投资者情绪指数（$Sent$）。在组 D 的第一行中，本章对每个城市的每个月内的空气污染指标进行平均[①]。其中，有六个空气污染指标与市场情绪指数负相关。而在组 D 的第二行中，在每一天内，将 33 个城市的空气污染指标进行平均，再计算空气污染指标与市场情绪指数的相关系数，依然得到了类似的结果。组 E 报告了空气污染指标与被解释变量间的 Pearson 相关系数。结果表明，除 O_3 外，所有的空气污染指标都与股票收益率负相关，证实了利维和亚吉尔（2011）以及莱波里（2016）的结果。空气污染指标与个股层面的换手率的相关系数显著为负，意味着当本地的空气质量越差，本地公司的成交量也下降。空气污染指标与个股层面的非流动性正相关也支持了这一结论。根据空气污染指标与波动性的相关系数可知，糟糕的空气质量降低了股票的收益率波动。随后，本章按照空气质量等级将书中观测值分为 3 组。当空气质量等级为优时，观测值将被分到空气质量良好的组，而当空气质量等级为中度、重度或严重污染时，观测值则被分到空气质量差的组。本章接下来对这两组的被解释变量间的差异进行 t 检验。组 F 报告了该结果，并印证了组 E 的发现。

表 4 - 1　　　　　　　　　　　描述性统计

变量	Mean	Std.	Min	P25	P50	P75	Max	N
组 A:公司层面的被解释变量								
$Return(\%)$	0.2629	3.6927	-10.0027	-1.5616	0.2271	1.9868	10.0124	594414
$Ret\_adj(\%)$	-0.0151	2.7549	-8.2380	-1.4684	-0.1441	1.1742	9.5798	579306
$Illiq$	2.7713	3.9459	0.0000	0.4740	1.3606	3.3605	32.7825	600337
$Turn(\%)$	3.4690	3.3813	0.1054	1.1290	2.3923	4.5950	21.0768	594305
$Vol(\%)$	0.2959	0.3535	0.0011	0.0816	0.1639	0.3652	2.5032	570735

① 如果在每个月内将所有城市的空气污染指标进行平均，本书最终只得到 25 个观测值，不足 30 个。这样计算的空气污染指标与市场情绪指数之间的相关系数可能由于信息不足而存在偏差。

续表

变量	Mean	Std.	Min	P25	P50	P75	Max	N
组 B:空气污染变量								
AQI	88.3249	57.4362	12.0000	51.0000	72.0000	107.0000	500.0000	721047
$PM_{2.5}(\mu g/m^3)$	60.3256	50.5023	4.5000	27.6000	46.1000	75.7000	648.0000	721047
$PM_{10}(\mu g/m^3)$	91.4417	64.3074	0.0000	47.2000	74.6000	116.6000	977.3000	721047
$SO_2(\mu g/m^3)$	21.7118	25.1073	1.5000	8.6000	14.2000	24.7000	387.3000	721047
$CO(mg/m^3)$	1.0725	0.6198	0.1410	0.7240	0.9280	1.2120	10.6740	721047
$NO_2(\mu g/m^3)$	44.5805	20.8796	4.4000	29.8000	40.4000	54.9000	183.9000	721047
$O_3(\mu g/m^3)$	100.7102	56.7304	2.0000	59.0000	89.0000	133.0000	532.0000	721047
组 C:控制变量								
SAD	-0.0302	1.5981	-3.7055	-1.4061	-0.024	1.2896	3.4526	721047
Hum	0.6602	0.1821	0.0788	0.5508	0.6925	0.7971	0.9979	721047
$Tem(\text{℃})$	17.0644	10.1308	-21.7500	9.8750	19.1667	25.5417	34.5833	721047
$Pressure(kPa)$	101.5736	0.8816	98.3792	100.8167	101.5833	102.2167	104.4958	721047
$Visibility(km)$	8.8470	5.1387	0.2875	5.2222	7.8571	11.3750	30.0000	721047
$Wind(km/h)$	10.0375	4.7058	1.3500	6.7500	8.8500	12.0000	45.0857	721047
$Cloud$	0.3793	0.4852	0	0	0	1	1	721047

组 D:空气污染指标与市场投资者情绪的相关系数

变量	AQI	$PM_{2.5}$	PM_{10}	SO_2	CO	NO_2	O_3
$Sent_m$	-0.0742**	-0.1014***	-0.1180***	-0.1374***	-0.0905***	-0.0773**	0.0246
$Sent_d$	-0.1789***	-0.1601***	-0.2011***	-0.2370***	-0.1601***	-0.1255***	0.0351

组 E:空气污染指标与被解释变量的相关系数

变量	AQI	$PM_{2.5}$	PM_{10}	SO_2	CO	NO_2	O_3
$Return(\%)$	-0.0085***	-0.0113***	-0.0073***	-0.0232***	-0.0152***	-0.0048***	0.0078***
$Ret\_adj(\%)$	-0.0079***	-0.0080***	-0.0081***	-0.0108***	-0.0095***	-0.0094***	-0.0092***
$Illiq$	0.0402***	0.0400***	0.0508***	0.0945***	0.0334***	0.0330***	0.0018
$Turn(\%)$	-0.0764***	-0.0734***	-0.0776***	-0.0933***	-0.0665***	-0.0632***	0.0298***
$Vol(\%)$	-0.0999***	-0.0975***	-0.1060***	-0.1131***	-0.0954***	-0.1012***	0.0994***

组 F:分组分析

Air quality	$Return$	Ret_adj	$Illiq$	$Turn$	Vol
Bad	0.1698	-0.0467	3.1095	2.9265	0.2286
Good	0.2715	0.0244	2.5922	3.7932	0.3476
Bad - Good	-0.1107***	-0.0711***	0.5173***	-0.8667***	-0.1190***

注:*、**和***分别代表在10%、5%和1%的水平上显著。

五、研究模型

本章的基础研究模型如下所示:

$$
\begin{aligned}
Dep_{i,t} =\ & \alpha + \beta_1 Dep_{i,t-1} + \beta_2 AQ_{c,t} + \beta_3 SAD_{c,t} + \beta_4 Hum_{c,t} + \beta_5 Temp_{c,t} \\
& + \beta_6 Pressure_{c,t} + \beta_7 Visibility_{c,t} + \beta_8 Wind_{c,t} + \beta_9 Cloud_{c,t} \\
& + \beta_{10} R_m + \beta_{11} Monday + \sum_{j=1}^{11} \gamma_j Month_j + \varepsilon_{i,t} \quad\quad (4-2)
\end{aligned}
$$

其中,Dep 是被放大了 100 倍的被解释变量,包括 $Return$、Ret_adj、$Illiq$、$Turn$ 和 Vol[①]。AQ 是城市层面的空气污染指标,包括 API、AQI、$PM_{2.5}$、PM_{10}、SO_2、CO、NO_2 和 O_3。SAD 是城市层面的季节性紊乱指数。Hum、$Temp$、$Pressure$、$Visibility$、$Wind$ 和 $Cloud$ 分别是城市层面的相对湿度、气温、大气压强、可见度、风速和云层覆盖率。R_m 是上证 A 股综指收益率在过去 30 个交易日的平均值。滞后一期被解释变量、星期一效应和月度效应也被纳入模型中。所有的模型都采用面板个体固定效应的方法进行估计,且采用安格瑞斯和皮施克（Angrist and Pischke，2009）的公司聚类稳健标准误。

第三节 本地偏好的检验

杨晓兰等（2016）、张谊浩和陈一童（2016）以中国股票市场为研究对象,均发现中国市场中存在本地偏好现象。那么,在本章的研究中,是否也存在本地偏好现象?为检验空气污染可以通过本地偏好机制影响股票定价,本章进行了一系列测试。本章观测了空气质量突然恶化事件期间的股票成交量的变化,来检验中国股票市场中的本地偏好现象。糟糕的空气

---

① 根据表 4-1,空气污染指标是被解释变量的 100 倍以上,所以模型的回归系数会很小,从而占用过多的空间。因此,本书在回归估计时将被解释变量放大了 100 倍。

质量将导致投资者的悲观情绪，促使投资者的风险厌恶程度提高，不愿意交易股票。因此，如果投资者有购买或持有本地股票的倾向，本章预期空气质量突然下降的城市的公司股票成交量也会下降。而在同时间空气质量没有遭遇突然下降的城市的公司股票成交量则不会下降。

表 4-2 报告了在 2013 年 12 月至 2015 年 12 月期间，公司总部所在城市是否遭遇空气质量突然恶化事件期间当地的股票平均成交量的变化。为了得到一个干净的实验环境，选择了在第 t 天的 AQI 大于 150，而在第 $t-5$ 至 $t-1$ 天和第 $t+1$ 至 $t+2$ 天的 AQI 小于 100 的事件窗口。如果在某个窗口期，只要 33 个城市中有一个城市发生了空气质量恶化事件，本章就将其定义为一个时间窗口。最终，获得了 957 个事件窗口。组 A 报告了 957 个窗口期间公司的平均成交量。结果显示，在窗口事件期间，遭遇了空气质量突然恶化事件的城市的股票平均成交股数为 1199 万股，比前期的平均成交股数下降了 10.13%。然而，没有遭遇空气质量突然恶化事件的城市的股票平均成交股数在第 t 天和第 $t-5$ 天至 $t-1$ 天期间并没有显著变化（1711.5 万股 vs. 1689.6 万股）。没有遭遇空气质量突然恶化事件的城市的股票平均成交股数在事件发生后的第一天增加了。而遭遇了空气质量突然恶化事件的城市的股票平均成交股数在事件发生后的第 2 天才恢复到之前的水平。组 B 报告了成交金额的变化，且结果并没有显著变化。

表 4-2　　　　空气质量突然恶化事件期间的股票成交量分析

城市	第 $t-5$ 至 $t-1$ 天期间的平均成交量	第 t 天的平均成交量	第 $t+1$ 天的平均成交量	第 $t+2$ 天的平均成交量
组 A：成交量（千股）				
没有遭遇空气质量突然恶化的城市	16896	17115	18987	18017
遭遇空气质量突然恶化的城市	13341	11990	12862	13772
组 B：成交金额（千元）				
没有遭遇空气质量突然恶化的城市	197436.1631	205980.7172	224934.2993	211432.7595
遭遇空气质量突然恶化的城市	134119.5383	122670.2597	134455.9405	139764.2691

　　莱波里（2016）利用国际数据，提供了空气污染与市场指数收益率之间关系的证据，并且发现上海的空气质量对上证50指数上证180指数的收益率并没有显著影响。中国A股市场采用订单驱动交易制度，不同城市的投资者可以直接向证券交易所提交交易指令。因此，如果利用市场指数为研究对象，很难发现空气污染在金融市场中的负面效应。莱波里在研究中也提到，在中国股票市场上没有发现显著的证据很有可能是因为中国市场的交易制度不同造成的。根据上海证券交易所统计年鉴2016年的数据，来自上海、北京、深圳、杭州、广州等城市的股票订单量分别占市场总量的15.89%、8.67%、7.74%、3.95%和3.88%。尽管大多数交易订单来自上海，如果空气污染对本地投资者情绪的影响通过交易订单反映到股票定价上，那么上海的空气质量仅只影响上证综指的15.89%，而其他城市的空气质量将影响84.11%。因此，上海的空气污染引致的本地投资者情绪对市场指数收益率的影响并不大。

　　研究认为，在中国股票市场上，从本地偏好的角度是可以发现"空气污染效应"的。由此，本书分别研究了空气污染对市场指数和个股收益率的影响。首先，利用上海市和深圳市的空气污染指标分别对上证指数和深证指数的收益率进行回归。其次，利用构建上证50指数、上证180指数、深证100指数和深证500指数的个股数据，考察公司总部注册地的空气污染指标对当地的股票收益率的影响。由于选取了注册在中国33个城市的公司为样本，因而1548家公司中分别有43家、144家、68家和309家公司属于上证50指数、上证综指180指数、深证100指数和深证500指数。并且，这些公司的总部分别设在10个、26个、24个和28个城市。

　　组A显示，14个空气污染指标中仅有3个对上证指数收益率在10%的水平上有显著的影响。这说明上海的空气质量对市场指数收益率的影响不显著，与之前的分析一致。与之相反，在组C中，14个空气污染指标中仅有12个对属于上证指数个股的收益率有显著的负向影响。至于深证指数的结果，深圳的空气污染与市场指数收益率的关系也不显著（组B）。但在使用个股数据时，发现有12个空气污染指标的回归系数在1%的水平上显著。从表 4 - 3 中可知，组 A 和组 B 中的空气污染指标的回归系数在统计上不显著，但是其绝对值要比组 C 中的高。本章推测其中一个可能的原因是上海和深圳的空气质量要明显好于这 33 个城市的空气质量平均值，因而上海和深圳空气质量指标的数值会相对小。[①] 另一个可能的原因是组 C 中的观测值数量显著高于组 A 和组 B 中观测值数量，因而可以估计出更准确的回归系数。总体而言，在中国股票市场上，各个城市的空气污染的影响反映到市场指数收益率上时，"空气污染效应"似乎被抵消了。因此，将本地偏好的机制纳入本章的研究是一种更明智的选择。

表 4 - 3　　　　　　　　　　　　本地偏好的检验

变量	AQI	$PM_{2.5}$	PM_{10}	SO_2	CO	NO_2	O_3	N
组 A：上海的空气污染对上海股票交易所指数收益率的影响								
SSE 50 Index	- 0. 2913 (0. 2711)	- 0. 5361 * (0. 3134)	- 0. 2685 (0. 2762)	- 1. 3406 (1. 3499)	- 68. 6005 * (38. 4434)	- 0. 2103 (0. 6378)	- 0. 0950 (0. 2955)	417
SSE 180 Index	- 0. 1729 (0. 2606)	- 0. 4162 (0. 2984)	- 0. 1280 (0. 2647)	- 0. 9621 (1. 2832)	- 62. 8389 * (36. 9332)	- 0. 2789 (0. 6158)	0. 0078 (0. 3060)	417
组 B：深圳的空气污染对深圳股票交易所指数收益率的影响								
SZSE 100 Index	0. 3359 (0. 6606)	0. 4337 (0. 7805)	0. 3599 (0. 5763)	1. 7012 (3. 0610)	59. 6622 (59. 5743)	0. 8462 (0. 9179)	- 0. 0191 (0. 3823)	435
SZSE 500 Index	0. 3606 (0. 6926)	0. 4391 (0. 8101)	0. 3772 (0. 6006)	2. 3226 (3. 0945)	64. 1579 (60. 6069)	1. 0431 (0. 9471)	0. 0186 (0. 3970)	435
组 C：空气污染对属于市场指数的个股收益率的影响								
SSE 50 Index	- 0. 1824 *** (0. 0372)	- 0. 2583 *** (0. 0458)	- 0. 1084 *** (0. 0386)	- 0. 9638 *** (0. 1399)	- 18. 9867 *** (3. 1313)	- 0. 4507 *** (0. 1395)	- 0. 0314 (0. 0452)	17603
SSE 180 Index	- 0. 1446 *** (0. 0205)	- 0. 2149 *** (0. 0252)	- 0. 0809 *** (0. 0183)	- 0. 4089 *** (0. 1200)	- 19. 8125 *** (2. 0713)	- 0. 4104 *** (0. 0618)	0. 1362 *** (0. 0345)	57550
SZSE 100 Index	- 0. 2602 *** (0. 0488)	- 0. 3281 *** (0. 0538)	- 0. 1325 *** (0. 0429)	- 0. 3577 *** (0. 1045)	- 20. 2766 *** (3. 7570)	- 0. 3498 ** (0. 1343)	0. 0396 (0. 0596)	25967
SZSE 500 Index	- 0. 1823 *** (0. 0223)	- 0. 2366 *** (0. 0253)	- 0. 1097 *** (0. 0197)	- 0. 2844 *** (0. 0572)	- 14. 9347 *** (1. 9696)	- 0. 1741 *** (0. 0636)	0. 0756 ** (0. 0293)	115708

注：括号内为稳健标准误，* 、** 和 *** 分别代表在 10% 、5% 和 1% 的水平上显著。

―――――――――

[①]　上海、深圳和其他 31 个城市的 AQI 平均值分别为 82. 3014、53. 3072 和 90. 7470。上海和其他 31 个城市 AQI 差异的 t 统计值为 3. 3107，且深圳与其他 31 个城市的 AQI 差异的 t 统计值为 14. 7920。两者都在 1% 水平上均有显著性差异。

　　李和彭（2016）研究了空气质量如何影响上证综合指数和深圳综合指数的收益率。但是，笔者发现他们的研究中，空气质量与指数收益率在全样本期间没有显著的关系，但在 2005～2009 年却是显著的正相关。本章选用中国环境保护部在 2005 年 1 月至 2013 年 1 月期间公布的 API 作为空气污染指标，分别对市场指数收益率和构成指数的个股收益率重新进行回归估计。从表 4 - 4 的结果可知，空气污染对上证综合指数和深圳综合指数的收益率没有影响，这与李和彭（2016）的结果一致。但是在表 4 - 4 的最后两列中，可发现空气污染与个股收益率负相关。即使在 2005～2009 年，空气污染依然会降低个股收益率。

表 4 - 4　　　　　　　　API 对股票收益率的回归结果

变量	上证综指的收益率	深证综指的收益率	个股收益率	
			2005～2013 年	2005～2009 年
$Return_{t-1}$	-0.0792*** (0.0283)	-0.0049 (0.0306)	0.0112*** (0.0020)	0.0127*** (0.0022)
API	-0.0803 (0.1859)	-0.0297 (0.2174)	-0.0264*** (0.0091)	-0.1371*** (0.0114)
SAD	12.7129 (20.4021)	25.0886 (23.0266)	3.8156*** (0.3980)	0.3386 (0.4468)
Monday effects	Yes	Yes	Yes	Yes
Month effects	Yes	Yes	Yes	Yes
Observations	1528	1528	1373808	817474

　　注：括号内为稳健标准误，*、** 和 *** 分别代表在 10%、5% 和 1% 的水平上显著。

　　为了检验空气污染的影响是由当地空气污染引起的，而不是由证券交易所所在地的空气污染或者是偶然因素造成的，本章进行了以下的"安慰剂"测试：首先，随机选定一家公司的时序样本，再从不是这家公司总部所在地的其他 32 个城市中为其随机匹配一个空气污染的时间序列数据，并进行回归估计。在重复了足够的次数之后，再统计空气污染指标回归系数在 10% 的水平上显著为负的比例。如果空气污染指标回归系数只有一小部分是显著为负的，则支持本章的假设。表4-5报告分别重复100次、500次和1000次的结果。研究发现，AQI的回归系数大部分不显著，有些甚至是正的。显著为负的系数占比都不到10%，证实了本地偏好机制的存在。综上所述，这些结果都表明李和彭（2016）与莱波里（2016）对中国市场的研究方法可能存在偏差。因此，个股层面的数据应该更适合用于分析空气污染对中国股市的影响。

表4-5　　　　　　　　　　　　　安慰剂测试

变量	Mean	P5	P25	P50	P75	P95	回归系数显著为负的占比（%）
组 A：模拟100次							
AQI	-0.0987 (0.7597)	-1.5501 (1.2207)	-0.4303 (0.3564)	-0.0659 (0.3770)	0.3076 (0.6837)	1.0933 (1.1667)	6.00
$PM_{2.5}$	-0.0998 (0.8982)	-1.7187 (1.4275)	-0.421 (0.5171)	-0.0022 (0.5407)	0.3607 (0.5378)	1.2513 (5.0644)	3.00
PM_{10}	-0.0019 (0.6246)	-0.9902 (0.7241)	-0.3456 (0.3272)	-0.0066 (0.2289)	0.4077 (0.4397)	1.0664 (1.0553)	4.00
SO_2	-0.2972 (2.9219)	-5.2938 (5.3182)	-1.2260 (1.3702)	-0.2939 (1.1765)	0.7195 (1.1984)	4.4998 (9.8664)	5.00
CO	-13.7747 (79.1935)	-193.257 * (104.7011)	-52.2318 (60.5055)	0.5731 (35.7918)	28.7115 (51.5116)	116.6565 (153.4080)	5.00
NO_2	-0.1975 (2.0036)	-3.6077 (3.0371)	-1.2054 (2.1109)	-0.0180 (1.0829)	0.9896 (1.2677)	2.9543 (3.3220)	6.00
O_3	-0.0891 (0.8053)	-1.2323 (0.8378)	-0.4209 (0.4777)	-0.1316 (0.6049)	0.3101 (0.5079)	1.3104 (1.0470)	5.00
组 B：模拟500次							
AQI	-0.0296 (0.7023)	-1.3695 (1.1117)	-0.2922 (0.6107)	-0.0221 (0.8460)	0.3220 (0.9383)	1.2880 (0.9311)	3.00
$PM_{2.5}$	0.0079 (0.8263)	-1.3998 (1.2553)	-0.3281 (0.4523)	-0.0142 (0.3677)	0.3921 (0.8393)	1.5570 * (0.8511)	2.60

续表

变量	Mean	P5	P25	P50	P75	P95	回归系数显著为负的占比（%）
PM_{10}	−0.0145 (0.5866)	−1.0122* (0.5535)	−0.2529 (0.3887)	−0.0015 (0.2704)	0.2449 (0.6648)	1.0579* (0.6047)	3.60
SO_2	−0.2256 (2.7192)	−4.8092 (4.2046)	−1.2263 (0.9436)	−0.1232 (1.8463)	0.9607 (1.7725)	4.6251 (3.9954)	6.00
CO	−3.1066 (76.8834)	−142.456 (97.2988)	−34.6898 (59.2918)	−0.4783 (49.1646)	36.2847 (61.3932)	122.5629 (103.3992)	3.20
NO_2	−0.1149 (1.9754)	−2.8211 (2.2614)	−1.0725 (2.9138)	0.0099 (1.0505)	0.9791 (2.0329)	2.8883** (1.2777)	3.40
O_3	−0.0741 (0.8014)	−1.3114 (1.2367)	−0.5392 (0.8720)	−0.0839 (0.6079)	0.3486 (0.7580)	1.3365* (0.7305)	3.60

组 C：模拟 1000 次

变量	Mean	P5	P25	P50	P75	P95	回归系数显著为负的占比（%）
AQI	−0.1016 (0.6822)	−1.3039 (1.7162)	−0.3832 (0.6243)	−0.0589 (0.8147)	0.2944 (0.7269)	1.0692 (0.8161)	6.30
$PM_{2.5}$	−0.0788 (0.8110)	−1.4946 (1.1134)	−0.4146 (0.4239)	−0.0531 (0.9008)	0.3747 (0.5193)	1.3429 (1.3749)	5.00
PM_{10}	−0.0383 (0.5648)	−1.0212* (0.5762)	−0.2716 (0.2936)	−0.0221 (0.5377)	0.2659 (0.3964)	0.8648 (0.6412)	5.30
SO_2	−0.2044 (2.7181)	−4.3740 (4.0342)	−1.2844 (1.0678)	−0.2789 (1.8398)	0.7359 (1.3291)	4.1665 (2.9814)	6.70
CO	−5.7266 (76.0466)	−142.566 (87.6906)	−40.6200 (85.9604)	−2.5603 (32.5372)	32.1341 (67.2112)	126.5916* (71.1274)	5.40
NO_2	−0.1144 (1.8825)	−3.3572 (1.9271)	−1.1213 (1.9153)	−0.0391 (1.5830)	0.9537 (1.4626)	2.7946* (1.5559)	5.10
O_3	−0.0551 (0.7805)	−1.2107 (1.0336)	−0.4955 (1.6427)	−0.0729 (0.8480)	0.3515 (0.8201)	1.2892* (0.6967)	4.70

注：括号内为稳健标准误，*、** 和 *** 分别代表在 10%、5% 和 1% 的水平上显著。

第四节　空气污染对股票收益率和交易行为的影响

一、总体结果

第三节的结果表明，在中国股票市场上，本地偏好是空气污染影响股票定价的重要机制。本章的研究样本包括了注册在中国 33 个城市的 A 股公司，占所有 A 股公司总数的 55.11%，且其市值占 A 股总市值的 69.24%。因此，样本能够为研究中国股票的"空气污染效应"提供足够的信息。为了获得稳健的结果，使用了 7 个空气污染指标来检验空气污染是否会影响当地投资者的风险规避行为，进而影响注册在当地的股票收益率。个股的收益率、非流动性、换手率和波动性是本节的主要被解释变量。在控制滞后一期的被解释变量、天气状态、SAD、星期一效应和月度效应后，采用面板个体固定效应的方法进行回归。表 4-6 和表 4-7 分别报告了空气污染对原始的个股收益率和经调整的个股收益率的回归结果，而表 4-8 报告了空气污染对非流动性、换手率和波动性的回归结果。

表 4-6 中模型 1 到模型 7 的结果显示，除臭氧外，所有的空气质量指标都在 1% 的水平上反向地影响股票收益率，这与莱波里（2016）、利维和亚吉尔（2011）的发现一致。模型 1 中 AQI 的回归系数为 -0.0734，那么 AQI 增加一个标准差（57.4362 来自表 4-1）会导致个股收益率下降 0.0422%（0.000734 × 57.4362）[①]。这相当于是个股收益率一个标准差（3.6927% 来自表 4-1）的 1.1417%。其他的空气污染指标对股票收益率的影响在经济意义上也是不显著的。尽管如此，本章的研究证实了在中国市场上存在利维和亚吉尔提出的"空气污染效应"。表 4-7 中报告了经 CAPM 模型调整后的收益率的回归结果，与之前的结果一致。表 4-8 的结

[①]　回归估计时将股票收益率放大了 100 倍，因此这里需要将 AQI 的回归系数缩小 100 倍。

果表明，严重的空气污染增加了本地股票的非流动性，而降低了换手率。同样地，空气污染对本地公司流动性的经济影响也很小。拉夫兰和舒尔茨（2004）指出，极端天气条件会引起投资者的悲观情绪，致使当地的股票成交量急剧下降。同样地，高水平的空气污染也会降低当地投资者的交易欲望，从而降低换手率（Lepori，2016）。表 4–8 中的组 C 的结果与沙伦（Shalen，1993）和高等（2006）的观点有分歧。他们认为股票收益率波动可以反映投资者的意见分散度，且如果投资者情绪越悲观，其意见分散度也越大。相对地，组 C 的结果支持了格尔维斯和奥丁（2001）、内格尔（Nagel，2005）和斯塔特曼等（2006）的观点，即投资者情绪越高涨，他们就会更激进地进行交易，从而造成了较高的收益率波动。

　　SAD 效应的回归系数显著为正，这一发现与卡姆斯特拉等（2003）的结果一致。卡姆斯特拉等发现，相比较于接近赤道的股票市场，处于高纬度地区的股票市场有一个相对较高的收益率。克莱默和韦伯（Kramer and Weber，2012）的研究证明，受 SAD 效应影响的投资者会更加谨慎小心地进行交易，且更偏好风险较低的资产。本章的结果显示，SAD 效应与换手率负相关，意味着受 SAD 效应影响的投资者可能会较少地交易股票资产，这与克莱默和韦伯（2012）的结果一致。但是，研究发现 SAD 效应降低了非流动性。阿米胡德和门德尔森（Amihud and Mendelson，1980）指出非流动性是由逆向选择成本和库存成本引起的价格对订单流动的反应。因此，非流动性的信息与换手率的信息是不同的。如果受 SAD 效应影响的投资者会更加小心谨慎地进行交易，那么他们会在获取足够的信息并对股票定价有一个准确的预估之后才会执行交易订单，从而降低了股票市场中的信息不对称性和逆向选择的可能性，最终降低了非流动性。此外，研究结果还表明，受 SAD 影响的投资者也不会激进地进行交易，从而降低收益率波动。

　　关于天气变量的研究结果，研究发现较高的云层覆盖率降低了注册在当地的公司的股票收益率，这与桑德斯（1993）、赫什莱弗和肖姆威（2003）的结果一致。云层覆盖率与换手率和波动性负相关，而与非流动性正相关，这表明高云层覆盖率会导致投资者的悲观情绪，因此他们交易的频率和活跃度都下降。曹和魏（Cao and Wei，2005）指出，在高温条件下，人们有可能会更具有侵略性，也有可能会更冷漠。侵略性导致了投资者的冒险行为，而冷漠并没有。因此，股票收益率与温度的关系取决于这两种效应之间的竞争。而本章的结果显示高温天气会增加本地股票的收益率、换手率和波动性，并且增加了非流动性。因而，研究结果表明高温天气引起的侵略性效应占据了主导地位。其他天气变量，包括能见度、相对湿度、风速和大气压强，也能影响当地的股票收益率和交易活动，这证实了以往文献中提到的天气效应。

表4-6　　　　　　　　　　　空气污染对收益率的影响

变量	模型1	模型2	模型3	模型4	模型5	模型6	模型7
$Return_{t-1}$	0.0844*** (0.0021)	0.0844*** (0.0021)	0.0844*** (0.0021)	0.0843*** (0.0021)	0.0842*** (0.0021)	0.0845*** (0.0021)	0.0845*** (0.0021)
AQI	-0.0734*** (0.0093)						
$PM_{2.5}$		-0.0956*** (0.0105)					
PM_{10}			-0.0630*** (0.0081)				
SO_2				-0.2696*** (0.0228)			
CO					-9.7169*** (0.9181)		
NO_2						-0.1147*** (0.0286)	
O_3							0.0811*** (0.0129)
SAD	9.2199*** (0.9836)	9.4923*** (0.9847)	9.0469*** (0.9796)	11.9285*** (1.0330)	11.0257*** (1.0323)	8.9262*** (0.9882)	10.7322*** (1.0916)
$Cloud$	-9.6917*** (1.0707)	-9.5475*** (1.0701)	-9.8754*** (1.0662)	-9.7723*** (1.0618)	-10.0609*** (1.0520)	-10.3274*** (1.0625)	-11.0042*** (1.0407)
$Temp$	2.0559*** (0.1219)	2.0538*** (0.1215)	2.0221*** (0.1209)	1.8749*** (0.1198)	1.9523*** (0.1203)	1.9907*** (0.1202)	1.8570*** (0.1183)
$Visibility$	-1.4119*** (0.1236)	-1.4510*** (0.1232)	-1.3785*** (0.1208)	-1.3096*** (0.1166)	-1.4388*** (0.1209)	-1.1969*** (0.1172)	-0.9060*** (0.1227)
Hum	40.1457*** (3.0877)	41.0935*** (3.0658)	37.8524*** (3.1716)	35.1457*** (3.1813)	43.7013*** (3.0707)	41.2028*** (3.1246)	51.7629*** (3.3208)

变量	模型 1	模型 2	模型 3	模型 4	模型 5	模型 6	模型 7
$Wind$	0.6040*** (0.1202)	0.5756*** (0.1205)	0.5881*** (0.1198)	0.5128*** (0.1197)	0.5409*** (0.1215)	0.5382*** (0.1269)	0.7263*** (0.1214)
$Pressure$	−2.3220* (1.2380)	−2.3488* (1.2393)	−2.6490** (1.2384)	−3.0099** (1.2436)	−3.1632** (1.2438)	−2.2922* (1.2480)	−2.0662* (1.2456)
R_m	79.8345*** (1.2837)	79.5521*** (1.2858)	79.9329*** (1.2834)	79.8042*** (1.2873)	79.9959*** (1.2829)	80.0520*** (1.2831)	80.4053*** (1.2835)
$Monday$	7.1639*** (1.0184)	7.1007*** (1.0179)	7.0771*** (1.0184)	7.1919*** (1.0197)	7.3493*** (1.0173)	6.9473*** (1.0201)	6.9107*** (1.0191)
$Month\ effects$	Yes	Yes	Yes	Yes	Yes	Yes	Yes
个体固定效应	Yes	Yes	Yes	Yes	Yes	Yes	Yes
Observations	581001	581001	581001	581001	581001	581001	581001
F statistic	380.1884	380.9404	380.3269	385.4419	381.2302	380.1669	379.3902
Adj-R^2	0.0197	0.0197	0.0197	0.0198	0.0198	0.0197	0.0197

注：括号内为稳健标准误，*、**和***分别代表在10%、5%和1%的水平上显著。

表 4 - 7　　　　空气污染对风险调整的收益率的影响

变量	模型 1	模型 2	模型 3	模型 4	模型 5	模型 6	模型 7
Ret_adj_{t-1}	0.0761*** (0.0019)	0.0761*** (0.0019)	0.0761*** (0.0019)	0.0760*** (0.0019)	0.0760*** (0.0019)	0.0761*** (0.0019)	0.0760*** (0.0019)
AQI	−0.0111 (0.0089)						
$PM_{2.5}$		−0.0213** (0.0102)					
PM_{10}			−0.0125* (0.0075)				
SO_2				−0.1709*** (0.0254)			
CO					−2.8185*** (0.9154)		
NO_2						−0.0758*** (0.0253)	
O_3							0.0303*** (0.0093)
SAD	3.8823*** (0.7517)	4.0129*** (0.7561)	3.8901*** (0.7476)	5.7154*** (0.8028)	4.4748*** (0.7983)	4.1122*** (0.7521)	4.6268*** (0.7658)

续表

变量	模型 1	模型 2	模型 3	模型 4	模型 5	模型 6	模型 7
Cloud	−5. 1854***	−5. 0875***	−5. 1758***	−4. 7594***	−5. 1955***	−5. 1069***	−5. 4955***
	(0. 8652)	(0. 8643)	(0. 8631)	(0. 8573)	(0. 8542)	(0. 8609)	(0. 8503)
Temp	1. 3471***	1. 3510***	1. 3441***	1. 3084***	1. 3320***	1. 3379***	1. 2855***
	(0. 1023)	(0. 1022)	(0. 1018)	(0. 1015)	(0. 1016)	(0. 1017)	(0. 1023)
Visibility	−0. 2771***	−0. 3047***	−0. 2855***	−0. 3359***	−0. 3183***	−0. 3036***	−0. 1640*
	(0. 0988)	(0. 0984)	(0. 0970)	(0. 0932)	(0. 0958)	(0. 0934)	(0. 0936)
Hum	16. 3474***	16. 3482***	15. 7354***	12. 1903***	17. 0964***	15. 3660***	20. 1659***
	(2. 7417)	(2. 7178)	(2. 8116)	(2. 8460)	(2. 6958)	(2. 7682)	(2. 8745)
Wind	0. 3629***	0. 3538***	0. 3584***	0. 2964***	0. 3401***	0. 2900***	0. 3951***
	(0. 0877)	(0. 0879)	(0. 0878)	(0. 0884)	(0. 0881)	(0. 0933)	(0. 0883)
Pressure	10. 5985***	10. 5539***	10. 5237***	10. 1225***	10. 2992***	10. 4428***	10. 6313***
	(1. 0176)	(1. 0168)	(1. 0214)	(1. 0244)	(1. 0144)	(1. 0219)	(1. 0194)
R_m	−10. 9440***	−11. 0134***	−10. 9406***	−10. 6781***	−10. 9355***	−11. 0044***	−10. 8391***
	(0. 9682)	(0. 9685)	(0. 9685)	(0. 9677)	(0. 9681)	(0. 9684)	(0. 9690)
Monday	5. 3138***	5. 3219***	5. 3131***	5. 3822***	5. 3760***	5. 2448***	5. 2641***
	(0. 8825)	(0. 8822)	(0. 8824)	(0. 8821)	(0. 8812)	(0. 8828)	(0. 8825)
Month effects	Yes	Yes	Yes	Yes	Yes	Yes	Yes
个体固定效应	Yes	Yes	Yes	Yes	Yes	Yes	Yes
Observations	568138	568138	568138	568138	568138	568138	568138
F statistic	166. 0603	165. 9980	165. 7542	166. 5752	165. 7816	165. 9335	165. 6090
Adj-R^2	0. 0114	0. 0114	0. 0114	0. 0115	0. 0115	0. 0115	0. 0115

注：括号内为稳健标准误，*、** 和 *** 分别代表在 10%、5% 和 1% 的水平上显著。

表 4 – 8　　　　　　　　空气污染对交易活动的影响

变量	模型 1	模型 2	模型 3	模型 4	模型 5	模型 6	模型 7
组 A：非流动性（*Illiq*）							
AQI	0. 1045***						
	(0. 0120)						
$PM_{2.5}$		0. 0920***					
		(0. 0132)					
PM_{10}			0. 1100***				
			(0. 0108)				

续表

变量	模型1	模型2	模型3	模型4	模型5	模型6	模型7
SO_2				0.8453*** (0.0569)			
CO					5.3902*** (1.1286)		
NO_2						0.3392*** (0.0378)	
O_3							0.0159 (0.0147)
SAD	−10.5048*** (1.5470)	−10.3979*** (1.5527)	−10.4826*** (1.5461)	−20.2987*** (1.6379)	−10.8062*** (1.5689)	−10.8873*** (1.5672)	−8.9016*** (1.5872)
$Cloud$	5.2759*** (1.2735)	5.6121*** (1.2726)	5.2723*** (1.2758)	3.7902*** (1.2654)	6.3712*** (1.2532)	5.5977*** (1.2716)	6.6826*** (1.2584)
$Temp$	−2.8223*** (0.2569)	−2.7881*** (0.2572)	−2.7867*** (0.2559)	−2.3798*** (0.2516)	−2.7049*** (0.2553)	−2.7379*** (0.2569)	−2.7488*** (0.2590)
Month effects	Yes	Yes	Yes	Yes	Yes	Yes	Yes
个体固定效应	Yes	Yes	Yes	Yes	Yes	Yes	Yes
Observations	594220	594220	594220	594220	594220	594220	594220
F statistic	967.4660	967.3922	965.7472	959.0008	965.2903	965.6434	965.0934
Adj-R^2	0.2038	0.2037	0.2039	0.2052	0.2037	0.2038	0.2036

组B：换手率（Turn）

变量	模型1	模型2	模型3	模型4	模型5	模型6	模型7
AQI	−0.0483*** (0.0050)						
$PM_{2.5}$		−0.0510*** (0.0056)					
PM_{10}			−0.0524*** (0.0046)				
SO_2				−0.1345*** (0.0191)			
CO					−2.9050*** (0.5687)		
NO_2						−0.1470*** (0.0172)	

变量	模型 1	模型 2	模型 3	模型 4	模型 5	模型 6	模型 7
O_3							-0.0122* (0.0063)
SAD	-4.2313*** (0.7205)	-4.1835*** (0.7209)	-4.2252*** (0.7193)	-3.0086*** (0.7538)	-3.9855*** (0.7220)	-4.1037*** (0.7201)	-5.1068*** (0.7308)
$Cloud$	-1.9785*** (0.6494)	-2.0290*** (0.6496)	-1.9553*** (0.6487)	-2.1783*** (0.6463)	-2.4523*** (0.6420)	-2.1562*** (0.6486)	-2.6030*** (0.6431)
$Temp$	0.5265*** (0.0935)	0.5168*** (0.0937)	0.5111*** (0.0935)	0.4254*** (0.0932)	0.4707*** (0.0935)	0.4870*** (0.0937)	0.5002*** (0.0944)
Month effects	Yes	Yes	Yes	Yes	Yes	Yes	Yes
个体固定效应	Yes	Yes	Yes	Yes	Yes	Yes	Yes
Observations	586020	586020	586020	586020	586020	586020	586020
F statistic	6047.8033	6045.1600	6046.3436	6113.7227	6041.1413	6047.6738	6046.9971
Adj-R^2	0.5839	0.5839	0.5839	0.5839	0.5839	0.5839	0.5838
组 B：换手率（$Turn$）							
AQI	-0.0102*** (0.0008)						
$PM_{2.5}$		-0.0090*** (0.0008)					
PM_{10}			-0.0125*** (0.0007)				
SO_2				-0.0103*** (0.0024)			
CO					-0.3553*** (0.0830)		
NO_2						-0.0317*** (0.0026)	
O_3							-0.0086*** (0.0011)
SAD	-0.9083*** (0.1102)	-0.9183*** (0.1104)	-0.8938*** (0.1098)	-0.8852*** (0.1158)	-0.9238*** (0.1115)	-0.8739*** (0.1101)	-1.2727*** (0.1135)
$Cloud$	0.1303 (0.1050)	0.0991 (0.1052)	0.1501 (0.1044)	0.0276 (0.1045)	0.0143 (0.1050)	0.0994 (0.1054)	0.0241 (0.1051)

续表

变量	模型1	模型2	模型3	模型4	模型5	模型6	模型7
Temp	0.1694***	0.1661***	0.1665***	0.1554***	0.1587***	0.1619***	0.1732***
	(0.0126)	(0.0126)	(0.0126)	(0.0127)	(0.0126)	(0.0126)	(0.0128)
Visibility	0.2600***	0.2717***	0.2468***	0.2984***	0.2939***	0.2712***	0.2913***
	(0.0190)	(0.0189)	(0.0194)	(0.0183)	(0.0187)	(0.0192)	(0.0179)
Month effects	Yes	Yes	Yes	Yes	Yes	Yes	Yes
个体固定效应	Yes	Yes	Yes	Yes	Yes	Yes	Yes
Observations	560632	560632	560632	560632	560632	560632	560632
F statistic	4855.0080	4853.4050	4852.4970	4853.9704	4865.7690	4861.3504	4850.5166
Adj-R^2	0.3390	0.3389	0.3391	0.3388	0.3388	0.3390	0.3389

注：括号内为稳健标准误，＊、＊＊和＊＊＊分别代表在10%、5%和1%的水平上显著。

二、稳健性检验

首先，本章使用了不同的估计方法来测试结果的稳健性。在本章的研究中，位于同一城市的公司受到了相同因素（包括当地空气质量）的影响，这可能会导致回归模型中的残差项在横截面上具有相关性。为排除这个因素引起的偏差，本章将使用 Fama-MacBeth 的方法重新估计本章的模型（Fama and MacBeth，1973），回归结果见表4-9的组A中。为了节省空间，本章只报告了空气污染指标的回归系数。结果显示，AQI 和 $PM_{2.5}$ 分别在5%和10%的水平上显著地降低了股票收益率。空气污染对换手率的回归结果中，七个回归系数中有五个显著为负，表明严重的空气污染降低了当地的股票成交量。AQI、$PM_{2.5}$、PM_{10} 和 SO_2 对收益率波动有显著的负向影响，说明投资者的悲观情绪使股票波动性下降。PM_{10}、SO_2、NO_2 和 O_3 都与本地股票的非流动性正相关，表明空气污染降低了本地股票的流动性。因为被解释变量有很强的惯性，本章还担心回归模型的残差项在时间序列上是相关的。为此，本地使用 Driscoll-Kraay 标准误（Driscoll and Kraay，1998）对模型重新进行回归。组B报告了相应的结果，尽管回归系数的统计显著性相对弱一些，但是依然可以发现类似的结果。本章还使用了按城市聚类的稳健标准误来代替之前的按公司聚类的稳健标准误,再重新估计模型,并在组 C 中发现了类似的结果。此外,在组 D 中,在控制个体固定效应的基础上,还在回归模型中增加了时间的固定效应以控制时间趋势对结果的影响。本章依旧发现严重的空气污染会降低当地的股票收益率、流动性和波动性。

其次,使用了去季节性的空气污染指标来代替原始的空气污染指标。季节性的空气污染指标是整个样本期间内,同一个城市在同一日历周内的原始空气污染指标的平均值。去季节性的空气污染指标则是原始的空气污染指标减去季节性的空气污染指标。本章利用去季节性的空气污染指标重新进行回归的结果报告在组 E 中,结果依然稳健。本章还推测当地的经济条件可能会影响投资者对股市的未来预期。因此,在模型中控制了当地的人口数量、人口增长率、GDP 和 GDP 增长率。组 F 报告了这一结果,这与之前的发现一致。

最后,采用了不同的样本重新估计模型,依然可以得到稳健的结果。第一,分别删除金融行业的公司和总部注册在上海和深圳的公司,重新回归的结果分别报告在组 G 和组 H 中。第二,担心空气污染与当地股票收益率之间的负向关系可能是由于地方政府的干预导致。当空气污染问题越严重,对人们的身体健康损害越大,地方政府可能会迫于公众的压力强制关闭污染企业。由此,地方政府的干预行为损害了当地经济和企业利润,进一步地降低了当地的股票收益率。为排除这一影响,删除了属于污染行业的公司样本,并重新测试结果。本章在组 I 中依然发现空气污染降低了当地的股票收益率、换手率和波动性,增加了非流动性。

表 4 – 9   稳健性检验

变量	AQI	$PM_{2.5}$	PM_{10}	SO_2	CO	NO_2	O_3	N
组 A:Fama-MacBeth 方法								
$Return$	− 0. 0370 *	− 0. 0581 **	− 0. 0150	− 0. 0769	− 1. 5189	0. 0376	0. 0057	594414
	(0. 0219)	(0. 0269)	(0. 0178)	(0. 0773)	(2. 1160)	(0. 0512)	(0. 0194)	
Ret_adj	− 0. 0075	− 0. 0340 *	0. 0054	− 0. 0245	− 0. 4275	− 0. 0037	0. 0016	579306
	(0. 0237)	(0. 0204)	(0. 0176)	(0. 0745)	(2. 0151)	(0. 0463)	(0. 0173)	

续表

变量	AQI	$PM_{2.5}$	PM_{10}	SO_2	CO	NO_2	O_3	N
$Illiq$	-0.0068 (0.0239)	-0.0047 (0.0308)	0.1046*** (0.0210)	0.7093*** (0.0743)	10.4260*** (3.0314)	0.0021 (0.0596)	0.0845*** (0.0233)	600.337
$Turn$	-0.1628*** (0.0233)	-0.1736*** (0.0285)	-0.1131*** (0.0172)	-0.0192 (0.0651)	-10.5633*** (2.3257)	-0.2728*** (0.0498)	-0.0131 (0.0202)	594305
Vol	-0.0060** (0.0026)	-0.0052* (0.0030)	-0.0048** (0.0019)	-0.0303*** (0.0074)	-0.1827 (0.2712)	0.0049 (0.0050)	0.0014 (0.0020)	570735

组 B：Driscoll-Kraay 稳健标准误

变量	AQI	$PM_{2.5}$	PM_{10}	SO_2	CO	NO_2	O_3	N
$Return$	-0.0641 (0.0598)	-0.1059* (0.0635)	-0.0527 (0.0501)	-0.2995** (0.1230)	-8.6043* (5.0758)	-0.0785 (0.1684)	0.0573 (0.0692)	581001
Ret_adj	-0.0007 (0.0322)	-0.0573* (0.0336)	-0.0457* (0.0275)	-0.0667 (0.0580)	-3.6684* (2.0843)	-0.1553** (0.0707)	0.0183 (0.0296)	568138
$Illiq$	-0.0125 (0.0455)	-0.0272 (0.0470)	0.0503 (0.0356)	0.5299*** (0.0877)	-1.7131 (3.2740)	-0.0189 (0.1076)	0.0005 (0.0335)	594220
$Turn$	-0.0360** (0.0157)	-0.0397** (0.0176)	-0.0395*** (0.0127)	-0.0831*** (0.0305)	-2.5595* (1.4469)	-0.0822* (0.0440)	-0.0134 (0.0165)	581001
Vol	-0.0081* (0.0049)	-0.0070 (0.0056)	-0.0113*** (0.0042)	-0.0121 (0.0077)	-0.3921 (0.4174)	-0.0181 (0.0125)	-0.0074 (0.0078)	560632

组 C：按城市聚类的稳健标准误

变量	AQI	$PM_{2.5}$	PM_{10}	SO_2	CO	NO_2	O_3	N
$Return$	-0.0734* (0.0371)	-0.0956** (0.0416)	-0.0630* (0.0367)	-0.2696*** (0.0886)	-9.7169*** (3.1069)	-0.1147 (0.1622)	0.0811 (0.1029)	581001
Ret_adj	-0.0284* (0.0157)	-0.0363** (0.0172)	-0.0362*** (0.0132)	-0.1709** (0.0635)	-3.0276** (1.4231)	-0.0758 (0.0681)	0.0303 (0.0405)	568138
$Illiq$	0.1045* (0.0578)	0.0920 (0.0676)	0.1100*** (0.0377)	0.8453*** (0.1817)	5.3902 (7.6222)	0.3392** (0.1256)	0.0159 (0.0660)	594220
$Turn$	-0.0483*** (0.0153)	-0.0510*** (0.0158)	-0.0524*** (0.0135)	-0.1345*** (0.0446)	-2.9050 (3.3205)	-0.1470** (0.0543)	-0.0122 (0.0187)	586020
Vol	-0.0102** (0.0039)	-0.0090** (0.0039)	-0.0125*** (0.0038)	-0.0103 (0.0088)	-0.3553 (0.6654)	-0.0317** (0.0154)	-0.0086** (0.0040)	560632

续表

变量	AQI	$PM_{2.5}$	PM_{10}	SO_2	CO	NO_2	O_3	N
组 D：同时控制个体和时间的固定效应								
$Return$	-0.0134 (0.0090)	-0.0200 * (0.0103)	-0.0091 (0.0075)	-0.0337 * (0.0194)	-1.9496 ** (0.8763)	-0.0670 *** (0.0254)	-0.0126 (0.0097)	581001
Ret_adj	-0.0131 (0.0096)	-0.0218 ** (0.0110)	-0.0041 (0.0081)	-0.0334 (0.0244)	-2.3002 ** (0.9631)	-0.0460 * (0.0274)	0.0006 (0.0090)	568138
$Illiq$	0.0262 ** (0.0121)	0.0224 * (0.0135)	0.0184 * (0.0110)	0.0530 (0.0497)	0.5200 (1.1368)	0.0205 (0.0392)	0.0209 (0.0135)	594220
$Turn$	-0.0050 (0.0054)	-0.0072 (0.0059)	-0.0042 (0.0047)	-0.0221 (0.0209)	-0.8955 (0.5759)	-0.0301 * (0.0182)	-0.0057 (0.0063)	586020
Vol	-0.0018 *** (0.0007)	-0.0022 *** (0.0008)	-0.0013 ** (0.0006)	0.0010 (0.0025)	-0.0667 (0.0754)	-0.0047 ** (0.0024)	-0.0018 * (0.0009)	560632
组 E：去季节性的空气污染指标								
$Return$	-0.0093 (0.0094)	-0.0309 *** (0.0105)	-0.0451 *** (0.0085)	-0.3595 *** (0.0281)	-5.3147 *** (0.9538)	0.0422 (0.0295)	0.1112 *** (0.0155)	581001
Ret_adj	-0.0169 * (0.0090)	-0.0249 ** (0.0104)	-0.0270 *** (0.0080)	-0.3352 *** (0.0334)	-3.5778 *** (0.9806)	-0.0241 (0.0262)	0.0427 *** (0.0105)	568138
$Illiq$	0.0894 *** (0.0120)	0.0731 *** (0.0132)	0.1024 *** (0.0111)	1.2149 *** (0.0681)	2.9673 *** (1.1195)	0.2496 *** (0.0386)	0.0474 *** (0.0172)	594220
$Turn$	-0.0696 *** (0.0052)	-0.0732 *** (0.0058)	-0.0759 *** (0.0049)	-0.2741 *** (0.0218)	-4.1295 *** (0.6041)	-0.2054 *** (0.0180)	-0.0231 *** (0.0071)	586020
Vol	-0.0154 *** (0.0008)	-0.0139 *** (0.0008)	-0.0175 *** (0.0008)	-0.0341 *** (0.0031)	-0.9058 *** (0.0873)	-0.0449 *** (0.0026)	-0.0102 *** (0.0012)	560632
组 F：控制地区经济条件								
$Return$	-0.0675 *** (0.0093)	-0.0900 *** (0.0106)	-0.0572 *** (0.0082)	-0.2449 *** (0.0230)	-9.4685 *** (0.9184)	-0.1004 *** (0.0287)	0.0821 *** (0.0128)	581001
Ret_adj	-0.0005 (0.0089)	-0.0246 ** (0.0102)	0.0016 (0.0076)	-0.1015 *** (0.0250)	-2.2219 ** (0.9161)	-0.0407 (0.0251)	0.0309 *** (0.0092)	568138
$Illiq$	0.0202 * (0.0110)	0.0122 (0.0123)	0.0271 *** (0.0100)	0.3237 *** (0.0463)	1.9733 * (1.0384)	0.1766 *** (0.0335)	0.0059 (0.0125)	594220
$Turn$	-0.0185 *** (0.0049)	-0.0227 *** (0.0055)	-0.0228 *** (0.0043)	0.0751 *** (0.0201)	-1.5146 *** (0.5375)	-0.0891 *** (0.0163)	-0.0075 (0.0059)	586020

续表

变量	AQI	$PM_{2.5}$	PM_{10}	SO_2	CO	NO_2	O_3	N
Vol	-0.0021***	-0.0013*	-0.0043***	0.0436***	0.0161	-0.0161***	-0.0068***	560632
	(0.0007)	(0.0008)	(0.0006)	(0.0030)	(0.0719)	(0.0023)	(0.0010)	

组 G：删除金融行业的公司样本

变量	AQI	$PM_{2.5}$	PM_{10}	SO_2	CO	NO_2	O_3	N
Return	-0.0702***	-0.0927***	-0.0593***	-0.2632***	-9.3990***	-0.1031***	0.0838***	562093
	(0.0095)	(0.0107)	(0.0083)	(0.0229)	(0.9390)	(0.0292)	(0.0133)	
Ret_adj	-0.0087	-0.0194*	-0.0092	-0.1744***	-2.5743***	-0.0719***	0.0344***	550898
	(0.0091)	(0.0105)	(0.0077)	(0.0257)	(0.9376)	(0.0257)	(0.0094)	
Illiq	0.1066***	0.0941***	0.1122***	0.8639***	5.6075***	0.3482***	0.0164	574957
	(0.0124)	(0.0137)	(0.0111)	(0.0586)	(1.1704)	(0.0390)	(0.0152)	
Turn	-0.0472***	-0.0497***	-0.0516***	-0.1335***	-2.8435***	-0.1421***	-0.0116*	568145
	(0.0051)	(0.0057)	(0.0047)	(0.0195)	(0.5831)	(0.0176)	(0.0065)	
Vol	-0.0101***	-0.0089***	-0.0124***	-0.0092***	-0.3621***	-0.0318***	-0.0084***	542351
	(0.0008)	(0.0008)	(0.0008)	(0.0025)	(0.0856)	(0.0026)	(0.0011)	

组 H：删除总部注册在上海和深圳的公司样本

变量	AQI	$PM_{2.5}$	PM_{10}	SO_2	CO	NO_2	O_3	N
Return	-0.0490***	-0.0594***	-0.0377***	-0.2222***	-5.5455***	-0.0182	0.0997***	429576
	(0.0102)	(0.0115)	(0.0086)	(0.0226)	(0.9459)	(0.0313)	(0.0148)	
Ret_adj	0.0062	-0.0002*	-0.0001*	-0.1258***	-0.8987	-0.0288	0.0505***	419884
	(0.0098)	(0.0001)	(0.0001)	(0.0257)	(0.9743)	(0.0295)	(0.0105)	
Illiq	0.0718***	0.0479***	0.0849***	0.7467***	-0.5315	0.2246***	0.0632***	439179
	(0.0133)	(0.0148)	(0.0117)	(0.0571)	(1.1709)	(0.0459)	(0.0175)	
Turn	-0.0393***	-0.0404***	-0.0409***	-0.1273***	-0.5342	-0.0847***	-0.0245***	432709
	(0.0055)	(0.0062)	(0.0049)	(0.0202)	(0.5683)	(0.0200)	(0.0071)	
Vol	-0.0082***	-0.0077***	-0.0101***	-0.0079***	0.1035	-0.0210***	-0.0075***	414585
	(0.0008)	(0.0009)	(0.0008)	(0.0026)	(0.0745)	(0.0030)	(0.0012)	

组 I：删除污染行业的公司样本

变量	AQI	$PM_{2.5}$	PM_{10}	SO_2	CO	NO_2	O_3	N
Return	-0.0750***	-0.0982***	-0.0670***	-0.2654***	-10.4163***	-0.1121***	0.0763***	509630
	(0.0099)	(0.0111)	(0.0086)	(0.0247)	(0.9808)	(0.0305)	(0.0138)	
Ret_adj	-0.0157	-0.0271**	-0.0146*	-0.1741***	-3.5207***	-0.0751***	0.0276***	498945
	(0.0097)	(0.0110)	(0.0082)	(0.0286)	(0.9970)	(0.0271)	(0.0099)	
Illiq	0.1035***	0.0937***	0.1079***	0.8720***	5.7753***	0.3454***	0.0115	521306
	(0.0129)	(0.0142)	(0.0115)	(0.0613)	(1.1903)	(0.0392)	(0.0149)	

续表

变量	AQI	$PM_{2.5}$	PM_{10}	SO_2	CO	NO_2	O_3	N
Turn	− 0.0490 *** (0.0054)	− 0.0516 *** (0.0060)	− 0.0548 *** (0.0049)	− 0.1331 *** (0.0195)	− 2.9975 *** (0.6058)	− 0.1453 *** (0.0182)	− 0.0143 ** (0.0068)	513950
Vol	− 0.0102 *** (0.0008)	− 0.0088 *** (0.0009)	− 0.0126 *** (0.0008)	− 0.0102 *** (0.0026)	− 0.3550 *** (0.0926)	− 0.0306 *** (0.0028)	− 0.0086 *** (0.0012)	491896

注：括号内为稳健标准误，＊、＊＊和＊＊＊分别代表在10%、5%和1%的水平上显著。

第五节　影响机制分析

一、经济机制检验

本章假定空气污染通过影响当地投资者情绪，进而影响注册在当地的公司的股票收益率和交易活动。然而，还有另外一种说法也可以解释本章的结果。空气污染有可能降低人们的日常劳动生产率，进而影响当地经济状况，最终影响注册在当地的公司基本面价值。目前也有研究发现，当地空气污染水平的增加会导致工作时间的大幅下降（Hausman et al.，1984）、体力劳动者（Zivin and Neidell，2012）和室内白领（Chang et al.，2016）的生产率下降，以及认知能力的下降（Lavy et al.，2014）。

胡等（2014）注意到，如果严重的空气污染妨碍当地的经济活动并改变了当地公司的基本价值，那么空气污染会影响当地的公司绩效。为了检验这种可能性是否存在，参照了胡等（2014）的模型来研究空气污染与当地公司绩效之间的关系。在每个季度里，计算了三个城市层面的会计绩效指标，如下所示：

$$Fper_{c,q} = \sum_{i=1}^{n} Profit_{c,i,q} \Big/ \sum_{i=1}^{n} Asset_{c,i,q} \times 100 \qquad (4-3)$$

其中，$Profit_{c,i,q}$ 是注册在城市 c 中的公司 i 在季度 q 内的营业利润、总利润或净利润，而 $Asset_{c,i,q}$ 是注册在城市 c 中的公司 i 在季度 q 末的总资产。本节的回归模型如下所示：

$$Fper_{c,q} = \gamma_0 + \gamma_1 Poor_{c,q} + \gamma_2 AP_{c,q} + \gamma_3 Squ\_AP_{c,q}$$

$$+ \sum_{j=1}^{3} \lambda_j Quarter_j + \mu_{c,q} \qquad (4-4)$$

其中，AP 城市层面的季度的空气污染指标（包括 AQI、$PM_{2.5}$、PM_{10}、SO_2、CO、NO_2 和 O_3），Squ_AP 是空气污染指标的平方项。$Poor$ 是一个虚拟变量，当 AQI 大于 100 时取值为 1，否则取值为 0。$Quarter$ 是季度虚拟变量。

表 4 – 10 分别报告了包含或不包含空气污染指标二次项的回归模型结果。为简洁起见，本章只报告了使用 AQI 作为空气污染指标的回归结果。利用其他空气污染指标时，得到的结果也与之类似。由表 4 – 10 可以看到，所有空气污染指标的回归系数都不显著，与胡等（2014）的结果一致。因此，空气污染对个股收益率、流动性和波动性的负向影响并不是由于严重的空气污染导致当地劳动生产率下降所造成的。

表 4 – 10　　　　　　　　　　　经济相关性检验

变量	营业利润			总利润			净利润		
	模型 1	模型 2	模型 3	模型 4	模型 5	模型 6	模型 7	模型 8	模型 9
Poor	4.9464	– 34.0956	– 78.8622	– 9.9552	– 26.8933	– 79.7456	0.1502	– 28.3590	– 76.9952
	(66.3902)	(77.8412)	(102.1039)	(61.8549)	(77.5879)	(106.1736)	(54.0009)	(69.5344)	(94.2743)
AQI		1.0605	6.1032		0.4601	6.4136		0.7744	6.2530
		(1.5207)	(6.9072)		(1.4736)	(6.6713)		(1.3054)	(5.7415)
Squ_AQI			– 0.0162			– 0.0191			– 0.0176
			(0.0183)			(0.0189)			(0.0165)
Quarter effects	Yes	Yes	Yes	Yes	Yes	Yes	Yes	Yes	Yes
Observations	297	297	297	297	297	297	297	297	297
F statistic	10.3043	8.7161	7.8637	9.6701	8.1352	6.7442	8.8737	7.5758	6.2443
Adj-R^2	0.1057	0.1052	0.1072	0.0555	0.0527	0.0559	0.0578	0.0561	0.0598

注：括号内为稳健标准误，*、** 和 *** 分别代表在 10%、5% 和 1% 的水平上显著。

二、投资者情绪机制检验

采用季度数据对空气质量与公司绩效之间的关系进行检验，其观测值比日度数据的观测值要少得多。如果空气污染不改变公司的基本价值，预期在空气污染更为严重的时候，股票收益率会下降，而在随后几天会逐渐恢复。

根据中国环境保护部的空气质量标准，当 AQI 大于 200 时，空气污染对所有人的健康都会产生严重损害。因此，将严重的空气污染定义为空气质量等级为重度污染或严重污染。本章选 AQI 在第 t 天时大于 200，而在 $t-2$、$t-1$、$t+1$ 天和 $t+2$ 天时小于 100 的窗口。最后，得到了 366 个时间窗口，计算了时间窗口中每天的平均股票收益率。图 4-1（a）显示，原始股票收益率在第 t 天时大幅下降，并在随后的两天里逐渐回升。图 4-1（b）也展示了类似的结果。

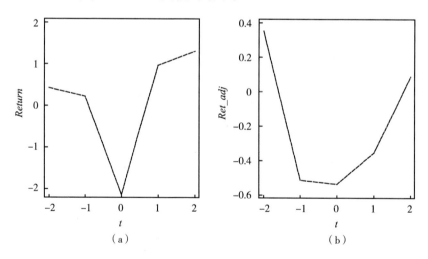

图 4-1　时间窗口期间的平均收益率

此外，为检验空气污染通过投资者情绪渠道来影响股票定价的可能性，本章还使用了交叉上市的 AH 股为样本，实施一个证实检验。理论上，因为交叉上市股对应着相同的标的资产和现金流，那么它们在不同市场中的股价应该符合"一价定律"。如果交叉上市股票的价格违反一价定律，就存在套利利润。根据现有的研究表明，噪声交易者情绪会导致交叉上市股之间的价格持续存在偏差（De Jong et al. , 2009；Shleifer, 2000）。为了验证投资者情绪指数是否有效，贝克等（2012）考察了投资者情绪对 3 对"双胞胎"公司的价格偏差的影响。如果投资者情绪与"双胞胎"公司的价格偏差之间的关系显著，则说明投资者情绪指数是有效的。类似地，参照贝克等（2012）的方法，验证空气污染是否会导致投资者的悲观情绪。利用交叉上市股为样本的好处就在于它隐含地控制着所有影响股票价格基本面的因素。

　　本章选择了中国的 A 股和 H 股交叉上市公司作为研究样本，考察了 A 股和 H 股市场空气污染差异对 A 股和 H 股价格偏差的影响。与贝克等（2012）采用的在美国和英国交叉上市的"双胞胎"公司相比，本章的实验环境具备一些优势，可以更好地研究影响交叉上市股价差的因素。首先，如果交叉上市股在不同的市场上采用的会计标准报告公司财务情况，这样引致的会计信息差异可能会影响交叉上市股的价格偏差（Akins et al. , 2012；Bushman et al. , 2004）。香港股票市场采用的是国际财务报告准则，而内地 A 股市场也在 2007 年 1 月 1 日宣布采用了相同的会计准则（Lam et al. , 2013）。A 股和 H 股市场披露的会计信息是一致的。A 股和 H 股市场为研究投资者情绪对交叉上市股票定价的影响提供了一个可控的环境。

　　本章在 Wind 数据库中获取了 80 家 A 股和 H 股交叉上市公司，且这些公司总部分别注册在中国的 28 个城市。本章获取了交叉上市的 A 股和 H 股在 2013 年 12 月 1 日至 2015 年 12 月 31 日期间的日收盘价。交叉上市 A 股和 H 股的价格偏差的计算公式如下所示：

$$diff\_price_{i,t} = \ln \frac{price_{i,t}^{A}}{price_{i,t}^{H}} \times 100 \qquad (4-5)$$

其中，$price_{i,t}^{A}$ 和 $price_{i,t}^{H}$ 分别是公司 i 在交易日 t 的 A 股和 H 股的人民币收盘价。

　　内地的空气质量数据来源于中国空气质量研究平台，香港的空气污染数据则来自香港环境保护署[①]。香港环境保护署没有提供 AQI 的数据，但提供了每天的空气污染物浓度的数据，包括 $PM_{2.5}$、PM_{10}、SO_2、NO_2 及 O_3。

由于香港证券交易所位于香港中西区，所以下载了中西区的空气质量监测站的空气污染数据。因而，将采用 $PM_{2.5}$、PM_{10}、SO_2、NO_2 及 O_3 来计算 A 股市场和 H 股市场的空气污染差异。首先，将两个市场的空气污染指标进行标准化，使其均值为 0，标准差为 1。其次，将 A 股公司注册地的空气污染指标减去香港的空气污染指标，由此得到两个市场空气污染差异。空气污染指标数值越大，投资者情绪越悲观，从而导致股票价格下跌。因此，预期 AH 股价格偏差与空气污染差异之间负相关。跟贝克等（2012）一样，将同时探讨了空气污染差异对 AH 股价格偏差的水平值（diff_price）和变动值（Δdiff_price）的影响。具体的回归模型如下所示：

$$diff\_price_{i,t} = \alpha_0 + \alpha_1(AQ^*_{A,c,t} - AQ^*_{H,t}) + \alpha_2 diff\_price_{i,t-1} + \varepsilon_{i,t} \quad (4-6)$$

$$\Delta diff\_price_{i,t} = \beta_0 + \beta_1(AQ^*_{A,c,t} - AQ^*_{H,t}) + \beta_2 \Delta diff\_price_{i,t-1} + \varepsilon_{i,t} \quad (4-7)$$

其中，$AQ^*_{A,c,t}$ 是公司 i 注册在城市 c 在交易日 t 的标准化的空气污染物浓度，而 $AQ^*_{H,t}$ 是香港的标准化的空气污染物浓度。

由表 4-11 可以看到，A 股市场和 H 股市场的空气污染差异与 AH 股价格偏差的水平值和变化值都呈负相关，验证了本章的假设。因为深圳离香港很近，它们的空气质量几乎是一样的。为此，还删除了注册在深圳的公司样本，并进行稳健性检验，本章依然能够发现类似的结果。这为空气污染影响投资者情绪，进而影响股票定价提供了直接证据。总的来说，空气污染与股票收益率和交易活动之间的关系是由投资者情绪造成的。

---

① http://epic.epd.gov.hk/EPICDI/air/station/。

表 4 – 11 空气污染对 AH 股价差的影响

变量	全样本					剔除注册在深圳的公司样本				
	模型 1	模型 2	模型 3	模型 4	模型 5	模型 6	模型 7	模型 8	模型 9	模型 10
组 A：AH 股价差										
$Diff\_PM_{2.5}$	-0.0242** (0.0097)					-0.0242** (0.0098)				
$Diff\_PM_{10}$		-0.0491*** (0.0108)					-0.0487*** (0.0109)			
$Diff\_SO_2$			-0.0456*** (0.0079)					-0.0482*** (0.0082)		
$Diff\_NO_2$				-0.0443*** (0.0127)					-0.0513*** (0.0130)	
$Diff\_O_3$					-0.0173* (0.0090)					-0.0175* (0.0092)
$Diff\_price_{t-1}$	0.9927*** (0.0007)	0.9927*** (0.0007)	0.9920*** (0.0007)	0.9924*** (0.0007)	0.9923*** (0.0007)	0.9931*** (0.0007)	0.9931*** (0.0007)	0.9924*** (0.0007)	0.9928*** (0.0007)	0.9927*** (0.0007)
个体固定效应	Yes	Yes	Yes	Yes	Yes	Yes	Yes	Yes	Yes	Yes
Observations	39311	39311	39871	40191	40191	34856	34856	35353	35637	35637
Adj-R^2	0.9845	0.9845	0.9843	0.9843	0.9843	0.9852	0.9852	0.9849	0.9850	0.9850

续表

组 B：AH 股价的一阶差分

变量	全样本					剔除注册在深圳的公司样本				
	模型 1	模型 2	模型 3	模型 4	模型 5	模型 6	模型 7	模型 8	模型 9	模型 10
$Diff\_PM_{2.5}$	−0.0302 *** (0.0093)					−0.0296 *** (0.0093)				
$Diff\_PM_{10}$		−0.0543 *** (0.0101)					−0.0534 *** (0.0102)			
$Diff\_SO_2$			−0.0300 *** (0.0079)					−0.0333 *** (0.0080)		
$Diff\_NO_2$				−0.0509 *** (0.0118)					−0.0561 *** (0.0122)	
$Diff\_O_3$					−0.0115 (0.0092)					−0.0114 (0.0095)
$\Delta Diff\_price_{t-1}$	0.0169 ** (0.0085)	0.0168 * (0.0085)	0.0176 ** (0.0083)	0.0172 ** (0.0083)	0.0170 ** (0.0083)	0.0259 *** (0.0085)	0.0258 *** (0.0085)	0.0265 *** (0.0082)	0.0262 *** (0.0083)	0.0259 *** (0.0082)
个体固定效应	Yes	Yes	Yes	Yes	Yes	Yes	Yes	Yes	Yes	Yes
Observations	39227	39227	39787	40107	40107	34781	34781	35278	35562	35562
Adj-R^2	0.0004	0.0007	0.0004	0.0006	0.0003	0.0008	0.0011	0.0008	0.0011	0.0006

注：括号内为为稳健标准误，*、**和***分别代表在10%、5%和1%的水平上显著。

第六节　空气污染对股票收益率的横截面效应

贝克和沃格勒（2006）研究发现，股票收益率对投资者情绪的敏感度在小公司、年轻的公司、高波动性公司、盈利能力差的公司、不分红的公司、极端增长率的公司和财务悲观的公司中更大一些。采用他们的方法，本章将研究空气污染是否会对难以套利和估值的公司产生更强烈的影响。在每个月初，将观测值按照公司特征排序，进而将其均分为10组。当空气质量等级为优时，本章将其定义为好的空气质量，而当空气质量等级为中度、重度或严重污染时，本章将其定义为差的空气质量。以此，再将之前的10组中每组的观测按照空气质量再分成3组。然后，再计算每一组的日市值加权平均收益率。为了分析空气污染效应的敏感性，本章对各组收益率的差异进行了 t 检验。表4-12报告了该结果。

表4-12中的公司规模（ASSET）是以每个月初的总资产的自然对数来衡量的，显示了不同公司规模下的平均收益率。结果表明，无论空气污染引致的情绪是悲观还是乐观，收益率随着公司规模的增加而变小，这与班斯（Banz，1981）以及法玛和弗伦奇（1992）的结果一致。当空气质量好时，公司规模最低组的平均收益率为0.5204%，而公司规模最高组的平均收益率为0.1648%。同样，当空气质量较差时，公司规模最高组的平均收益率为0.0678%，远低于公司规模最低组的0.2874%。空气质量好和差的组之间的收益率差异则表明，当投资者情绪低落时，同一天的股票收益率较低。这一结果支持了情绪悲观的投资者购买或持有股票的意愿会降低的观点。

表4-12中收益率波动（RVOL）用上个月的日收益率标准差来衡量的，显示了收益率波动的横截面效应。结果表明，无论投资者情绪如何，低波动性的股票更具有吸引力。当空气质量好（差）时，这些股票的平均收益率为0.5191%（0.2348%）。这一结果与贝克和沃格勒（2006）中当

表4-12　二维分组分析：公司特征和空气质量

空气质量		分组										总体结果		
		1	2	3	4	5	6	7	8	9	10	10-1	10-5	5-1
ASSET	Good	0.5204	0.3398	0.3042	0.2535	0.2164	0.2147	0.2191	0.1850	0.1993	0.1648	-0.3556	-0.0515	-0.3041
	Bad	0.2874	0.2231	0.2445	0.1827	0.1785	0.1233	0.0957	0.0902	0.1044	0.0678	-0.2196	-0.1107	-0.1089
	Bad-Good	-0.2330	-0.1166	-0.0597	-0.0708	-0.0378	-0.0913	-0.1234	-0.0948	-0.0949	-0.0970	0.1360	-0.0592	0.1952
RVOL	Good	0.5191	0.1759	0.2351	0.2459	0.2102	0.2865	0.2593	0.2540	0.2721	0.2577	-0.2614	0.0475	-0.3089
	Bad	0.2348	0.0917	0.1859	0.1750	0.1708	0.2134	0.1235	0.1262	0.1480	0.0710	-0.1639	-0.0998	-0.0640
	Bad-Good	-0.2843	-0.0842	-0.0491	-0.0709	-0.0394	-0.0730	-0.1358	-0.1277	-0.1241	-0.1867	0.0976	-0.1473	0.2449
BE/ME	Good	0.2243	0.2484	0.2571	0.2847	0.2772	0.2645	0.2776	0.2801	0.2794	0.2181	-0.0062	-0.0591	0.0529
	Bad	0.1292	0.1011	0.2380	0.2257	0.1606	0.1580	0.1869	0.1763	0.0988	0.0949	-0.0343	-0.0657	0.0314
	Bad-Good	-0.0951	-0.1473	-0.0191	-0.0590	-0.1166	-0.1065	-0.0907	-0.1037	-0.1805	-0.1232	-0.0282	-0.0067	-0.0215
IPOAGE	Good	0.4598	0.2909	0.2446	0.2282	0.1780	0.1681	0.2028	0.2442	0.2995	0.2813	-0.1785	0.1033	-0.2818
	Bad	0.2919	0.2778	0.1587	0.1578	0.1067	0.1002	0.0919	0.1228	0.1128	0.1252	-0.1666	0.0185	-0.1851
	Bad-Good	-0.1680	-0.0131	-0.0859	-0.0705	-0.0713	-0.0678	-0.1109	-0.1214	-0.1867	-0.1561	0.0119	-0.0848	0.0967
GS	Good	0.2689	0.2426	0.2601	0.2432	0.2613	0.2565	0.2853	0.2843	0.3141	0.2919	0.0230	0.0306	-0.0076
	Bad	0.0429	0.0731	0.1159	0.1398	0.1877	0.1947	0.2171	0.2429	0.2490	0.1716	0.1287	-0.0161	0.1448
	Bad-Good	-0.2260	-0.1695	-0.1442	-0.1035	-0.0735	-0.0618	-0.0683	-0.0413	-0.0651	-0.1203	0.1057	-0.0467	0.1525

投资者情绪低落时高波动性的股票赚取了更高的收益率的结论相冲突。这有可能是由于变量的计算方法不同造成的。本章使用的是当天的日收益率，而贝克和沃格勒（2006）采用了预期的月度收益率。

表4-12中账面市值比（*BE/ME*）指每个月初的所有者权益除以股票市值，显示了收益率随账面市值比变动的模式。投资者情绪乐观时，平均日收益会随着 *BE/ME* 的增加而增加。*BE/ME* 最高组的平均收益率是0.2181%，而最低组的平均收益率是0.2243%。当投资者情绪悲观时，高 *BE/ME* 组和低 *BE/ME* 组的收益率都比较低。这样，随着 *BE/ME* 的变动，投资者情绪乐观组和悲观组之间的收益率差异就形成了一个倒"U"型。表4-11中第五行报告了收益率随营业收入增长率（*GS*）的变化模式，也呈现出了一个倒"U"型。

表4-12中的 IPO 年龄（*IPOAGE*）采用公司上市以来的年数来衡量的，报告了 IPO 年龄的横截面效应。本章发现年轻的公司具有较高的平均收益率。但是，投资者情绪乐观组和悲观组之间的收益率差异并没有展现出一个特定的模式。

第七节 本章小结

环境污染是伴随着我国经济高速发展而产生的，而空气污染对个人的情绪和行为偏差都产生了不利的影响。与美国股市采用的做市商制度不同，中国股票市场采用的是订单驱动交易制度，整个交易过程由散布在全国各大城市的投资者提交的电子订单来推动的。因而，投资者情绪是受他们所在城市的空气污染影响，而并非只是交易所所在城市的空气污染。那么，在中国股票市场上，将股票市场作为一个整体来研究空气污染对市场指数收益率的影响就会存在一定的偏差。本章利用了个股层面的数据，探讨了城市层面的空气污染是否会通过影响当地的投资者行为，进而对股票市场产生负面影响。本章得到以下主要结论。

（1）本章利用事件研究法、情景重现法和安慰剂测试法，证实了空气污染影响股票市场的本地偏好机制，即空气污染导致了当地投资者的悲观情绪和行为偏差，且投资者具有购买和持有本地股票的偏好，最终降低了总部注册在当地的公司的股票收益率。

（2）空气污染降低了当地投资者的交易积极性和活跃度，从而对个股收益率有显著的负向影响。

（3）本章排除了空气污染通过影响当地经济活动，进而影响注册在当地的公司基本面价值的潜在机制，并通过交叉上市 AH 股为样本，证实了空气污染引致当地投资者悲观情绪的影响机制。

（4）空气污染对当地股票收益率的影响程度在财务悲观度高的公司和具有极端成长率的公司中更显著。

第五章

空气污染引致的个人投资者
情绪对中国股票市场的影响

第一节　问题的提出

许多心理学文献研究表明，投资者在评估未来前景时，往往会把情绪误认为是有价值的信息，尽管它与基本面价值无关。投资者情绪被认为是对未来现金流和投资风险的错误信念（Baker and Wurgler，2006）。德朗等（1990）是早期提出关于投资者情绪的资产定价模型的学术研究之一。他们认为市场中包括理性交易者和非理性的噪声交易者，其中，噪声交易者更容易受到情绪的影响，而且其交易具有一致性，从而导致股票价格偏离他们的基本价值，阻止理性交易者的套利。贝克和沃格勒（2006）使用主成分分析法，利用换手率、股利溢价、IPO 的数量、IPO 的首日收益率、封闭式基金折价率和股票发行在总股本和债务发行中所占的比例这六个投资者情绪代理变量构造了一个综合的市场投资者情绪指数。此后，越来越多的学者采用同样的方法来构建投资者情绪指数（Baker et al.，2012；Beer and Zouaoui，2013；Firth et al.，2015；Hu and Wang，2012；Yang and Zhou，2016）。弗思等（Firth et al.，2015）构造了中国股票市场的投资者情绪指数，发现公司透明度大大降低了股票价格对投资者情绪的敏感性。黄等（2015）利用偏最小二乘法（partial least squares method），提出了一种新的综合投资者情绪指数，并且该指数比贝克和沃格勒（2006）的情绪指数具有更强的预测能力。

然而，这些投资者情绪指数都是针对整个股票市场构造的，而没有根据不同的市场参与者分别构建。机构投资者比个人投资者具有更强的获取和处理信息的能力以及更多的专业技能，因而能够更准确地对股票价值进行估值，在市场中表现得更加理性。许多学者已经提供证据证明，个人投资者更倾向于是噪声交易者，会导致和促进资产错误定价，并防止价格发现，而机构投资者则在市场上进行套利和抑制资产错误定价（Chou et al.，2015；Chuang and Susmel，2011；Foucault et al.，2011；Frank and Sanati，2018；Kumar et al.，2013；Qian，2014；Wei，2018）。因此，由于市场情绪指数已经经过机构投资者的行为调整，个人投资者情绪指数比市场投资者情绪指数更准确。同时，如果采用个人投资者情绪指数进行研究，由投资者情绪导致的资产误定价也更有可能被观测到。订单买卖非平衡度（Buy and sell imbalance）（Kim et al.，2017；Kim and Park，2015；Kumar and Lee，2006）、消费者信息指数（Schmeling，2009）、美国个人投资者协会指数（Fong，2013；Waggle and Agrrawal，2015）、共同基金流量（Frazzini and Lamont，2008）、换手率（Lee，2013）和封闭式基金折价率（Neal and Wheatley，1998）都是经常被用作个人投资者的单一情绪代理变量。这些研究发现高涨的投资者情绪会使股票价格高于其基本价值，因而能够预测到较低的未来股票收益率。

另外，自然条件也是衡量投资者情绪的重要代理变量。人类在长期的进化和发展过程中，其行为不可避免地受到自然条件的影响和制约。因此，投资者在金融市场上的投资决策也受到自然条件的影响。桑德斯（1993）是最早检验天气状况与股票市场之间关系的研究之一，他发现纽约市的高云层覆盖率大大降低了纽约证券交易所的市场指数收益率。这一研究引起学者的广泛关注。随后，其他的天气条件，包括气温（Cao and

Wei，2005）、风速（Keef and Roush，2002）和相对湿度（Yoon and Kang，2009）也被认为是投资者情绪的良好代理变量。卡姆斯特拉等（2003）注意到人们的情绪是随季节而变化的，并发现在白天时间相对短的季节里，人们会更加抑郁。不仅如此，戈茨曼等（Goetzmann et al.，2015）和姜等（Jiang et al.，2018）还利用天气数据和机构投资者持股数据，构建了受天气状态影响的机构投资者情绪指数。

空气污染是由人类生产活动引起的一种典型的自然条件。总体而言，空气污染会引起投资者的悲观情绪和风险厌恶行为，从而促使投资者规避股票资产。最终，严重的空气污染与较低的股票收益率相伴而行。回顾近期关于空气污染与股票市场之间的研究，本章在美国市场（Heyes et al.，2016；Lepori，2016；Levy and Yagil，2011）、中国市场（Hu et al.，2014；Li and Peng，2016）、芬兰市场（Försti，2017）和土耳其市场（Demir and Ersan，2016）的研究中均发现空气污染与市场收益率的负相关关系。张等（2017）进一步证实了北京的空气污染会降低注册在北京的公司股票收益率。吴等（2018b）和黄（2017）发现空气污染和股票定价之间的关系随着公司是否属于污染行业而变化。吴等（2018a）认为在中国这个采用订单驱动交易制度的市场，本地的空气污染影响了本地的投资者情绪，进而主要通过本地偏好机制影响注册在当地的公司的股票定价。

在回顾了自然条件和股票定价的相关文献后，发现现有的研究还没有直接构建由自然条件引致的个人投资者情绪指数。本研究将集中于这一点上，并进一步探讨空气污染引起的个人投资者情绪对中国股市的影响。

第二节　数据和变量构造

一、研究样本和被解释变量

首先，本章检验了空气污染引致的投资者情绪是否可以直接影响个人投资者的交易行为，由此验证投资者情绪指数的有效性。其次，本章考察了个人投资者情绪如何影响公司层面的交易活动和股票收益率，进而再通过构建投资组合探讨中国股票市场的有效性。在 2017 年 12 月底之前，在上海证券交易所和深圳证券交易所上市的 3443 只 A 股是本章的研究样本。为了与控制变量相匹配，样本限制在注册在中国 34 个城市的 1995 家公司。此外，还有 339 家公司的个人投资者情绪指数不可得。最终，研究样本剩下 1656 家公司。研究期间为 2014 年 1 月 1 日至 2017 年 12 月 31 日。

Wind 数据库按照投资者提交的订单金额大小将每只股票的交易数据分为四类：（1）小于 4 万元的订单；（2）4 万~20 万元的订单；（3）20 万~100 万元的订单；（4）大于 100 万元的订单。Wind 数据库认为金额小于 4 万元的订单更可能是由个人投资者提交的，因而将这类订单定义为散户订单。由于大于 100 万元的订单通常是由资金雄厚的机构投资者提交的，所以 Wind 数据库将这类订单定义为机构订单。同时，笪等（Da et al.，2011）也认为依据订单规模大小来区分投资者类型，是一种传统的做法。因此，本章将根据小于 4 万元和大于 100 万元的订单的统计数据，分别计算个人投资者和机构投资者的交易行为变量。首先，参考施米特曼等（Schmittmann et al.，2015）的方法，采用两个超额买卖非平衡变量（excess buy-sell imbalance）。之所以称之为"超额"，是因为这两个变量值偏离年度平均值的程度。第一个变量的计算方法如公式（5 - 1）和公式（5 - 2）所示，它是基于买卖双方的成交金额来构建的。第二个变量利用买卖双方提交的订单数量来计算，具体为公式（5 - 3）和公式（5 - 4）。一般而言，当投资者情绪悲观时，他们不愿意购买或持有股票资产。因而，本文预期严重的空气污染会造成负面投资者情绪，进而降低超额买卖非平衡度。然后，本书将投资者交易行为区分为买入行为和卖出行为。公式（5 - 5）~公式（5 - 8）利用成交金额来构建个人和机构投资交易行为，公式（5 - 9）~公式（5 - 12）则利用订单数量来进行构建。

$$BSI\_retail_{i,t}^{vol} = \frac{vol\_retail_{i,t}^{buy}}{vol\_retail_{i,t}^{buy} + vol\_retail_{i,t}^{sell}} - \frac{vol\_retail_{i,y}^{buy}}{vol\_retail_{i,y}^{buy} + vol\_retail_{i,y}^{sell}}$$

$$(5 - 1)$$

$$BSI\_ins_{i,t}^{vol} = \frac{vol\_ins_{i,t}^{buy}}{vol\_ins_{i,t}^{buy} + vol\_ins_{i,t}^{sell}} - \frac{vol\_ins_{i,y}^{buy}}{vol\_ins_{i,y}^{buy} + vol\_ins_{i,y}^{sell}} \quad (5-2)$$

$$BSI\_retail_{i,t}^{order} = \frac{or\_retail_{i,t}^{buy}}{or\_retail_{i,t}^{buy} + or\_retail_{i,t}^{sell}} - \frac{or\_retail_{i,y}^{buy}}{or\_retail_{i,y}^{buy} + or\_retail_{i,y}^{sell}} \quad (5-3)$$

$$BSI\_ins_{i,t}^{order} = \frac{or\_ins_{i,t}^{buy}}{or\_ins_{i,t}^{buy} + or\_ins_{i,t}^{sell}} - \frac{or\_ins_{i,y}^{buy}}{or\_ins_{i,y}^{buy} + or\_ins_{i,y}^{sell}} \quad (5-4)$$

$$Buy\_retail_{i,t}^{vol} = \frac{vol\_retail_{i,t}^{buy} - vol\_retail_{i,y}^{buy}}{vol\_retail_{i,y}^{buy}} \quad (5-5)$$

$$Sell\_retail_{i,t}^{vol} = \frac{vol\_retail_{i,t}^{Sell} - vol\_retail_{i,y}^{Sell}}{vol\_retail_{i,y}^{Sell}} \quad (5-6)$$

$$Buy\_ins_{i,t}^{vol} = \frac{vol\_ins_{i,t}^{Buy} - vol\_ins_{i,y}^{Buy}}{vol\_ins_{i,y}^{Buy}} \quad (5-7)$$

$$Sell\_ins_{i,t}^{vol} = \frac{vol\_ins_{i,t}^{Sell} - vol\_ins_{i,y}^{Sell}}{vol\_ins_{i,y}^{Sell}} \quad (5-8)$$

$$Buy\_retail_{i,t}^{order} = \frac{order\_retail_{i,t}^{buy} - order\_retail_{i,y}^{buy}}{order\_retail_{i,y}^{buy}} \quad (5-9)$$

$$Sell\_retail_{i,t}^{order} = \frac{order\_retail_{i,t}^{Sell} - order\_retail_{i,y}^{Sell}}{order\_retail_{i,y}^{Sell}} \quad (5-10)$$

$$Buy\_ins_{i,t}^{order} = \frac{order\_ins_{i,t}^{buy} - order\_ins_{i,y}^{buy}}{order\_ins_{i,y}^{buy}} \quad (5-11)$$

$$Sell\_ins_{i,t}^{order} = \frac{order\_ins_{i,t}^{Sell} - order\_ins_{i,y}^{Sell}}{order\_ins_{i,y}^{Sell}} \quad (5-12)$$

其中，$vol\_retail_{i,t}^{buy}$（$vol\_retail_{i,t}^{sell}$）指股票 i 在成交日 t 的个人投资者中买方（卖方）成交金额，而 $vol\_retail_{i,y}^{buy}$（$vol\_retail_{i,y}^{sell}$）指股票 i 在年度 y 内的个人投资者中买方（卖方）成交金额均值。$or\_retail_{i,t}^{buy}$（$or\_retail_{i,t}^{sell}$）指股票 i 在成交日 t 的个人投资者中买方（卖方）订单数量，而 $or\_retail_{i,y}^{buy}$（$or\_retail_{i,y}^{sell}$）指股票 i 在年度 y 内的个人投资者中买方（卖方）订单数量均值。$vol\_ins_{i,t}^{buy}$（$vol\_ins_{i,t}^{sell}$）指股票 i 在成交日 t 的机构投资者中买方（卖方）成交金额。$order\_ins_{i,t}^{buy}$、$order\_ins_{i,t}^{sell}$、$vol\_ins_{i,y}^{buy}$、$vol\_ins_{i,y}^{sell}$、$order\_ins_{i,y}^{buy}$ 和 $order\_ins_{i,y}^{sell}$ 都是类似定义的机构投资者交易指标。

本章将从流动性和波动性两个角度考察股票的交易活动。阿米胡德（2002）的非流动性和换手率被用来衡量流动性。其中，非流动性（*Illiq*）是日收益率的绝对值除以当天的成交金额，最后再乘 10^8。换手率（*Turn*）为日成交量除以当天的流通股数，然后再乘以 100。波动性按照安德森等（2001a，2001b）的研究来计算，是一个交易日内每 5 分钟收益率的方差。收益率（*Return*）按当天的收盘价与前一个交易日收盘价间的差值再除以前一个交易日收盘价来衡量，最后再乘以 100。其中，收盘价经过了分红和股权拆分调整。所有的数据都来源于 Wind 数据库和 CSMAR 数据库。各变量的定义详见附表 2。

二、空气污染引致的个人投资者情绪指数

本章的主要目的是构建空气污染引致的个人投资者情绪指数。笪等（2011）认为 Google 搜索引擎的搜索量可以捕获个人投资者的关注度。相应地，中国市场上的多数个人投资者如果对某些股票感兴趣，就会通过百度搜索引擎去收集相关信息。因此，百度搜索引擎中的总搜索量直接衡量了中国个人投资者对特定股票的关注度。百度指数产品（http：//index. baidu. com）提供了来自中国 364 个城市的特定关键词的日搜索量。本章以每家公司的股票代码为搜索关键词，以来自不同城市的百度指数来衡量不同城市的个人投资者对某只股票的直接关注。例如，关键词"601398"代表中国工商银行，而关键词"600519"代表贵州茅台。个人投资者对某只股票关注得越多，就越有可能交易这只股票。那么，以来自不同城市的对某家公司的搜索量为权重，对各个城市的空气污染进行加权平均，就有可能来直接衡量由空气污染引致的个人投资者情绪指数。具体计算公式如下：

$$AQ\_svol_{i,t} = \frac{\sum_{c=1}^{364} AQ_{c,t} \cdot svol_{c,i,t}}{\sum_{c=1}^{364} svol_{c,i,t}} \tag{5-13}$$

其中，$AQ_{c,t}$（AQI，$PM_{2.5}$，PM_{10}，SO_2，CO，NO_2 和 O_3）是城市 c 在第 t 天的空气质量，而 $svol_{c,i,t}$ 是在第 t 天内来自城市 c 的对公司 i 的股票代码的百度指数。空气污染的数据是从中国空气质量研究平台（www. aqistudy. cn）的网站上获得的。这个网站提供了自 2013 年 12 月以来的中国 300 多个城市的每天的空气质量指数（AQI）和污染物浓度的数据。这些污染物有细颗粒物（$PM_{2.5}$）、颗粒物（PM_{10}）、二氧化硫（SO_2）、一氧化碳（CO）、二氧化氮（NO_2）和臭氧（O_3）。AQI 的数值越高表示空气质量越差。因此，AQ_svol 的数值越高，预示着个人投资者情绪就越悲观。在此需要指出的是，投资者关注度表示投资者对某些股票感兴趣时会在网络上搜索这些股票的相关信息，从而进行是否购买这些股票的决策。而投资者情绪是投资者对股票未来现金流和投资的预期偏差，从而做出一些非理性的决策。因而，投资者关注度并不等同于投资者情绪。

三、投资组合变量

本章的投资组合分析集中于按投资者情绪分组的投资组合，以及 OMP（optimism-minus-pessimism）投资组合。在每个交易日，根据个人投资者情绪指数的高低对股票进行排序，进而将所有的股票均分为 10 组。然后，计算每一组的流通市值加权的平均收益率，即为按投资者情绪分组的投资组合收益率。

关于 OMP 组合，参照法玛和弗伦奇（1992，1993）构造风险因子的方法来计算。在每个交易日，按照公司规模和个人投资者情绪分别独立对股票进行排序，然后将股票分成 2×3 的组合。其中，公司规模在总市值的中位数处取断点，分别对应的是小规模公司组和大规模公司组。个人投资者情绪组合分别是个人投资者情绪指数最低的 30%、中间的 40% 和最高 30% 的公司，分别对应于乐观组、中性组和悲观组。本章再计算这六个投资组合的日市值加权平均收益率。OMP 投资组合的收益率是两个乐观组收益率的平均值减去两个悲观组收益率的平均值，计算公式如下所示：

$$OMP = \frac{1}{2}(Small\ Optimism + Big\ Optimism)$$

$$- \frac{1}{2}(Small\ Pessimism + Big\ Pessimism) \qquad (5-14)$$

由于使用了 7 个空气质量的指标，所以这里就构建了 7 个 OMP 投资组合，即 OMP_AQI，$OMP\_PM_{2.5}$，OMP_PM_{10}，OMP_SO_2，OMP_CO，OMP_NO_2 和 OMP_O_3。本章会将 OMP 组合作为被解释变量，分别对 CAMP 模型、3 因子模型和 5 因子模型进行回归，进而得到各个模型中的 alpha 值。这些风险因子分别是市场超额收益率（MRK）、规模因子（small-minus-big，SMB）、价值因子（high-minus-low，HML）、盈利因子（robust-minus-weak，RMW）和投资因子（conservative-minus-aggressive，CMA）。这些风险因子依照法玛和弗伦奇（1992，1993，2015）的方法计算，数据来源于 CSMAR 数据库。

四、其他变量

本章将研究空气污染引致的个人投资者情绪对公司层面的交易活动和股票收益率的影响。控制变量主要有公司注册地的空气质量、天气状况、季节性情感紊乱指数（SAD）、月相、投资者关注度、公司注册城市的经济条件和股票市场收益率。

吴等（2018a）和张等（2017）证明空气污染会影响本地投资者的情绪，投资者基于本地偏好的特质会对注册在当地的公司的股票收益率有负向影响。在本章第五节第二部分中提到，本章采用了 7 个空气质量指标。那么，本章也在回归模型中控制公司总部所在城市的空气质量，即 AQI_local，$PM_{2.5}\_local$，PM_{10}_local，SO_2_local，CO_local，NO_2_local 和 O_3_local。

天气状况的数据来自 Weather Underground Corporation（WUC：www.wunderound.com）的网站。它提供了中国 34 个城市的每小时的大气压

强、相对湿度、温度、风速和能见度的数据。大气压强（*Pressure*）、相对湿度（*Hum*）、气温（*Temp*）和能见度（*Visibility*）分别是一天内的每小时数据的平均值。本章将云层覆盖率（*Cloud*）设定为虚拟变量，当云层部分或全部覆盖天空时取值为 1，否则取值为 0。风速（*Wind*）也是一个虚拟变量，如果当日的平均风速超过 5km/h 则取值为 1，否则取值为 0。

卡姆斯特拉等（2003）证实，受 SAD 影响的投资者在秋季来临时避开高风险投资组合，而在冬季逐渐恢复持有高风险资产，从而最终导致秋季的股票收益率下降，而在一年中最长的夜晚之后收益率逐渐上升。本章遵循卡姆斯特拉等（2003）的方法定义 SAD 和秋季虚拟变量（*Fall*）。SAD 以公司总部所在地的夜间时间减去 12 个小时来衡量。秋季虚拟变量在每年的 9 月 21 日到 12 月 20 日期间取值为 1，否则取值为 0。

本章将新月和满月作为控制变量加入模型。袁等（Yuan et al.，2006）的发现显示满月期间的市场收益率明显低于新月期间的收益率。Cycletourist 网站（cycletourist. com/moon）提供了每个月中新月、上弦月、满月和下弦月的日期和时间。新月虚拟变量（*Newmoon*）在新月前后三天内取值为 1，否则取值为 0。类似地，满月虚拟变量（*Fullmoon*）在满月前后三天内取值为 1，否则取值为 0。

投资者关注度（*Svol*）是指以公司股票代码为关键词，在百度搜索引擎中每天的检索量。本章利用当天的百度检索量减去过去 15 天的检索量均值来度量该指标。

此外，本章还控制了当地的经济条件和股票市场的收益率（*Rm*）。当地的经济条件指标包括公司注册城市的 GDP（*Gdp*）、GDP 增长率（*Ggdp*）、人口（*Pop*）和人口增长率（*Gpop*）。本章利用上证 A 股综指在过去 30 个交易日的平均收益率来度量市场收益率。

如表 5-1 所示，组 A、组 B、组 C 和组 D 分别报告了投资者交易指标、股票层面的被解释变量、空气污染引致投资者情绪指数和其他控制变量的描述性统计。

表 5 - 1　　　　　　　　　　　　描述性统计

变量	Mean	Std.	Min	P25	Median	P75	Max	N
组 A：投资者交易变量								
BSI_ind^{vol}	0.2413	6.6783	−19.8447	−4.0065	0.2374	4.5882	18.2191	1087423
BSI_ind^{order}	0.1724	7.7552	−23.2027	−4.6655	0.1254	5.1317	20.8904	1087459
BSI_ins^{vol}	−3.3472	25.2415	−52.4765	−18.9711	−2.9738	11.3588	55.6269	958784
BSI_ins^{order}	1.7503	24.3333	−49.8905	−16.1334	−1.2364	11.7967	56.9498	956279
Buy_ind^{vol}	−0.7577	43.4317	−67.7913	−31.5641	−9.9635	19.3339	200.0483	1087118
Buy_ind^{order}	−0.9943	43.6808	−68.2111	−31.8526	−10.2837	18.9355	202.5919	1087162
$Sell\_ind^{vol}$	−0.5297	47.5899	−67.6636	−33.9001	−12.5055	19.5573	218.7704	1087723
$Sell\_ind^{order}$	−0.6572	47.8583	−68.2332	−34.2958	−12.5141	19.5423	219.5178	1087747
Buy_ins^{vol}	−4.8513	121.6666	−100	−87.7774	−44.1926	25.4796	694.1141	1086175
Buy_ins^{order}	−4.0915	107.9782	−100	−80.0885	−34.618	31.068	581.8182	1085775
$Sell\_ins^{vol}$	4.7337	137.6794	−100	−76.754	−32.2625	34.2431	1400.0000	1097717
$Sell\_ins^{order}$	4.1301	125.3582	−100	−69.8997	−25.9259	35.5932	1400.0000	1097369
组 B：公司层面因变量								
Return（%）	0.1077	2.5625	−8.4974	−1.2443	0.0778	1.3771	9.4173	1054419
Illiq	2.0695	2.3710	0.0050	0.4692	1.2070	2.7380	13.5136	1054314
Turn（%）	2.6054	2.4798	0.1842	0.8582	1.7332	3.4786	13.4044	1053954
Vol（%）	0.1984	0.2374	0.0127	0.0542	0.1065	0.2384	1.5457	1049720
组 C：空气污染指标								
AQI_svol	89.3868	25.7626	14.0000	71.8186	83.9894	100.6212	500.0000	1236764
$PM_{2.5}\_svol$	54.5425	25.2088	0.0000	36.2872	47.8523	66.6001	443.0000	1236764
PM_{10}_svol	90.3098	34.1229	0.0000	64.8353	83.1085	108.7214	716.0000	1236764
SO_2_svol	22.3613	12.3553	0.0000	13.8907	18.5212	27.1467	317.0000	1236764
CO_svol	1.0654	0.3123	0.0000	0.8507	0.9716	1.1951	11.9000	1236764
NO_2_svol	41.7031	11.9371	0.0000	32.3410	39.5044	48.5934	168.0000	1236764
O_3_svol	91.1933	32.4239	0.0000	62.6194	92.7961	115.6081	296.0000	1236764
AQI_local	85.3952	51.8112	13.0000	52.0000	72.0000	103.0000	500.0000	1236764
$PM_{2.5}\_local$	51.4611	44.1789	0.0000	24.0000	39.0000	64.0000	704.0000	1236764
PM_{10}_local	80.1518	58.4801	0.0000	42.0000	65.0000	101.0000	1388.0000	1236764
SO_2_local	16.3220	18.8496	2.0000	8.0000	11.0000	18.0000	387.0000	1236764
CO_local	0.9852	0.5667	0.1000	0.7000	0.9000	1.1000	10.4000	1236764

续表

变量	Mean	Std.	Min	P25	Median	P75	Max	N
NO_2_local	42.6949	19.9907	3.0000	29.0000	39.0000	53.0000	168.0000	1236764
O_3_local	89.9677	48.9600	0.0000	54.0000	82.0000	118.0000	294.0000	1236764
组 D：控制变量								
Hum	0.6447	0.1936	0.0710	0.5230	0.6730	0.7880	1.0000	1236764
Temp	18.0567	10.2198	-25.5000	11.0000	20.0000	26.4000	38.2500	1236764
Pressure	101.5912	0.9078	97.2500	100.8500	101.5500	102.2778	104.9400	1236764
Visibility	9.9992	6.2636	0.1100	5.5556	8.7000	12.8000	30.0000	1236764
Wind	0.9659	0.1816	0	1	1	1	1	1236764
Cloud	0.6564	0.4749	0	0	1	1	1	1236764
SAD	0.6107	0.8310	-0.1017	0.0000	0.0000	1.2081	3.4519	1236764
Fall	0.2521	0.4342	0	0	0	1	1	1236764
Fullmoon	0.2328	0.4226	0	0	0	0	1	1236764
Newmoon	0.2261	0.4183	0	0	0	0	1	1236764
Rm	0.0436	0.3646	-1.7218	-0.1004	0.0185	0.1816	1.5476	1236764
Svol	0.2173	0.2407	-0.3664	0.0692	0.1899	0.3290	1.3432	1211839
Ggp	9.4212	0.7742	6.9955	8.9651	9.6805	10.0439	10.3298	1236764
Ggdp	8.9053	3.7947	-28.6623	7.6910	8.8321	10.7947	18.7954	1236764
Pop	6.6835	0.6024	5.1047	6.3333	6.7179	7.2147	8.1292	1236764
Gpop	1.9504	3.4779	-18.5036	0.4424	1.0825	1.8969	13.0259	1236764

第三节　个人投资者情绪的有效性检验

　　本书将检验本章所构造的个人投资者情绪指数的有效性。本章期望能够观测到个人投资者情绪指数与个人投资者的交易行为指标显著相关，而与机构投资者的交易行为指标没有显著关系。

　　首先，利用事件研究法检验个人和机构投资者交易量在情绪突然恶化前后的变化。糟糕的空气质量会导致负面情绪和增加风险厌恶，这样将促使投资者不愿意购买或持有股票。因而，如果构造的个人投资者情绪指标真正有效，那么个人投资者股票买入（卖出）量在情绪突然恶化后会显著下降（上升），但是机构投资者的股票成交量在同时期并没有显著变化。当 AQI 大于 100 时，可以认为空气质量较差。那么当 AQI_svol 大于 100 时，投资者情绪也就相对悲观。因此，选取在第 t 天时 AQI_svol 大于 100，而在第 $t-5$ 到 $t-1$ 天以及第 $t+1$ 到 $t+2$ 天时 AQI_svol 小于 100 的时间窗口。最终，获得22148个这样的时间窗口。如表5-2中组 A 所示，当投资者情绪突然恶化时，个人投资者的股票平均买入金额下降了2179379元，约为前五个交易日平均交易金额的4.49%。并且，这种交易量变化在两个交易日后恢复正常。然而，机构投资者的股票交易金额不仅没有降低，反而增加了370532元。组 B 报告了投资者买入股票的订单数，其结果与组 A 类似。组 C 和组 D 报告了情绪突然恶化期间的平均卖出交易量，结果显示个人和机构投资者的卖出成交量在第 t 天并无显著变化。综上所述，当投资者情绪突然恶化时，只有个人投资者的股票买入量显著下降，从而证实了本章投资者情绪指数的有效性。

表5-2　　　　　　　情绪突然恶化时间窗口的投资者交易量

投资者类型	第 $t-5$ 到 $t-1$ 天的平均交易量	第 t 天的平均交易量	第 $t+1$ 天的平均交易量	第 $t+2$ 天的平均交易量
组 A：股票买入金额（元）				
个人投资者	48498029	46318650	48664521	47691224
机构投资者	21314752	21685284	21376180	21413147
组 B：股票买入订单数				
个人投资者	4401.6652	4159.5887	4405.0470	4271.1011
机构投资者	13.3596	13.5486	13.4378	13.4039
组 C：股票卖出金额（元）				
个人投资者	45257498	45503.337	46344586	46279133
机构投资者	30860629	30269354	31142563	30303262
组 D：股票卖出订单数				
个人投资者	3934.0340	3958.3833	4042.2615	4010.5790
机构投资者	18.7314	18.2535	18.8118	18.5278

其次，本章以个人投资者情绪代理变量 AOI_svol 等于 100 和 150 时为

断点，将投资者交易行为变量的观测值分为三组。当 AOI_svol 小于 100 时，该组的观测值属于乐观组。而当 AOI_svol 大于 150 时，该组的观测值属于悲观组。本章对两组之间的投资者交易行为指标差异实施 t 检验，由表 5 - 3 结果显示，个人投资者的超额买卖非平衡度在乐观组和悲观组之间有显著差异，而机构投资者的超额买卖非平衡度在两组之间没有显著变化。例如，表 5 - 3 中第一行，个人投资者超额买卖非平衡度（BSI_ind^{vol}）在乐观组的均值为 0.4158，并且在悲观组的均值为 0.2504。因而，该指标在两组之间的差值为 0.1654，对应的 t 值为 4.0153，在 1% 的水平上显著。这显示负面的个人投资者情绪使个人投资者购买股票的数量明显下降。更为重要的是，该结果也显示本章的个人投资者情绪指数只与个人投资者的交易行为相关。表 5 - 3 中组 B 和组 C 分别以 AQI_svol 的均值和 67 分位数为断点，依然可以得到相同的结果。

表 5 - 3　超额买卖非平衡度的 t 检验

变量	乐观组	悲观组	差值	T 统计量
组 A：AQI_svol 低于 100 的观测值为乐观组，AQI_svol 高于 100 的观测值为悲观组				
BSI_ind^{vol}	0.4158	0.2504	0.1654	4.0153***
Buy_ind^{vol}	-0.7909	-3.9385	3.1476	13.3819***
$Sell\_ind^{vol}$	-1.5502	-3.3363	1.7861	6.9964***
BSI_ind^{order}	0.3514	0.0833	0.2681	5.6719***
Buy_ind^{order}	-1.1806	-4.6742	3.4936	14.8228***
$Sell\_ind^{order}$	-1.9013	-3.5469	1.6456	6.4326***
BSI_ins^{vol}	-4.0270	-4.0476	0.0206	0.1302
Buy_ins^{vol}	-4.3169	-5.3667	1.0498	1.7014
$Sell\_ins^{vol}$	4.8122	3.6249	1.1873	1.8047
BSI_ins^{order}	-2.3474	-2.3092	-0.0382	-0.2494
Buy_ins^{order}	-1.6961	-2.6898	0.9937	1.8040
$Sell\_ins^{order}$	6.2700	5.1741	1.0959	1.8043
组 B：AQI_svol 低于其均值的观测值为乐观组，否则为悲观组				
BSI_ind^{vol}	0.3796	0.3558	0.0238	1.6617
Buy_ind^{vol}	-0.8728	-2.0037	1.1309	13.6894***

变量	乐观组	悲观组	差值	T 统计量
$Sell\_ind^{vol}$	−1.4639	−2.3070	0.8431	9.4055***
BSI_ind^{order}	0.3172	0.2222	0.0950	5.7806***
Buy_ind^{order}	−1.2655	−2.4266	1.1611	14.0440***
$Sell\_ind^{order}$	−1.8104	−2.4115	0.6011	6.6932***
BSI_ins^{vol}	−3.9449	−4.0842	0.1393	2.4835
Buy_ins^{vol}	−4.3052	−4.6845	0.3792	1.7420
$Sell\_ins^{vol}$	4.3946	4.4850	−0.0903	−0.3864
BSI_ins^{order}	−2.2776	−2.3622	0.0846	1.5547
Buy_ins^{order}	−1.7248	−1.8339	0.1091	0.5608
$Sell\_ins^{order}$	5.9018	6.2205	−0.3187	−1.4713
组 C：AQI_svol 低于其 67 分位数的观测值为乐观组，否则为悲观组				
BSI_ind^{vol}	0.4076	0.2917	0.1159	7.7299***
Buy_ind^{vol}	−0.8700	−2.2642	1.3942	16.1355***
$Sell\_ind^{vol}$	−1.5841	−2.2444	0.6603	7.0436***
BSI_ind^{order}	0.3462	0.1400	0.2062	11.9965***
Buy_ind^{order}	−1.2451	−2.7308	1.4857	17.1821***
$Sell\_ind^{order}$	−1.9273	−2.3012	0.3739	3.9814***
BSI_ins^{vol}	−4.0138	−3.9707	−0.0431	−0.7345
Buy_ins^{vol}	−4.4349	−4.4975	0.0626	0.2751
$Sell\_ins^{vol}$	4.6143	4.0439	0.5704	2.3305
BSI_ins^{order}	−2.3358	−2.2590	−0.0768	−1.3485
Buy_ins^{order}	−1.8076	−1.6846	−0.1230	−0.6047
$Sell\_ins^{order}$	6.0917	5.8932	0.1985	0.8761

注：*** 代表在 1% 的水平上显著。

接下来，进行回归分析，所采用的回归模型如下所示：

$$Trade_{i,t} = \alpha_0 + \alpha_1 AQ\_svol_{i,t} + \alpha_2 Trade_{i,t-1} + \alpha Ctrol + \mu_{i,t} \quad (5-15)$$

其中，$Trade_{i,t}$ 表示股票 i 在交易日 t 的个人和机构投资者的交易行为指标。公式（5-1）~公式（5-12）具体展示了这些指标的计算方法。AQ_svol 是公司层面的空气污染引致的个人投资者情绪指数，包括 AQI_svol、$PM_{2.5}\_svol$、PM_{10}_svol、SO_2_svol、CO_svol、NO_2_svol 和 O_3_svol。本章将被解释变

量的滞后一期、本地的空气质量、天气状态、SAD 效应、月相、投资者关
注度、本地的宏观经济条件、股票市场收益率、星期一和月度效应纳入回
归模型右边，对这些变量加以控制。所有的模型都采用面板固定效应的方
法进行回归估计，并使用安格瑞斯特和皮施克（Angrist and Pischke，2009）
中的公司聚类的稳健标准误。

　　为了节省空间，本章只报告了空气污染引致的个人投资者情绪指数的
系数。表5－4 中的组 A 报告了个人投资者情绪指数对变量 BSI_retail^{vol} 的影
响。本章发现，在七个情绪指数中，有六个情绪指数的回归系数显著为
负。这也再次验证了当个人投资者情绪越悲观时，个人投资者会较少购买
股票。特别地，当变量 AQI_svol 变动一个标准差（25.7626，见表5－1）
时，会导致 BSI_retail^{vol} 下降0.0464（ -0.0018×25.7627 ）。组 B 和组 C 分
别报告了个人投资者的买入和卖出交易行为指标的回归结果，显示负面的
投资者情绪降低了个人投资者购买股票的偏好，但是对个人投资者卖出股
票的影响不显著。组 D 和组 F 报告了本章构造的情绪指数对个人投资者交
易订单量的影响，结果也显示悲观的投资者情绪显著降低了个人投资者对
购买股票的偏好。组 G 到组 L 报告了投资者情绪对机构投资者交易行为的
影响。但是，结果显示本章所构造的情绪指数并没有显著影响机构投资者
的交易行为指标。尽管其中有两到三个情绪变量的回归系数在统计上显
著，但是影响方向并不一致。因此，本章构造的投资者情绪指数很好地捕
捉了个人投资者情绪，证实了该情绪指数的有效性。

表5－4　　　　　　个人投资者情绪对投资者交易行为的影响

变量	AQI_svol	$PM_{2.5}\_svol$	PM_{10}_svol	SO_2_svol	CO_svol	NO_2_svol	O_3_svol
组 A：个人投资者情绪对 BSI_ind^{vol} 的影响							
情绪变量 系数	-0.0018*** (0.0003)	-0.0023*** (0.0004)	-0.0011*** (0.0003)	0.0089*** (0.0010)	-0.1371*** (0.0376)	-0.0050*** (0.0010)	-0.0031*** (0.0004)
控制变量	Yes	Yes	Yes	Yes	Yes	Yes	Yes
月度效应	Yes	Yes	Yes	Yes	Yes	Yes	Yes
公司固定效应	Yes	Yes	Yes	Yes	Yes	Yes	Yes
Adj-R^2	0.0819	0.0819	0.0819	0.0820	0.0819	0.0819	0.0820
N	1050008	1050008	1050008	1050008	1050008	1050008	1050008

续表

变量	AQI_svol	$PM_{2.5}\_svol$	PM_{10}_svol	SO_2_svol	CO_svol	NO_2_svol	O_3_svol
组 B：个人投资者情绪对 Buy_ind^{vol} 的影响							
情绪变量系数	−0.0046***	−0.0050**	−0.0044***	0.0258***	−0.5092***	−0.0649***	−0.0035
	(0.0016)	(0.0020)	(0.0014)	(0.0050)	(0.1728)	(0.0069)	(0.0085)
控制变量	Yes	Yes	Yes	Yes	Yes	Yes	Yes
月度效应	Yes	Yes	Yes	Yes	Yes	Yes	Yes
公司固定效应	Yes	Yes	Yes	Yes	Yes	Yes	Yes
Adj-R^2	0.3690	0.3690	0.3691	0.3690	0.3690	0.1538	0.1537
N	1050911	1050911	1050911	1050911	1050911	1050911	1050911
组 C：个人投资者情绪对 $Sell\_ind^{vol}$ 的影响							
情绪变量系数	−0.0046	0.0025	−0.0037**	−0.0013	0.0742	−0.0308***	0.0064***
	(0.0054)	(0.0023)	(0.0016)	(0.0057)	(0.1993)	(0.0050)	(0.0023)
控制变量	Yes	Yes	Yes	Yes	Yes	Yes	Yes
月度效应	Yes	Yes	Yes	Yes	Yes	Yes	Yes
公司固定效应	Yes	Yes	Yes	Yes	Yes	Yes	Yes
Adj-R^2	0.3382	0.3382	0.3382	0.3382	0.3382	0.3608	0.3382
N	1050156	1050156	1050156	1050156	1050156	1050156	1050156
组 D：个人投资者情绪对 BSI_ind^{order} 的影响							
情绪变量系数	−0.0021***	−0.0033***	−0.0015***	0.0110***	−0.2236***	−0.0082***	−0.0030***
	(0.0004)	(0.0005)	(0.0003)	(0.0012)	(0.0435)	(0.0011)	(0.0005)
控制变量	Yes	Yes	Yes	Yes	Yes	Yes	Yes
月度效应	Yes	Yes	Yes	Yes	Yes	Yes	Yes
公司固定效应	Yes	Yes	Yes	Yes	Yes	Yes	Yes
Adj-R^2	0.0940	0.0940	0.0940	0.0941	0.0940	0.0940	0.0941
N	1050067	1050067	1050067	1050067	1050067	1050067	1050067
组 E：个人投资者情绪对 Buy_ind^{order} 的影响							
情绪变量系数	−0.0072***	−0.0087***	−0.0066***	0.0365***	−0.8279***	0.0111	0.0042
	(0.0017)	(0.0021)	(0.0014)	(0.0051)	(0.1797)	(0.0153)	(0.0035)
控制变量	Yes	Yes	Yes	Yes	Yes	Yes	Yes
月度效应	Yes	Yes	Yes	Yes	Yes	Yes	Yes
公司固定效应	Yes	Yes	Yes	Yes	Yes	Yes	Yes
Adj-R^2	0.3302	0.3302	0.3302	0.3302	0.3302	0.3302	0.3302
N	1050831	1050831	1050831	1050831	1050831	1050831	1050831

续表

变量	AQI_svol	$PM_{2.5}\_svol$	PM_{10}_svol	SO_2_svol	CO_svol	NO_2_svol	O_3_svol
组 F：个人投资者情绪对 $Sell\_ind^{order}$的影响							
情绪变量 系数	− 0.0014 (0.0020)	0.0083*** (0.0024)	− 0.0010 (0.0017)	0.0120** (0.0058)	0.4775** (0.2039)	0.0274*** (0.0056)	0.0037 (0.0024)
控制变量	Yes	Yes	Yes	Yes	Yes	Yes	Yes
月度效应	Yes	Yes	Yes	Yes	Yes	Yes	Yes
公司固定效应	Yes	Yes	Yes	Yes	Yes	Yes	Yes
Adj-R^2	0.3192	0.3192	0.3192	0.3192	0.3192	0.3192	0.3192
N	1049941	1049941	1049941	1049941	1049941	1049941	1049941
组 G：个人投资者情绪对 BSI_ins^{vol}的影响							
情绪变量 系数	0.0022 (0.0015)	0.0055*** (0.0018)	0.0018 (0.0012)	− 0.0393*** (0.0051)	− 0.1129 (0.1555)	0.0031 (0.0041)	0.0084*** (0.0017)
控制变量	Yes	Yes	Yes	Yes	Yes	Yes	Yes
月度效应	Yes	Yes	Yes	Yes	Yes	Yes	Yes
公司固定效应	Yes	Yes	Yes	Yes	Yes	Yes	Yes
Adj-R^2	0.0338	0.0338	0.0338	0.0339	0.0338	0.0338	0.0338
N	873042	873042	873042	873042	873042	873042	873042
组 H：个人投资者情绪对 Buy_ins^{vol}的影响							
情绪变量 系数	0.0078 (0.0059)	0.0278*** (0.0100)	0.0070 (0.0045)	− 0.1050*** (0.0225)	1.0732 (0.8993)	0.0430 (0.0284)	0.0246* (0.0131)
控制变量	Yes	Yes	Yes	Yes	Yes	Yes	Yes
月度效应	Yes	Yes	Yes	Yes	Yes	Yes	Yes
公司固定效应	Yes	Yes	Yes	Yes	Yes	Yes	Yes
Adj-R^2	0.1367	0.1367	0.1344	0.1345	0.1367	0.1367	0.1367
N	1054681	1054681	1054681	1054681	1054681	1054681	1054681
组 I：个人投资者情绪对 $Sell\_ind^{vol}$的影响							
情绪变量 系数	− 0.0140 (0.0094)	− 0.0090 (0.0098)	− 0.0022 (0.0043)	− 0.0674*** (0.0162)	− 0.5183 (0.5295)	− 0.0223 (0.0146)	0.0177*** (0.0063)
控制变量	Yes	Yes	Yes	Yes	Yes	Yes	Yes
月度效应	Yes	Yes	Yes	Yes	Yes	Yes	Yes
公司固定效应	Yes	Yes	Yes	Yes	Yes	Yes	Yes
Adj-R^2	0.1414	0.1414	0.1414	0.1415	0.1414	0.1414	0.1414
N	1055952	1055952	1055952	1055952	1055952	1055952	1055952

续表

变量	AQI_svol	$PM_{2.5}\_svol$	PM_{10}_svol	SO_2_svol	CO_svol	NO_2_svol	O_3_svol
组 J：个人投资者情绪对 BSI_ins^{order} 的影响							
情绪变量系数	0.0019	0.0047***	0.0010	−0.0355***	−0.0096	−0.0000	0.0085***
	(0.0014)	(0.0017)	(0.0012)	(0.0048)	(0.1495)	(0.0039)	(0.0017)
控制变量	Yes	Yes	Yes	Yes	Yes	Yes	Yes
月度效应	Yes	Yes	Yes	Yes	Yes	Yes	Yes
公司固定效应	Yes	Yes	Yes	Yes	Yes	Yes	Yes
Adj-R^2	0.0282	0.0282	0.0282	0.0283	0.0282	0.0282	0.0282
N	869487	869487	869487	869487	869487	869487	869487
组 K：个人投资者情绪对 Buy_ins^{order} 的影响							
情绪变量系数	−0.0039	0.0114	0.0039	−0.0847***	1.2992	0.0007	0.0041
	(0.0052)	(0.0113)	(0.0044)	(0.0200)	(0.9025)	(0.0150)	(0.0063)
控制变量	Yes	Yes	Yes	Yes	Yes	Yes	Yes
月度效应	Yes	Yes	Yes	Yes	Yes	Yes	Yes
公司固定效应	Yes	Yes	Yes	Yes	Yes	Yes	Yes
Adj-R^2	0.1455	0.1108	0.1455	0.1455	0.1455	0.1455	0.1455
N	1054550	1054550	1054550	1054550	1054550	1054550	1054550
组 L：个人投资者情绪对 $Sell\_ins^{order}$ 的影响							
情绪变量系数	−0.0172*	−0.0139	−0.0072	−0.0278	−0.4280	−0.0367	0.0069
	(0.0096)	(0.0097)	(0.0047)	(0.0196)	(0.4907)	(0.0255)	(0.0058)
控制变量	Yes	Yes	Yes	Yes	Yes	Yes	Yes
月度效应	Yes	Yes	Yes	Yes	Yes	Yes	Yes
公司固定效应	Yes	Yes	Yes	Yes	Yes	Yes	Yes
Adj-R^2	0.1399	0.1399	0.1399	0.1399	0.1399	0.1399	0.1399
N	1055873	1055873	1055873	1055873	1055873	1055873	1055873

注：括号内为稳健标准误，*、** 和 *** 分别代表在 10%、5% 和 1% 的水平上显著。

第四节　个人投资者情绪对中国股票市场的影响

一、研究模型

这一部分的研究模型如下所示：

$$
\begin{aligned}
Dep_{i,t} = &\ \beta_0 + \beta_1 AQ\_svol_{i,t} + \beta_2 AQ\_local_{c,t} + \beta_3 Cloud_{c,t} + \beta_4 Temp_{c,t} \\
&+ \beta_5 Wind_{c,t} + \beta_6 Pressure_{c,t} + \beta_7 Hum_{c,t} + \beta_8 Visibility_{c,t} \\
&+ \beta_9 SAD_{c,t} + \beta_{10} Fall_t + \beta_{11} Fullmoon_t + \beta_{12} Newmoon_t \\
&+ \beta_{13} Svol_{i,t} + \beta_{14} Gdp_{c,t} + \beta_{15} Ggdp_{c,t} + \beta_{16} Pop_{c,t} \\
&+ \beta_{17} Gpop_{c,t} + \beta_{18} Rm_t + \beta_{19} Monday + \beta_{20} Dep_{i,t-1} \\
&+ \sum_{i=1}^{11} \lambda month + \varepsilon_{i,t}
\end{aligned}
\tag{5-16}
$$

其中，Dep 是被解释变量，指非流动性，换手率，波动性和股票收益率。AQ_svol 是公司层面的空气污染引致的个人投资者情绪指数，包括 AQI_svol、$PM_{2.5}\_svol$、PM_{10}_svol、SO_2_svol、CO_svol、NO_2_svol 和 O_3_svol。AQ_local 是公司总部所在城市的空气质量，包括 AQI_local、$PM_{2.5}\_local$、PM_{10}_local、SO_2_local、CO_local、NO_2_local 和 O_3_local。$Cloud$、$Temp$、$Wind$、$Pressure$、Hum 和 $Visibility$ 分别指公司总部所在城市的云层覆盖率、气温、风速、大气压强、相对湿度和能见度。SAD 是季节性情绪紊乱指数。$Fall$、$Fullmoon$ 和 $Newmoon$ 分别是秋季、满月和新月的虚拟变量。$Svol$ 是公司层面的投资者关注度。Gdp、$Ggdp$、Pop 和 $Gpop$ 分别表示公司注册城市的 GDP、GDP 增长率、人口和人口增长率。Rm 是上证 A 股综指在过去 30 个交易日的平均收益率。滞后一期的被解释变量、星期一和月度效应也被纳入回归模型中。所有的模型都采用面板固定效应的方法进行回归估计，并使用安格瑞斯特和皮施克（2009）中的公司聚类的稳健标准误。

二、统计分析

表 5-5 报告了个人投资者情绪指数和被解释变量的 Pearson 相关系数。结果显示，七个个人投资者情绪指数中有六个与股票收益率呈负相关关系，这意味着悲观的个人投资者情绪伴随着较低的股票收益率。在交易活动方面，悲观个人投资者情绪与高非流动性、低换手率和低波动性显著相关。本章按照 AOI_svol 对观测值进行分组。AOI_svol 小于 100 时的观测值对应着乐观的个人投资者情绪组，而 AOI_svol 大于 150 时的观测值对应着

悲观的个人投资者情绪组。随后，再对两组中的被解释变量的差异进行双尾 t 检验。表 5-6 报告了相应的结果，且与表 5-5 的结果相吻合。

表5-5　　　　股票层面的被解释变量与个人投资者情绪指数的 Pearson 相关系数

变量	AQI_svol	$PM_{2.5}\_svol$	PM_{10}_svol	SO_2_svol	CO_svol	NO_2_svol	O_3_svol
$Return$	-0.0099***	-0.0027***	-0.0084***	-0.0056***	-0.0047***	-0.0235***	0.0145***
$Illiq$	0.0564***	0.0543***	0.0536***	0.0741***	0.0311***	0.0551***	-0.0050***
$Turn$	-0.0509***	-0.0227***	-0.0189***	0.0223***	-0.0189***	-0.0763***	-0.0024**
Vol	-0.0398***	-0.0130***	-0.0105***	0.0499***	-0.0044***	-0.0664***	-0.0121***

注：** 和 *** 分别代表在 5% 和 1% 的水平上显著。

表5-6　　　　　　　　股票收益率和交易活动的 t 检验

投资者情绪	$Return$	$Illiq$	$Turn$	Vol
乐观组	0.1020	2.0044	2.6729	0.2040
悲观组	-0.0004	2.2933	2.2893	0.1675
差值	0.1024***	-0.2889***	0.3836***	0.0365***
$t-statistics$	(7.2492)	(-22.1749)	(27.5783)	(27.2027)

注：*** 代表在 1% 的水平上显著。

三、实证结果

表 5-7 报告了空气污染引致的个人投资者情绪对交易活动的影响结果。表 5-7 中的组 A 的结果显示，6 个个人投资者情绪指数的回归系数都为正，这意味着悲观的个人投资者情绪会恶化股票的流动性。组 B 的结果表明，个人投资者情绪对换手率有显著的负向影响。刘（2015）将凯尔（Kyle，1985）和德朗等（1990）的模型结合起来，指出在存在卖空约束的情况下，较高的投资者情绪会导致更大的噪声交易。以前的文献证明，多数的个人投资者更倾向于是噪声交易者（Black，1986；Kyle，1985）。因此，本章的结果支持了这一观点，进一步显示了个人投资者情绪对公司层面的流动性的重要影响。表 5-7 中的组 C 显示，所有的个人投资者情绪代理变量与收益率波动显著负相关。格尔维斯和奥丁（2001），诺夫辛格

（Nofsinger，2005）和斯塔特曼等（2006）指出，乐观的情绪与过度自信常常是相关的，投资者情绪越乐观，相应地也会更加过度自信，进而会在市场上激进地进行交易，最终增加了波动性。本章的结果与这个观点相吻合。

表 5 - 7　　　　　　　　个人投资者情绪对股票交易活动的影响

变量	AQI_svol	$PM_{2.5}\_svol$	PM_{10}_svol	SO_2_svol	CO_svol	NO_2_svol	O_3_svol
组 A：个人投资者情绪对非流动性的影响							
情绪变量系数	0.1948 ***	0.1863 ***	0.1588 ***	0.5144 ***	-7.0492 ***	1.2220 ***	0.1015 ***
	(0.0112)	(0.0140)	(0.0097)	(0.0572)	(1.3572)	(0.0341)	(0.0129)
控制变量	Yes	Yes	Yes	Yes	Yes	Yes	Yes
月度效应	Yes	Yes	Yes	Yes	Yes	Yes	Yes
个体固定效应	Yes	Yes	Yes	Yes	Yes	Yes	Yes
N	1008598	1008598	1008598	1008598	1008598	1008598	1008598
Adj-R^2	0.1544	0.1543	0.1544	0.1544	0.1542	0.1557	0.1542
F statistics	1062.4704	1067.7969	1060.9406	1057.1941	1070.7591	1054.8960	1061.3270
组 B：个人投资者情绪对换手率的影响							
情绪变量系数	-0.1463 ***	-0.1401 ***	-0.0889 ***	-0.0704 **	-9.3959 ***	-0.5733 ***	-0.0311 ***
	(0.0058)	(0.0078)	(0.0053)	(0.0293)	(0.7191)	(0.0174)	(0.0076)
控制变量	Yes	Yes	Yes	Yes	Yes	Yes	Yes
月度效应	Yes	Yes	Yes	Yes	Yes	Yes	Yes
个体固定效应	Yes	Yes	Yes	Yes	Yes	Yes	Yes
N	1031297	1031297	1031297	1031297	1031297	1031297	1031297
Adj-R^2	0.6704	0.6703	0.6703	0.6702	0.6703	0.6705	0.6702
F statistics	12232.5933	12229.2090	12220.7282	12184.2882	12296.4012	12271.3912	12248.5583
组 C：个人投资者情绪对波动性的影响							
情绪变量系数	-0.0338 ***	-0.0347 ***	-0.0206 ***	-0.0400 ***	-2.5404 ***	-0.0910 ***	-0.0171 ***
	(0.0008)	(0.0011)	(0.0008)	(0.0043)	(0.1089)	(0.0025)	(0.0010)
控制变量	Yes	Yes	Yes	Yes	Yes	Yes	Yes
月度效应	Yes	Yes	Yes	Yes	Yes	Yes	Yes
个体固定效应	Yes	Yes	Yes	Yes	Yes	Yes	Yes
N	1024792	1024792	1024792	1024792	1024792	1024792	1024792
Adj-R^2	0.4034	0.4032	0.4030	0.4026	0.4030	0.4032	0.4026
F statistics	5904.4213	5909.3902	5916.4779	5859.7496	5903.2152	5906.9600	5872.0848

注：括号内为稳健标准误，*** 代表1%的水平上显著。

　　然而，如果空气污染是通过投资者情绪渠道而不是通过股票基本价值渠道来影响交易活动的，本章预期将观察到个人投资者情绪对非流动性、换手率和波动性影响只存在于短期内。也就是说，当个人投资者情绪指数较大时，成交量和波动性会下降，而非流动性会增加，并在随后的几天内恢复。为了研究这一假设，本章选择了 AQI_svol 在第 t 天高于100，但在第 $t-2$ 天到 $t-1$ 天和第 $t+1$ 天到 $t+2$ 天低于100的事件窗口。接下来，本章计算这些窗口期间的平均非流动性、换手率和波动率。图5-1显示了从 $t-2$ 天到 $t+2$ 天的三个交易行为的变化趋势。结果显示，非流动性在第 t 天增加，在接下来的两天内减少。同时，换手率在第 t 天出现了显著的下降，并在随后的几天内逐渐恢复，这与非流动性的结果相一致。波动率并没有显示出一个明显的模式。尽管如此，空气污染诱发的情绪指数对股票流动性的影响可以归因于投资者情绪渠道。

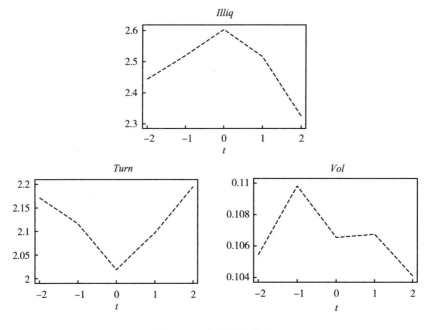

图5-1　交易行为趋势

　　从上述的结果来看，空气污染导致个人投资者的悲观情绪，进而降低他们在股票市场的活跃度。进一步地，本章接下来还将检验个人投资者的悲观情绪是否会影响股票定价。由表 5 -8 结果显示，大多数的个人投资者情绪代理变量显著地降低了股票收益率。在模型 1 中，AQI_svol 的回归系数为 -0.0177，这表明 AQI_svol 增加一个标准差（25.7626，见表 5 -1）会引起股票日收益率下降 0.0046%（0.000177 × 25.7626）。按照 250 个交易日来计算，对应的年化收益率为 1.15%。

表 5 -8　　　　　　　　　个人投资者情绪对收益率的影响

变量	模型 1	模型 2	模型 3	模型 4	模型 5	模型 6	模型 7
AQI_svol	-0.0177 * (0.0102)						
AQI_local	-0.0293 *** (0.0060)						
$PM_{2.5}\_svol$		-0.0466 *** (0.0127)					
$PM_{2.5}\_local$		-0.0435 *** (0.0077)					
PM_{10}_svol			-0.0373 *** (0.0089)				
PM_{10}_local			-0.0453 *** (0.0056)				
SO_2_svol				-0.6371 *** (0.0365)			
SO_2_local				0.0240 (0.0162)			
CO_svol					-10.6660 *** (1.1347)		
CO_local					-3.0240 *** (0.5340)		
NO_2_svol						-0.3888 *** (0.0280)	
NO_2_local						-0.0924 *** (0.0182)	

续表

变量	模型 1	模型 2	模型 3	模型 4	模型 5	模型 6	模型 7
O_3_svol							0.2854 ***
							(0.0125)
O_3_local							0.0059
							(0.0070)
$Svol$	321.7649 ***	321.6834 ***	321.7115 ***	321.9598 ***	321.9109 ***	321.1087 ***	323.1092 ***
	(2.5689)	(2.5684)	(2.5703)	(2.5665)	(2.5689)	(2.5701)	(2.5798)
$Cloud$	0.7472	0.9554 *	1.1732 **	0.7164	0.5726	1.0289 *	− 0.0721
	(0.5395)	(0.5396)	(0.5403)	(0.5370)	(0.5377)	(0.5404)	(0.5411)
$Temp$	0.5384 ***	0.5436 ***	0.5707 ***	0.4228 ***	0.5848 ***	0.5774 ***	0.2979 ***
	(0.0747)	(0.0745)	(0.0743)	(0.0736)	(0.0755)	(0.0738)	(0.0759)
$Wind$	0.0961 **	0.0749 *	0.0666	0.0345	0.0333	− 0.1720 ***	0.2923 ***
	(0.0438)	(0.0437)	(0.0430)	(0.0432)	(0.0432)	(0.0490)	(0.0428)
$Pressure$	− 2.2167 ***	− 2.2808 ***	− 2.5680 ***	− 2.2793 ***	− 2.6084 ***	− 2.9093 ***	− 1.8159 ***
	(0.4993)	(0.4990)	(0.4993)	(0.5009)	(0.5017)	(0.4991)	(0.5016)
Hum	− 5.9060 ***	− 5.4497 ***	− 10.0089 ***	− 11.0952 ***	− 2.1624	− 9.7296 ***	8.8386 ***
	(1.8157)	(1.7763)	(1.8601)	(1.8334)	(1.7417)	(1.7939)	(1.9697)
$Visibility$	− 0.4384 ***	− 0.4894 ***	− 0.5550 ***	− 0.4425 ***	− 0.4503 ***	− 0.4864 ***	− 0.1920 ***
	(0.0526)	(0.0537)	(0.0522)	(0.0496)	(0.0506)	(0.0507)	(0.0500)
Rm	90.5816 ***	90.5983 ***	90.5775 ***	90.5149 ***	90.6158 ***	90.6524 ***	90.5748 ***
	(0.6162)	(0.6163)	(0.6164)	(0.6156)	(0.6161)	(0.6165)	(0.6161)
SAD	1.2021	1.6600 *	1.8945 *	1.6197	3.5271 ***	2.6011 ***	0.7003
	(0.9778)	(0.9763)	(0.9721)	(1.0027)	(1.0030)	(0.9719)	(0.9677)
$Fall$	5.6129 ***	5.4589 ***	5.3802 ***	4.9114 ***	4.5317 ***	4.9446 ***	7.8316 ***
	(0.8858)	(0.8834)	(0.8799)	(0.8815)	(0.8848)	(0.8777)	(0.8802)
$Fullmoon$	− 4.5932 ***	− 4.6354 ***	− 4.6700 ***	− 4.3805 ***	− 4.4788 ***	− 4.6672 ***	− 4.4868 ***
	(0.4793)	(0.4796)	(0.4794)	(0.4793)	(0.4790)	(0.4792)	(0.4794)
$Newmoon$	− 3.1392 ***	− 3.1186 ***	− 3.1056 ***	− 2.8956 ***	− 2.9845 ***	− 2.6082 ***	− 3.5225 ***
	(0.4731)	(0.4729)	(0.4736)	(0.4730)	(0.4733)	(0.4742)	(0.4738)
Gdp	− 49.3852 ***	− 53.0627 ***	− 53.2228 ***	− 80.4155 ***	− 56.1440 ***	− 46.6099 ***	− 60.2675 ***
	(2.7583)	(2.8476)	(2.8418)	(3.5939)	(2.8485)	(2.7535)	(2.8563)
$Ggdp$	− 0.3891 ***	− 0.3646 ***	− 0.3614 ***	− 0.2097 **	− 0.3570 ***	− 0.3633 ***	− 0.3621 ***
	(0.0940)	(0.0939)	(0.0937)	(0.0929)	(0.0943)	(0.0926)	(0.0956)

续表

变量	模型1	模型2	模型3	模型4	模型5	模型6	模型7
Pop	33.1999*** (8.4463)	35.0653*** (8.5021)	34.7030*** (8.4578)	33.0108*** (8.6095)	29.7394*** (8.4004)	29.3322*** (8.3659)	29.8534*** (8.4556)
gpop	−0.2616 (0.1641)	−0.2708* (0.1642)	−0.2560 (0.1641)	−0.1474 (0.1660)	−0.1931 (0.1651)	−0.2048 (0.1633)	−0.2096 (0.1662)
Monday	17.3161*** (0.5993)	17.3095*** (0.5992)	17.3648*** (0.5991)	17.4168*** (0.5990)	17.3829*** (0.5996)	16.7509*** (0.6002)	17.2963*** (0.5989)
Return$_{t-1}$	−0.0639*** (0.0014)	−0.0639*** (0.0014)	−0.0639*** (0.0014)	−0.0639*** (0.0014)	−0.0639*** (0.0014)	−0.0638*** (0.0014)	−0.0644*** (0.0014)
Constant	424.7378*** (68.9836)	455.0569*** (69.4816)	493.1704*** (69.1822)	746.9504*** (70.3030)	561.1983*** (69.4560)	519.0027*** (68.7620)	476.4665*** (68.8864)
月度效应	Yes	Yes	Yes	Yes	Yes	Yes	Yes
个体固定效应	Yes	Yes	Yes	Yes	Yes	Yes	Yes
N	1015721	1015721	1015721	1015721	1015721	1015721	1015721
Adj-R^2	0.2652	0.2652	0.2652	0.2654	0.2652	0.2653	0.2655
F statistics	1419.3539	1414.4375	1413.6529	1427.4225	1413.5010	1425.8942	1411.4598

注：括号内为稳健标准误，*、**和***分别代表在10%、5%和1%的水平上显著。

公司总部所在城市的空气质量影响了本地投资者的情绪。本章的结果表明，本地投资者的悲观情绪显著降低了股票的收益率。因而，本章的结果与吴等（2018a）以及张等（2017）的发现相一致。同样地，天气状况变量的回归系数证实了以前文献提到的金融市场中的天气效应的存在性（Keef and Roush，2002；Lu and Chou，2012；Yoon and Kang，2009）。根据SAD效应和秋季虚拟变量的回归系数，本章并没有发现卡姆斯特拉等（2003）中所说的现象，即受SAD效应影响的投资者在秋季规避风险投资组合，而在冬季恢复持有风险资产。投资者关注增加了股票收益率，这支持了笪等（2011）中高投资者关注度会推高股价的观点。在满月和新月期间，股票的收益率都会降低，但是满月期间的收益率下降得更多。

四、稳健性检验

本章进行了一系列测试，来检验结果的稳健性。首先，笔者担心回归模型的残差项可能在横截面上是相关的，进而影响了估计结果。因此，为修正这一问题导致的偏差，本章使用 Fama-MacBeth 方法来对模型重新估计（Fama and MacBeth, 1973）。表 5－9 中的组 A 报告了这一结果。为了节省空间，这里只报告了个人投资者情绪指数的回归系数。研究发现，个人投资者情绪指数对非流动性的影响方向并不确定，但是与换手率显著负相关。与此同时，悲观的个人投资者情绪会降低波动性和股票收益率。

表 5－9　　　　　　　　　　　　　稳健性检验

变量	AQI_svol	$PM_{2.5}\_svol$	PM_{10}_svol	SO_2_svol	CO_svol	NO_2_svol	O_3_svol	N
组 A：Fama-MacBeth 回归方法								
$Illiq$	0.8735***	0.9920***	−0.9874***	−14.4796***	−250.3763***	15.6134***	0.3371**	1054314
	(0.1381)	(0.1900)	(0.0993)	(0.4569)	(11.0292)	(0.4470)	(0.1581)	
$Turn$	−1.5213***	−1.8523***	−0.7789***	4.4535***	−46.4686***	−8.2117***	0.8438***	1053954
	(0.0992)	(0.1470)	(0.0783)	(0.2568)	(8.1025)	(0.2196)	(0.1208)	
Vol	−0.1445***	−0.1861***	−0.1321***	−0.1836***	−13.5044***	−0.2405***	0.0674***	1049720
	(0.0101)	(0.0151)	(0.0088)	(0.0297)	(1.1032)	(0.0251)	(0.0113)	
$Return$	−0.1360	−0.1159	−0.2612***	−0.9689***	−13.4561	−0.0546	−0.0816	1054419
	(0.0959)	(0.1472)	(0.0901)	(0.2991)	(9.9368)	(0.3024)	(0.0854)	
组 B：去季节性的空气污染引致的情绪指数								
$Illiq$	0.1304***	0.1257***	0.1641***	1.1184***	−10.1108***	0.7334***	0.0698***	1008598
	(0.0112)	(0.0143)	(0.0099)	(0.0645)	(1.4669)	(0.0317)	(0.0136)	
$Turn$	−0.1203***	−0.1129***	−0.0665***	−0.2233***	−6.6085***	−0.2054***	−0.0625***	1031297
	(0.0060)	(0.0082)	(0.0056)	(0.0349)	(0.7884)	(0.0165)	(0.0082)	
Vol	−0.0260***	−0.0250***	−0.0153***	−0.0646***	−2.2452***	−0.0397***	−0.0194***	1024792
	(0.0008)	(0.0012)	(0.0008)	(0.0049)	(0.1173)	(0.0024)	(0.0011)	
$Return$	−0.0711***	−0.1289***	−0.0253***	−0.6331***	−10.8644***	−0.1631***	0.2742***	1015721
	(0.0106)	(0.0132)	(0.0094)	(0.0407)	(1.2358)	(0.0310)	(0.0135)	

变量	AQI_svol	PM$_{2.5}$_svol	PM$_{10}$_svol	SO$_2$_svol	CO_svol	NO$_2$_svol	O$_3$_svol	N
组 C：空气污染原始值减去过去两周的空气污染平均值								
Illiq	0.0168 * (0.0090)	0.0855 *** (0.0109)	0.0202 *** (0.0077)	0.0879 ** (0.0420)	5.3465 *** (1.0444)	0.3208 *** (0.0275)	− 0.1531 *** (0.0130)	1008598
Turn	0.0060 (0.0050)	− 0.0015 (0.0061)	0.0021 (0.0042)	0.2393 *** (0.0224)	− 0.9865 * (0.5833)	0.0277 * (0.0142)	0.0551 *** (0.0070)	1031297
Vol	0.0016 ** (0.0007)	0.0033 *** (0.0009)	0.0028 *** (0.0006)	0.0827 *** (0.0032)	0.4993 *** (0.0861)	0.0403 *** (0.0022)	− 0.0102 *** (0.0009)	1024792
Return	− 0.0064 (0.0102)	− 0.0370 *** (0.0126)	− 0.0826 *** (0.0088)	− 1.2518 *** (0.0456)	− 6.9392 *** (1.1778)	− 0.5854 *** (0.0292)	0.3471 *** (0.0128)	1015721
组 D：剔除小公司样本								
Illiq	0.2216 *** (0.0169)	0.2276 *** (0.0214)	0.1903 *** (0.0148)	0.6468 *** (0.0911)	0.2342 (2.0569)	1.2476 *** (0.0536)	0.0899 *** (0.0204)	412126
Turn	− 0.1299 *** (0.0089)	− 0.1245 *** (0.0117)	− 0.0807 *** (0.0079)	− 0.1093 *** (0.0394)	− 10.0523 *** (1.0286)	− 0.5399 *** (0.0264)	− 0.0243 ** (0.0109)	417509
Vol	− 0.0337 *** (0.0013)	− 0.0340 *** (0.0017)	− 0.0204 *** (0.0011)	− 0.0262 *** (0.0063)	− 2.8162 *** (0.1593)	− 0.0875 *** (0.0038)	− 0.0148 *** (0.0016)	422747
Return	− 0.0299 * (0.0153)	− 0.0667 *** (0.0186)	− 0.0323 ** (0.0130)	− 0.6840 *** (0.0532)	− 11.7589 *** (1.7067)	− 0.4406 *** (0.0421)	0.2943 *** (0.0194)	423262
组 E：剔除注册在上海和深圳的公司样本								
Illiq	0.2089 *** (0.0135)	0.2104 *** (0.0174)	0.1772 *** (0.0119)	0.5464 *** (0.0696)	− 4.8628 *** (1.6890)	1.1918 *** (0.0409)	0.0903 *** (0.0156)	745087
Turn	− 0.1395 *** (0.0070)	− 0.1329 *** (0.0095)	− 0.0762 *** (0.0064)	0.0062 (0.0343)	− 9.5982 *** (0.8864)	− 0.5684 *** (0.0204)	− 0.0267 *** (0.0089)	764254
Vol	− 0.0326 *** (0.0010)	− 0.0324 *** (0.0013)	− 0.0184 *** (0.0009)	− 0.0262 *** (0.0050)	− 2.6988 *** (0.1317)	− 0.0820 *** (0.0028)	− 0.0148 *** (0.0012)	760020
Return	− 0.0210 * (0.0123)	− 0.0526 *** (0.0156)	− 0.0359 *** (0.0109)	− 0.5852 *** (0.0428)	− 10.0973 *** (1.3764)	− 0.4065 *** (0.0336)	0.2901 *** (0.0145)	752588
组 F：剔除金融行业样本								
Illiq	0.1990 *** (0.0116)	0.1899 *** (0.0145)	0.1619 *** (0.0101)	0.5354 *** (0.0590)	− 7.2161 *** (1.4065)	1.2452 *** (0.0350)	0.1032 *** (0.0134)	971964
Turn	− 0.1483 *** (0.0059)	− 0.1410 *** (0.0079)	− 0.0899 *** (0.0054)	− 0.0779 *** (0.0300)	− 9.4019 *** (0.7348)	− 0.5717 *** (0.0177)	− 0.0326 *** (0.0077)	998095

续表

变量	AQI_svol	$PM_{2.5}\_svol$	PM_{10}_svol	SO_2_svol	CO_svol	NO_2_svol	O_3_svol	N
Vol	-0.0343*** (0.0008)	-0.0351*** (0.0012)	-0.0208*** (0.0008)	-0.0431*** (0.0044)	-2.5840*** (0.1114)	-0.0913*** (0.0025)	-0.0174*** (0.0010)	988580
$Return$	-0.0193* (0.0104)	-0.0474*** (0.0130)	-0.0361*** (0.0092)	-0.6488*** (0.0371)	-10.7236*** (1.1594)	-0.3931*** (0.0288)	0.2807*** (0.0128)	976999

注：括号内为稳健标准误，*、** 和 *** 分别代表在10%、5%和1%的水平上显著。

其次，参照戈茨曼等（2015）和赫什莱弗和肖姆威（2003）的方法，本章使用去季节性的情绪代理变量来代替原始的情绪代理变量。季节性的空气污染变量是指整个样本期间内的同一日历周的日度空气污染的平均值。去季节性的空气污染变量则是原始的空气污染变量减去季节性的空气污染变量。另外，按照公式（5-13）重新构建个人投资者情绪指数。组B报告了重新估计的结果，且结果依然稳健。同时，本章还使用原始的空气污染变量与之前两周的均值之差来代替原始的空气污染变量，并重新进行回归。组C依然可以发现悲观的个人投资者情绪可以降低流动性和收益率。

再次，以前的研究表明，小公司更倾向于是难以估值和难以套利的公司，因此小公司的股票定价更容易受到投资者情绪的影响（Baker and Wurgler，2006；Baker et al.，2012）。由此，笔者推测本章的结果很有可能是由小公司的样本驱动的。为了排除这个潜在的问题，删除了在深圳证券交易所上市的公司，主要因为这些公司的规模通常比在上海证券交易所上市的公司规模小。组D展示了重新估计的结果，本章依然可以发现个人投资者情绪指数越高，流动性、波动性和股票收益率越低。

最后，笔者推测本章的结果可能是由交易所所在城市的样本造成的。因此，本章在删除了总部注册在上海和深圳的公司之后，重新估计所有的模型，并在组E中发现了类似的结果。此外，还删除了金融行业的样本，并重新对本章的模型进行回归。本章在组F中发现结果依旧稳健。

第五节　投资组合分析

　　空气污染引致的个人投资者情绪影响了个人投资者的交易行为，更进一步地降低了股票收益率。本节的工作则集中于个人投资者情绪与经风险调整后的收益率是否还显著相关的问题上。如果个人投资者情绪与经风险调整后的收益率之间的关系不显著相关，那么由个人投资者情绪导致的股票收益率的变动可以被有效的资产定价模型所削弱或消除。否则的话，就表明相对于具有悲观个人投资者情绪的股票，具有乐观个人投资者情绪的股票拥有更高的风险调整后的收益率。这也就是说股票市场并非是有效理性的，并不能有效地消除由投资者情绪造成的资产误定价。这是本节重点讨论的问题。

一、个人投资者情绪分组的投资组合收益率

　　在本节中，本章主要分析按照个人投资者情绪指数排序 10 个投资组合的收益率。回归模型如下所示

$$R_t = \alpha + \beta_1 MRK_t + \beta_2 SMB_t + \beta_3 HML_t + \beta_4 RMW_t + \beta_5 CMA_t + \mu_t. \quad (5-17)$$

其中，R_t 为投资组合的收益率，而 MRK、SMB、HML、RMW 和 CMA 分别是市场超额回报率、规模因子、价值因子、盈利因子和投资因子。表 5-10 ~ 表 5-12 分别展示了按照 AQI_svol、$PM_{2.5}\_svol$ 和 PM_{10}_svol 排序的 10 个组的收益率。这些表格报告了投资者的超额收益率，以及 CAPM 模型、法玛和弗伦奇（1993）的 FF-3 因子模型和法玛和弗伦奇（2015）的 FF-5 因子模型中的 alpha 值。相应地，这些 alpha 值来自公式（5-17）右边分别纳入前 1、3 和 5 个变量的回归模型。表中最右边的一列检验了最乐观个人投资者情绪组的收益率与最悲观个人投资者情绪组的收益率之间差异的显著性。此外，表中还报告了 FF-5 因子模型中解释变量的回归系数和各个投资组合的 Sharpe 比率。

表5-10 按照 AQI_svol 构造的投资组合

变量	P1 (Low)	P2	P3	P4	P5	P6	P7	P8	P9	P10 (High)	P1－P10
Excess return	0.1418*** (3.2374)	0.1288*** (2.5556)	0.1304** (2.4604)	0.1322** (2.3906)	0.0677 (1.2046)	0.0572 (1.0070)	0.0976* (1.7274)	0.0942* (1.8081)	0.0766 (1.4508)	0.0568 (1.1270)	0.0851*** (2.6104)
CAPM alpha	0.0873*** (3.6828)	0.0607*** (3.1572)	0.0581*** (3.1287)	0.0563*** (3.0589)	-0.0099 (-0.5497)	-0.0210 (-1.1382)	0.0191 (1.1217)	0.0226 (1.2910)	0.0035 (0.2114)	-0.0115 (-0.6079)	0.0987*** (3.0955)
FF-3-factor alpha	0.0856*** (3.6075)	0.0603*** (3.2771)	0.0538*** (2.9016)	0.0527*** (2.9046)	-0.0092 (-0.5120)	-0.0157 (-0.8438)	0.0160 (0.9592)	0.0257 (1.4583)	0.0061 (0.3658)	-0.0086 (-0.4474)	0.0942*** (2.9234)
FF-5-factor alpha	0.0804*** (3.4685)	0.0561*** (3.1421)	0.0569*** (3.0955)	0.0574*** (3.2477)	-0.0056 (-0.3084)	-0.0112 (-0.6098)	0.0191 (1.1479)	0.0279 (1.5845)	0.0064 (0.3890)	-0.0114 (-0.6033)	0.0918*** (2.8758)
MRK	0.7073*** (19.8606)	0.8808*** (41.4719)	0.8988*** (45.5862)	0.9450*** (49.0003)	0.9801*** (57.1985)	0.9865*** (46.1072)	0.9863*** (60.4018)	0.9081*** (52.2354)	0.9358*** (57.3775)	0.9014*** (38.2994)	-0.1941*** (-4.6792)
SMB	0.1271 (1.4582)	0.0839 (0.9594)	0.0562 (1.2481)	0.0045 (0.0807)	-0.0579 (-0.8700)	-0.1310** (-1.9928)	0.0249 (0.3277)	-0.0582 (-0.9115)	-0.0215 (-0.3628)	-0.0327 (-0.6167)	0.1598 (1.3963)
HML	0.1298 (1.5074)	0.0943 (1.1075)	-0.0098 (-0.1475)	-0.0196 (-0.2905)	-0.0535 (-0.7864)	-0.1538** (-1.9642)	-0.0371 (-0.5469)	-0.1223** (-2.0578)	-0.0960 (-1.4263)	0.0861 (1.1873)	0.0437 (0.3658)
RMW	-0.0806 (-0.6661)	-0.0681 (-0.7000)	-0.1591** (-2.3326)	-0.1767* (-1.8537)	-0.1199 (-1.3737)	-0.1458 (-1.6123)	-0.0813 (-0.8354)	-0.0332 (-0.3805)	0.0159 (0.2061)	-0.0230 (-0.2905)	-0.0576 (-0.3592)
CMA	-0.3998*** (-3.3849)	-0.3061*** (-2.9355)	0.0093 (0.0984)	0.1076 (1.0508)	0.0701 (0.8287)	-0.0046 (-0.0469)	0.1057 (1.4976)	0.0392 (0.4749)	-0.0191 (-0.2508)	-0.2198** (-2.1579)	-0.1800 (-1.0338)
Sharpe Ratio	1.6359	1.2932	1.2455	1.2100	0.6097	0.5095	0.8732	0.9145	0.7340	0.5697	1.3202
Adj-R^2	0.7415	0.8668	0.8887	0.8980	0.9013	0.8990	0.9148	0.8937	0.9086	0.8711	0.1030
N	977	977	977	977	977	977	977	977	977	977	977

注：括号内为 t 统计量，*、** 和 *** 分别代表在 10%、5% 和 1% 的水平上显著。

表 5—11

按照 $PM_{2.5}$_svol 构造的投资组合

变量	P1 (Low)	P2	P3	P4	P5	P6	P7	P8	P9	P10 (High)	P1－P10
Excess return	0.1120** (2.4724)	0.1192** (2.4032)	0.1221** (2.2951)	0.1197** (2.1883)	0.1112** (2.0404)	0.1056* (1.9556)	0.0824 (1.4955)	0.0970* (1.8063)	0.0883* (1.6916)	0.0353 (0.6908)	0.0767** (2.4427)
CAPM alpha	0.0541** (2.4185)	0.0517*** (2.8833)	0.0488*** (2.7942)	0.0444** (2.4723)	0.0354** (2.1828)	0.0306* (1.8270)	0.0060 (0.3512)	0.0226 (1.3683)	0.0165 (0.9490)	－0.0343* (－1.8650)	0.0884*** (2.8282)
FF-3-factor alpha	0.0549*** (2.4224)	0.0479*** (2.6676)	0.0459*** (2.6374)	0.0386** (2.1802)	0.0330** (2.0176)	0.0323* (1.8669)	0.0090 (0.5263)	0.0255 (1.5730)	0.0182 (1.0165)	－0.0313* (－1.6943)	0.0862*** (2.7064)
FF-5-factor alpha	0.0471** (2.1725)	0.0454*** (2.5935)	0.0454*** (2.6258)	0.0392** (2.2296)	0.0377** (2.3048)	0.0335* (1.9177)	0.0141 (0.8248)	0.0279* (1.7196)	0.0160 (0.9244)	－0.0317* (－1.7471)	0.0788** (2.5561)
MRK	0.7554*** (25.4147)	0.8696*** (39.2769)	0.9306*** (46.9632)	0.9569*** (56.4842)	0.9569*** (62.6994)	0.9564*** (51.0813)	0.9524*** (51.3945)	0.9453*** (57.9209)	0.9285*** (46.5134)	0.8986*** (45.0893)	－0.1433*** (－4.0018)
SMB	0.1393 (1.6146)	0.1088* (1.9400)	0.0728 (1.5358)	0.0956 (1.1396)	－0.0445 (－0.9438)	－0.0390 (－0.6323)	－0.0905* (－1.6814)	－0.0636 (－0.9719)	0.0160 (0.2410)	－0.0436 (－0.7123)	0.1829 (1.4754)
HML	0.0997 (1.1452)	0.0828 (1.2031)	0.0526 (0.7958)	0.0555 (0.7015)	0.0523 (0.9155)	－0.0202 (－0.3526)	－0.1487** (－2.3415)	－0.1096* (－1.6767)	0.0148 (0.2163)	0.0039 (0.0529)	0.0958 (0.7469)
RMW	－0.0148 (－0.1262)	0.0212 (0.2584)	－0.1047 (－1.4706)	－0.0211 (－0.2030)	－0.2475*** (－3.3469)	－0.1112 (－1.3147)	－0.1686** (－2.1667)	－0.0394 (－0.4553)	－0.0226 (－0.2731)	－0.0774 (－0.9550)	0.0626 (0.3783)
CMA	－0.4504*** (－4.1003)	－0.0799 (－0.7696)	－0.1126 (－1.2337)	0.0627 (0.7172)	－0.0414 (－0.5625)	－0.0760 (－0.9618)	0.0378 (0.5209)	0.0369 (0.4843)	－0.1789* (－1.6716)	－0.1565* (－1.6872)	－0.2939* (－1.8560)
Sharpe Ratio	1.2519	1.2167	1.1600	1.1063	1.0319	0.9887	0.7564	0.9138	0.8553	0.3496	1.2342
Adj-R^2	0.7857	0.8755	0.8976	0.8960	0.9145	0.9095	0.9141	0.9067	0.8931	0.8763	0.0805
N	977	977	977	977	977	977	977	977	977	977	977

注：括号内为 t 统计量，*、** 和 *** 分别代表在 10%、5% 和 1% 的水平上显著。

表 5-12　按照 PM_{10}_svol 构造的投资组合

变量	P1 (Low)	P2	P3	P4	P5	P6	P7	P8	P9	P10 (High)	P1－P10
Excess return	0.1276***	0.1066**	0.1340**	0.1223**	0.1217**	0.1032*	0.1132**	0.0706	0.0880*	0.0303	0.0974**
	(2.8869)	(2.1449)	(2.5475)	(2.2036)	(2.2007)	(1.9398)	(2.0507)	(1.3221)	(1.6418)	(0.6012)	(3.0726)
CAPM alpha	0.0709***	0.0396**	0.0616***	0.0459**	0.0452***	0.0298*	0.0368**	-0.0035	0.0144	-0.0382**	0.1091***
	(3.3052)	(2.0610)	(3.5538)	(2.5400)	(2.6336)	(1.7190)	(2.1469)	(-0.2171)	(0.7915)	(-2.0612)	(3.4730)
FF-3-factor alpha	0.0712***	0.0324*	0.0574***	0.0422**	0.0489***	0.0271	0.0381**	-0.0007	0.0174	-0.0315*	0.1027***
	(3.3004)	(1.7283)	(3.3399)	(2.3977)	(2.8052)	(1.6023)	(2.2212)	(-0.0405)	(0.9192)	(-1.6783)	(3.2126)
FF-5-factor alpha	0.0656***	0.0271	0.0565***	0.0416**	0.0527***	0.0299*	0.0418**	0.0018	0.0182	-0.0320*	0.0976***
	(3.1302)	(1.4844)	(3.2854)	(2.3959)	(3.0585)	(1.8030)	(2.4291)	(0.1102)	(0.9809)	(-1.7385)	(3.0931)
MRK	0.7422***	0.8546***	0.9138***	0.9776***	0.9691***	0.9218***	0.9649***	0.9388***	0.9471***	0.8992***	-0.1570***
	(24.1221)	(38.2365)	(51.7910)	(56.8323)	(55.6232)	(61.5036)	(52.0387)	(56.2089)	(43.9228)	(43.7801)	(-4.0743)
SMB	0.0919	0.2460***	0.1013**	0.0770	-0.1114**	0.0309	-0.0615	-0.0569	-0.0574	-0.1338**	0.2257*
	(1.2411)	(3.9138)	(2.1251)	(1.0281)	(-2.2836)	(0.5425)	(-1.2898)	(-0.9652)	(-0.9585)	(-2.1718)	(1.8909)
HML	0.0979	0.1104	0.1048*	0.0540	-0.0767	-0.0427	-0.0950	-0.1072*	-0.0524	0.0258	0.0722
	(1.2922)	(1.4170)	(1.8885)	(0.6788)	(-1.0675)	(-0.6348)	(-1.4416)	(-1.7124)	(-0.7362)	(0.3368)	(0.5680)
RMW	-0.0104	0.0323	-0.1834**	-0.0191	-0.1749**	-0.0778	-0.0778	-0.0830	-0.0260	-0.1134	0.1030
	(-0.0975)	(0.3941)	(-2.4990)	(-0.2104)	(-2.1377)	(-0.9029)	(-1.0015)	(-1.0782)	(-0.3025)	(-1.2826)	(0.5961)
CMA	-0.3255***	-0.2063**	-0.1923**	-0.0156	-0.0400	0.0455	0.1012	-0.0266	-0.0406	-0.2333***	-0.0922
	(-3.1540)	(-2.3098)	(-2.6087)	(-0.1609)	(-0.4729)	(0.4857)	(1.2616)	(-0.3517)	(-0.3968)	(-2.6005)	(-0.5663)
Sharpe Ratio	1.4620	1.0845	1.2891	1.1154	1.1131	0.9807	1.0377	0.6686	0.8306	0.3040	1.5520
Adj-R^2	0.7855	0.8692	0.9000	0.8971	0.9051	0.9018	0.9073	0.9123	0.8899	0.8780	0.0796
N	977	977	977	977	977	977	977	977	977	977	977

注：括号内为 t 统计量，＊、＊＊ 和 ＊＊＊ 分别代表在 10%、5% 和 1% 的水平上显著。

由表 5 – 10 可以看到，随着个人投资者情绪逐渐变得悲观，投资组合的超额收益率几乎是单调递减。最右边的一列中显示，最乐观和最悲观情绪组之间的超额收益率差距为 0.0851，且相应的 t 值为 2.6104。这意味着投资者情绪最乐观的投资组合比最悲观的投资者情绪投资组合平均多赚得了 0.0851% 的日收益率。在控制了风险因子之后，最乐观投资者情绪的 4 个组中的 alpha 值显著为正，而其他组的 alpha 值并不显著异于 0。更重要的是，最乐观投资者情绪组的异常收益率明显高于超额收益率，并在 0.0918% ~ 0.0987% 变动（对应的 t 统计量在 2.8758 ~ 3.0955 变动）。造成这个结果的可能原因是乐观情绪组的收益率对风险因子的回归系数要比乐观情绪组的低。

二、OMP 投资组合

本章将探讨 OMP 投资组合的表现。OMP 投资组合是小规模公司的乐观情绪组与大规模公司的乐观情绪组的平均收益率，再减去小规模公司的悲观情绪组与大规模公司的悲观情绪组的平均收益率。所有的 OMP 投资组合都是按照市值和个人投资者情绪指数来排序，并独立分组构建的。

表 5 – 13 报告了 OMP 投资组合的超额收益率和异常收益率，以及 5 因子模型中风险因子的回归系数。7 个 OMP 投资组合中，有 5 个投资组合具有正的超额收益率和异常收益率，并且异常收益率明显有更好的经济意义显著性和统计显著性。以 *OMP_AQI* 为例，在不考虑交易成本和卖空约束的情况下，如果买进乐观型股票的同时卖空悲观型股票，可以获得经 CAPM 模型、FF – 3 因子和 FF – 5 因子模型调整的日收益率分别为 0.1598%、0.1512% 和 0.1452%。*OMP_AQI* 的组合收益率对市场风险因子回归系数为负，而对规模因子和价值因子的回归系数为正，这说明 *OMP_AQI* 组合倾向于买进低 beta 的小公司股票和高账面市值比的股票，而卖出高 beta 的大公司股票和低账面市值比的股票。盈利因子的回归系数并不显著。投资因子的回归系数为负，意味着具有乐观情绪的股票很可能是买入

进行激进投资的股票。

表 5 - 13   OMP 投资组合分析

变量	OMP_AQI	OMP_PM$_{2.5}$	OMP_PM$_{10}$	OMP_SO$_2$	OMP_CO	OMP_NO$_2$	OMP_O$_3$
Excess return	0.1514***	0.1173***	0.1177***	−0.0506*	0.0253	0.3243***	0.0522*
	(5.4460)	(4.3444)	(4.4082)	(−1.8603)	(0.8815)	(11.1062)	(1.9121)
CAPM alpha	0.1598***	0.1273***	0.1314***	−0.0360	0.0292	0.3238***	0.0583**
	(5.7421)	(4.7948)	(5.0812)	(−1.3930)	(1.0052)	(10.7879)	(2.1098)
FF-3-factor alpha	0.1512***	0.1206***	0.1240***	−0.0316	0.0309	0.3097***	0.0606**
	(5.4345)	(4.5245)	(4.7600)	(−1.2910)	(1.2594)	(11.7549)	(2.2034)
FF-5-factor alpha	0.1452***	0.1125***	0.1138***	−0.0456**	0.0222	0.3157***	0.0587**
	(5.3550)	(4.3276)	(4.5177)	(−2.0294)	(0.9622)	(12.1588)	(2.2345)
MRK	−0.1095***	−0.1176***	−0.1645***	−0.2113***	−0.1177***	0.0679***	−0.0764**
	(−3.6481)	(−4.0465)	(−5.5270)	(−8.9645)	(−4.9788)	(2.6192)	(−2.5264)
SMB	0.2526**	0.2471**	0.3041***	0.3106***	0.3330***	−0.0829	0.0179
	(2.1119)	(2.2588)	(2.8246)	(4.3444)	(4.2205)	(−0.9155)	(0.1345)
HML	0.2139*	0.2126**	0.2463**	−0.1015	−0.2627***	0.4787***	−0.0916
	(1.8647)	(2.0809)	(2.3422)	(−1.3131)	(−3.3548)	(5.1521)	(−0.7220)
RMW	−0.0312	0.0532	0.0416	0.0413	−0.0220	0.0102	0.1322
	(−0.2285)	(0.4018)	(0.3250)	(0.4103)	(−0.1932)	(0.0860)	(0.9264)
CMA	−0.2720*	−0.2840*	−0.4191***	−0.6925***	−0.4519***	0.3820***	0.0275
	(−1.7070)	(−1.9582)	(−3.3776)	(−7.0944)	(−3.7674)	(3.2779)	(0.1567)
Sharpe Ratio	2.7598	2.1959	2.2287	−0.9394	0.4455	5.6187	0.9688
Adj-R^2	0.0728	0.0922	0.1786	0.3650	0.3669	0.2659	0.0223
N	977	977	977	977	977	977	977

注：括号内为 t 统计量，*、** 和 *** 分别代表在 10%、5% 和 1% 的水平上显著。

图 5 - 2 描绘了 OMP 投资组合随时间变化的收益率。组 A 展示了在样本期间内 OMP_AQI 投资组合的累计超额收益率，而组 B 则展示了在样本期间内 OMP_AQI 投资组合经 FF - 5 因子模型调整的累计异常收益率（alpha 值 + 残差项）。图 5 - 2 显示，OMP_AQI 投资组合几乎在整个研究期间内都获得了正的超额收益率和异常收益率，这意味着本章的结果并不是由某个时间段的子样本导致的。

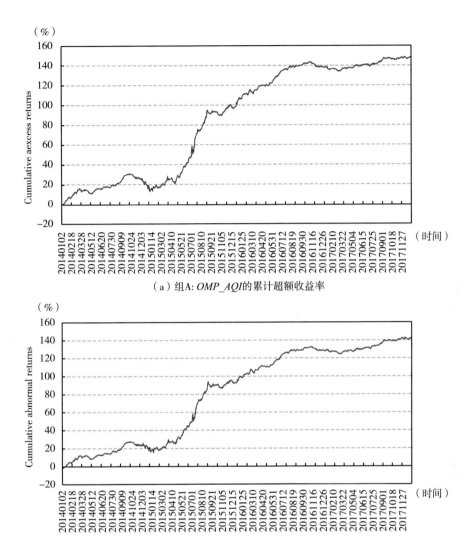

（a）组A: *OMP_AQI*的累计超额收益率

（b）组B: *OMP_AQI*的累计异常收益率

图 5 - 2　累计超额收益率和异常收益率

三、OMP 投资组合的稳健性检验

本章也进行了一系列测试，来检验 OMP 投资组合的稳健性。首先，根据中国证监会的行业分类标准，将样本划分为 18 个行业。在剔除了公司数少于 30 家的行业之后，最终保留了来自 10 个行业的 1559 家公司。在每个行业中，OMP 投资组合收益率是情绪最乐观的 30% 的公司的市值加权平均收益率，减去情绪最悲观的 30% 的公司的市值加权平均收益率。图 5 - 3 报告了每个行业的经 FF - 5 因子模型调整的 OMP_AQI 投资组合的收益率，及其对应的 t 统计量。结果显示，除了两个行业的 alpha 值不显著之外，其他所有行业的 OMP_AQI 投资组合都能获得正的异常收益率。因此，本章的结果并不因行业因素的影响而有所变化。

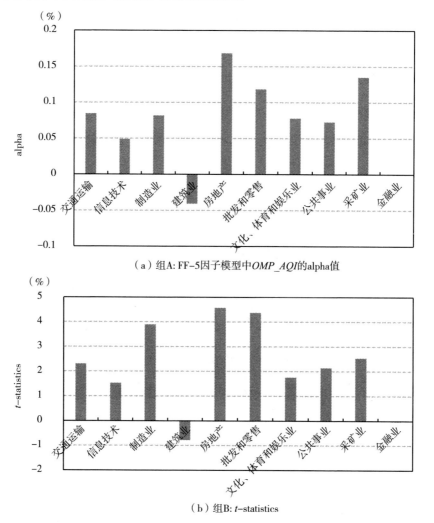

（a）组A: FF–5因子模型中OMP_AQI的alpha值

（b）组B: t-statistics

图 5 - 3　行业层面的 OMP 投资组合的异常收益率

其次，笔者担忧本章的结果只存在于特定的市场环境中。因此，分别根据股票市场的过去的收益率和波动性分别对本章的样本进行分组。当上证 A 股综指在过去的 180 个交易日的累计收益率超过 10% 时，则将市场环境定义为牛市。而当上证 A 股综指在过去的 180 个交易日的累计收益率低于 -10% 时，则将市场环境定义为熊市。市场的波动性用当天的上证 A 股综指的最高价格和最低价格之差，再除以二者的均值来衡量。如果当天的市场波动高于样本期间的中位数，则为高波动期，否则为低波动期。表 5-14 报告了不同市场环境下的结果。它显示，无论市场环境如何，OMP 投资组合都能获得显著的正收益率，这与之前的发现是一致的。值得注意的是，在牛市和高波动期，OMP 投资组合表现得更好。本章推测，在牛市和高波动期，噪声交易更加频繁和激进，OMP 投资组合包含了更多未被资产定价模型消除的非理性信息，从而获得了更大的异常收益率。

最后，笔者推测本章的结果可能是由一周中某一天的样本导致的。主要是因为达莫达兰（Damodaran，1989）、杜布瓦和路威（Dubois and Louvet，1996）、王等（Wang et al.，1997）发现股票市场中存在星期效应（week effect）。为此，本章将样本按照工作日分为五组，再分别对这五个子样本重新进行估计。表 5-15 的结果显示，OMP 投资组合在所有的工作日都能获得正的收益率，尽管星期一的样本给出的证据稍微弱一些。

表 5-14   **不同市场环境下的 OMP 投资组合分析**

变量	OMP_AQI	$OMP\_PM_{2.5}$	OMP_PM_{10}	OMP_SO_2	OMP_CO	OMP_NO_2	OMP_O_3
组 A：熊市							
Excess return	0.2154*** (3.9963)	0.1933*** (3.5730)	0.1231** (2.3314)	-0.0807 (-1.4084)	0.0109 (0.2324)	0.3308*** (5.5410)	0.0534 (1.1435)
CAPM alpha	0.1848*** (3.8896)	0.1587*** (3.4709)	0.0918** (2.0125)	-0.0733 (-1.3133)	0.0239 (0.5168)	0.2870*** (5.9218)	0.0630 (1.4153)
FF-3-factor alpha	0.1745*** (3.5511)	0.1488*** (3.1216)	0.0776* (1.7113)	-0.0937** (-2.0450)	0.0145 (0.3718)	0.2848*** (5.9187)	0.0727 (1.5737)
FF-5-factor alpha	0.1768*** (3.6085)	0.1450*** (2.9463)	0.0657 (1.4114)	-0.0978** (-2.0349)	0.0151 (0.4015)	0.2899*** (5.8268)	0.0750 (1.5544)
N	166	166	166	166	166	166	166

变量	OMP_AQI	OMP_PM$_{2.5}$	OMP_PM$_{10}$	OMP_SO$_2$	OMP_CO	OMP_NO$_2$	OMP_O$_3$
组 B：牛市							
Excess return	0.2134***	0.1466**	0.2312***	0.0286	-0.015	0.4223***	0.1479**
	(2.8529)	(2.0943)	(3.3076)	(0.4109)	(-0.1995)	(5.4844)	(2.0150)
CAPM alpha	0.2395***	0.1769**	0.2731***	0.0906	0.0168	0.4037***	0.1774**
	(3.1663)	(2.5689)	(4.0331)	(1.6053)	(0.2268)	(5.0983)	(2.4240)
FF-3-factor alpha	0.2188***	0.1619**	0.2615***	0.0992*	0.0173	0.3819***	0.1702**
	(2.8808)	(2.3192)	(3.8609)	(1.7504)	(0.2676)	(6.0345)	(2.2912)
FF-5-factor alpha	0.2098***	0.1531**	0.2491***	0.0842*	0.0066	0.3894***	0.1701**
	(2.8408)	(2.2512)	(3.8572)	(1.6701)	(0.1089)	(6.3037)	(2.3496)
N	302	302	302	302	302	302	302
组 C：低波动时期							
Excess return	0.1009***	0.0621***	0.0632***	-0.0768***	0.0626***	0.2231***	-0.0115
	(5.0450)	(3.1050)	(3.2746)	(-3.6226)	(2.8981)	(10.6746)	(-0.5610)
CAPM alpha	0.0966***	0.0608***	0.0614***	-0.0806***	0.0472**	0.2189***	-0.0096
	(4.7747)	(3.0033)	(3.1854)	(-3.7709)	(2.2126)	(10.4246)	(-0.4662)
FF-3-factor alpha	0.0808***	0.0492**	0.0475**	-0.1073***	0.0169	0.2200***	-0.0117
	(3.8855)	(2.3354)	(2.3902)	(-5.6622)	(0.8842)	(10.1722)	(-0.5402)
FF-5-factor alpha	0.0807***	0.0507**	0.0487**	-0.1045***	0.0244	0.2185***	-0.0145
	(3.8816)	(2.4171)	(2.4804)	(-5.6516)	(1.3163)	(10.0306)	(-0.6668)
N	489	489	489	489	489	489	489
组 D：高波动时期							
Excess return	0.2019***	0.1726***	0.1722***	-0.0244	-0.0121	0.4259***	0.1161***
	(3.9052)	(3.4382)	(3.4578)	(-0.4851)	(-0.2274)	(7.8579)	(2.3036)
CAPM alpha	0.2105***	0.1827***	0.1860***	-0.0096	-0.0075	0.4254***	0.1221**
	(4.1270)	(3.7642)	(3.9804)	(-0.2074)	(-0.1411)	(7.7214)	(2.4208)
FF-3-factor alpha	0.2089***	0.1781***	0.1817***	0.0115	0.0294	0.3824***	0.1266***
	(4.2038)	(3.7995)	(3.9599)	(0.2694)	(0.6769)	(8.4062)	(2.6487)
FF-5-factor alpha	0.1998***	0.1671***	0.1663***	-0.0117	0.0138	0.3977***	0.1203***
	(4.1362)	(3.6758)	(3.7938)	(-0.3010)	(0.3394)	(9.0727)	(2.6581)
N	488	488	488	488	488	488	488

注：括号内为 t 统计量，*、** 和 *** 分别代表在 10%、5% 和 1% 的水平上显著。

表 5 – 15　　　　　　　　　　　　　**周日效应**

变量	星期一	星期二	星期三	星期四	星期五
组 A：OMP_AQI					
Excess return	0.1027	0.1661**	0.2331***	0.1435**	0.1075**
	(1.3150)	(2.9398)	(3.6028)	(2.3525)	(2.2970)
CAPM alpha	0.1137	0.1705***	0.2478***	0.1324**	0.1148**
	(1.4974)	(2.8840)	(3.4703)	(2.3394)	(2.4769)
FF-3-factor alpha	0.1272	0.1736***	0.2084***	0.1269**	0.1176**
	(1.5739)	(2.6824)	(3.3205)	(2.1573)	(2.5416)
FF-5-factor alpha	0.1355*	0.1614***	0.1557***	0.0970*	0.1206**
	(1.7109)	(2.6647)	(2.6556)	(1.9664)	(2.6015)
N	189	198	200	196	194
组 B：$OMP\_PM_{2.5}$					
Excess return	–0.0064	0.135**	0.2378***	0.1475**	0.0651
	(–0.0924)	(2.2500)	(3.8293)	(2.3487)	(1.4662)
CAPM alpha	0.0057	0.1471**	0.2536***	0.1370**	0.0760*
	(0.0858)	(2.4110)	(3.8239)	(2.2901)	(1.8297)
FF-3-factor alpha	0.0132	0.1508**	0.2168***	0.1377**	0.0786*
	(0.2065)	(2.3209)	(3.6816)	(2.2704)	(1.8904)
FF-5-factor alpha	0.0189	0.1364**	0.1601***	0.1065*	0.0821**
	(0.2983)	(2.1545)	(2.9411)	(1.9076)	(1.9844)
N	189	198	200	196	194
组 B：OMP_PM_{10}					
Excess return	0.0471	0.1508**	0.2154***	0.1094**	0.0603
	(0.7336)	(2.6181)	(3.1676)	(1.9641)	(1.1754)
CAPM alpha	0.0593	0.1753***	0.2397***	0.0946*	0.0758
	(0.9479)	(3.0821)	(3.2928)	(1.9566)	(1.6090)
FF-3-factor alpha	0.0629	0.1827***	0.1870***	0.0948*	0.0798*
	(0.8880)	(3.0445)	(2.9720)	(1.8380)	(1.7193)
FF-5-factor alpha	0.0673	0.1557***	0.1321**	0.0624	0.0851*
	(0.9674)	(2.7520)	(2.3040)	(1.4602)	(1.8377)
N	189	198	200	196	194

注：括号内为 t 统计量，* 、** 和 *** 分别代表在10%、5%和1%的水平上显著。

第六节　本章小结

越来越多的心理学和行为金融学的文献证明，空气污染是另一种影响投资者情绪的自然条件，从而导致他们在金融市场上的行为偏差。相对于机构投资者来说，个人投资者在金融市场中表现得更加非理性，也更加容易受到情绪的影响。中国股票市场的投资者结构严重不平衡，个人投资者主导了市场80%多的交易量。这就天然地为研究个人投资者情绪对股市的影响机制提供了一个良好的环境。目前，还没有学者直接构建出由自然环境引致的个人投资者情绪指数。以前的学术文献表明，搜索引擎中对股票的搜索量可以直接捕获个人投资者对该股票的关注度。投资者的关注度越高，就越有可能交易这只股票。基于这个观点，本章以各个城市对某只股票的关注度为权重，对相应的城市的空气质量进行加权平均，从而构造了一个个股层面的受空气污染影响的个人投资情绪的指数。本章考察了个人投资者情绪对股票的流动性、波动性和收益率的影响，并进一步检验了中国市场的有效性。本章得出以下主要结论。

（1）悲观的个人投资者情绪显著降低了股票收益率、流动性和波动性，并且这一结果不会因不同的回归方法、投资者情绪代理变量和样本而改变。

（2）按照个人投资情绪指数构建投资组合之后，发现相比于悲观情绪组，乐观情绪组可以获得更高异常收益率，这表明个人投资情绪导致的资产误定价并不能被资产定价模型所消除，预示着中国股票市场并非完全有效。

第六章

空气污染引致的基金经理
情绪对中国股票市场的影响

第一节　问题的提出

由第二章的文献分析可知，空气污染可能会导致人们的悲观情绪和风险厌恶行为。本章则把焦点聚集在专业的机构投资者身上。现有的文献对机构投资者是否为股票市场中的理性投资者做了广泛的探讨。其中一条分支认为，机构投资者具有大平台优势，在信息搜集和整理、投资分析和管理服务上更具专业性，因而对股票的估值可能更为准确。所以，机构投资者能够有效地对资产误定价进行套利，并帮助稳定市场。塞厄特和斯塔克斯（Sias and Starks，1997）的研究表明，机构投资者的交易能够反映价格信息，并加速股票价格调整。伯默尔和凯利（Boehmer and Kelley，2009）利用 1983～2004 年在纽约证券交易所上市的股票为样本，进一步证明机构投资者持股比例高的公司，定价更为有效。黄（2015）将封闭式基金作为研究对象，发现机构投资者是稳定金融市场的一股重要力量。德里奥和圣玛丽亚（Del Rio and Santamaria，2016）和亨德尚特等（Hendershott et al.，2015）认为机构投资者是知情交易者，能够帮助消除由个人投资者造成的资产误定价。魏（2018）发现公司债券市场中行为偏差更有可能是个人投资者引起的，而并非机构投资者。杨等（2016）表明机构投资者主要通过识别和交易市场情绪高涨时期的被高估的股票，进而增加了市场效率。

　　然而，也有学者认为机构投资者并没有起到稳定市场的作用，相反却加剧了市场波动。布伦纳迈尔和内格尔（Brunnermeier and Nagel，2004）的研究就是一个典型的例子。他们发现在科技泡沫期间，对冲基金并没有很好地修正价格，反而过度地去投资科技股。基于机构投资者更倾向于是交易者而非监管者的观点，安和张（2013）发现机构投资者持股比例较高的公司伴随着更多的股票价格同步性和价格崩溃风险。

　　更为重要的是，机构投资者也很容易遭受认知偏差的影响，包括本地偏好（Anderson et al.，2011；Coval and Moskowitz，1999；Hochberg and Rauh，2013）、处置效应（deposition effect）（Barber et al.，2007；Bodnaruk and Simonov，2016；Frazzini，2006；Wulfmeyer，2016；Ye，2014）和羊群效应（herding）（Choi and Sias，2009；Choi and Skiba，2015；Dasgupta et al.，2011；Nofsinger and Sias，1999；Sias，2004）。更进一步地，机构投资者也会受到情绪的影响，进而影响他们在股票市场中的投资决策和行为。例如，戈茨曼和朱（2005）将纽约证券交易所市场收益率与纽约市云层覆盖率之间的负相关关系归因于受天气条件影响的做市商的行为偏差。利用机构投资者所在地的云层覆盖率数据，戈茨曼等（2015）构造了一个公司层面的机构投资者情绪代理变量，并发现当云层覆盖率越高，机构投资者越倾向于认为股票价格是被高估的，也更加愿意卖出股票，进一步地促使机构投资者持股比例低的股票的收益率下降。

　　投资基金经理是中国股票市场上最重要的专业机构投资者，对中国股市具有重大的影响。那么投资基金经理也可能受到情绪的影响。相应地，本章假设空气污染会反向地影响基金经理情绪，使他们更加地厌恶风险，最终影响他们在股票市场中的投资决策。基于此，本章将会探讨由空气污染引致的基金经理情绪对中国股票市场中交易活动和收益率的影响。

第二节　变量构造和研究方法

一、样本和被解释变量

2016 年底，开放式基金的总资产占所有投资基金总资产的 98.1%，处于中国投资基金市场中的绝对领导地位。因而，本章主要关注中国开放式基金经理的行为。相对于债券型和货币性开放式基金，股票型和混合型开放式基金会将大部分资金投资于股票市场，那么这类基金经理的交易行为更有可能影响其持有的股票的成交量和收益率。所以，本章将股票型和混合型开放式基金持有的在中国 A 股市场上市的股票作为研究对象。从表 6-1 中可知，本章样本中的开放式基金样本共有 3028 只。由于存在一个基金经理管理多只基金的情况，本章将关注 1493 个基金经理的行为，并且他们分别在 9 个城市办公。

表 6-1　　　　　　　　　　开放式基金的分布

城市	基金		基金经理		基金公司	
	样本数量（只）	占比（%）	数量（个）	占比（%）	数量（家）	占比（%）
北京	636	21.00	380	25.45	29	26.61
重庆	31	1.02	18	1.21	1	0.92
广州	241	7.96	90	6.03	5	4.59
杭州	9	0.30	8	0.54	2	1.83
上海	1154	38.11	570	38.18	43	39.45
深圳	897	29.62	412	27.60	26	23.85
太原	3	0.10	2	0.13	1	0.92
天津	54	1.78	11	0.74	1	0.92
厦门	3	0.10	2	0.13	1	0.92
总计	3028	100.00	1493	100.00	109	100.00

需要指出的是，有 38.18% 和 27.60% 的基金经理分别聚集在上海和深圳。开放式基金经理在 2013 年 12 月到 2016 年 12 月期间总共投资了 2849 只 A 股股票。随后，本章剔除了在 2016 年年底已经退市的 16 只股票。此外，在后面的研究中，本章还控制了天气状况。这主要是因为天气条件被发现是影响股票市场的一个重要因素（Cao and Wei，2005；Hirshleifer and Shumway，2003；Loughran and Schultz，2004；Saunders，1993）。但是，本章只获得了中国 34 个城市的天气数据，所以只保留了注册在这 34 个城市的公司为样本。

本章将会检验基金经理情绪如何影响股票收益率和交易活动。股票收益率是本章的第一个被解释变量，其计算公式如下：

$$Return_{i,t} = (price_{i,t} - price_{i,t-1})/price_{i,t-1} \times 100 \qquad (6-1)$$

其中，$price_{i,t}$ 是股票 i 在第 t 天的经过分红和股权分割调整后的收盘价。同时，本章使用日度的非流动性（$Illiq$）、换手率（$Turn$）和波动性（Vol）这三个变量来衡量交易活动。参考阿米胡德（2002）的方法，非流动性为日收益率的绝对值除以当天的成交金额，再放大 10^8 倍。换手率为成交量除以流通股数，再乘 100。中国股票市场存在 10% 的涨跌停限制。一旦某只股票的价格触发 10% 的限制，那么这只股票会一直以触发价格进行交易，直到股市收盘。因而，如果采用一天内的最高价和最低价之差来衡量波动性，则会存在一定的偏差。而本章则参照安德森等（2001a，2001b）的方法，利用每一只股票每天内每五分钟的收益率的方差来衡量波动性。中国股票市场在上午的 9 点至 11 点半和下午 1 点至 3 点运营，因而每只股票每天有 48 个五分钟收益率。股票收益率和交易数据来自 Wind 数据库和 CSMAR 数据库。各变量的定义详见附表 3。

二、关键解释变量

本章利用基金经理所在地的空气污染数据和基金经理持有的投资组合数据构造了由空气污染引致的基金经理情绪指标。空气污染的数据来自中

国空气质量在线监测分析平台（www. aqistudy. cn）。这个网站公布了自
2013 年 12 月以来的中国 300 多个城市的空气质量指数（AQI）和污染物浓
度的日度数据。AQI 是根据 $PM_{2.5}$、PM_{10}、SO_2、CO、NO_2 和 O_3 计算而来
的一个综合指数。表 6-2 展示了中华人民共和国生态环境部对空气质量的
等级划分标准。从表中可知，AQI 被划分为六个等级。AQI 等级越高，空
气质量越糟糕。通常认为，当 AQI 大于 100 时，空气质量是非健康的。

表 6-2　空气质量指数标准

AQI	AQI 级别	AQI 类别	对健康的影响
0~50	I	优	基本无污染
51~100	II	良	对异常敏感群体的健康有较弱影响
101~150	III	轻度污染	对敏感群体的健康有不利影响
151~200	IV	中度污染	对有心肺疾病的群体健康有不利影响
201~300	V	重度污染	对所有群体的健康有不利影响
300 以上	VI	严重污染	非常危险

资料来源：中华人民共和国生态环境部网站。

开放式基金的持股数据和基金经理的办公地点均来源于 Wind 数据库。
该数据库提供了每只基金在季度末重仓的前 20 只股票的持股数。日度的空
气质量数据与上季度末基金经理的持股股数相匹配。本章参考戈茨曼等
（2015）构造美国机构投资者情绪指数的方法，构造开放式基金经理的情
绪指标。因而，本章的基金经理情绪指标按照下方的公式计算：

$$AQ\_fund_{i,t} = \frac{\sum_{m=1}^{n} share_{m,i,t} \cdot AQ_{m,t}}{Tshare_{i,t}} \quad (6-2)$$

其中，$AQ_{m,t}$（即 AQI，$PM_{2.5}$，PM_{10}，SO_2，CO，NO_2 和 O_3）是开放式基
金经理 m 所在地在第 t 天的空气质量，$share_{m,i,t}$ 是开放式基金经理 m 在第 t
天持有的股票 i 的股数，以及 $Tshare_{i,t}$ 是所有开放式基金经理在第 t 天持有
的股票 i 的总股数。由于有 7 个空气质量指标，因而可以为每一只股票构
造 7 个日度数据的由空气污染引致的基金经理情绪指标。从上面的分析中
可知，空气质量越差，投资者会更加的悲观和风险厌恶。那么，AQ_fund

的数值越高，表示开放式基金经理的情绪越低落。

三、控制变量

本章将一些目前已得到验证的行为金融异象作为控制变量加入模型中。主要包括以下几个变量。

一是公司注册地的空气质量。张等（2017）证实了北京的空气污染对注册在北京的公司的股票收益率有显著的负向影响。由于中国股票市场采用订单驱动交易制度，那么全国各地的投资者的交易行为都会对股票定价产生影响。但是，投资者由于本地偏好，倾向于交易注册在当地的公司股票（Coval and Moskowitz，1999；French and Poterba，1991；Grinblatt and Keloharju，2001；Ivkovic and Weisbenner，2005；Loughran and Schultz，2004；Shive，2012；Wu et al.，2018a）。因此，本地投资者情绪受到当地的空气质量影响，进而通过本地偏好机制影响注册在本地的公司的股票定价。所以，本章利用公司所在地的空气质量，包括 AQI（AQI_firm）、$PM_{2.5}$（$PM_{2.5}\_firm$）、PM_{10}（PM_{10}_firm）、SO_2（SO_2_firm）、CO（CO_firm）、NO_2（NO_2_firm）和 O_3（O_3_firm），来控制公司总部注册地的空气污染效应。

二是公司注册地的天气状态。研究天气状态，包括云层覆盖率（Hirshleifer and Shumway，2003；Loughran and Schultz，2004）、温度（Cao and Wei，2005；Yoon and Kang，2009）、湿度（Yoon and Kang，2009）和风速（Keef and Roush，2002），影响股票市场的文献已有很多。因此，本章也将这些因素进行控制。本章是从 Weather Underground Corporation（WUC：www. wunderground. com）的网站上搜集天气的数据。这个网站提供了每小时的温度、相对湿度、大气压强、可见度和风速的数据。本章的天气变量有云层覆盖率（Cloud）、日平均的天气温度（Temp）、日平均的相对湿度（Hum）、日平均的大气压强（Pressure）、日平均的可见度（Visibility）和日平均的风速（Wind）。WUC 并没有直接给出云层覆盖率的数据，所以本章根据每天的天气状态设定了一个虚拟变量，即当云层部分或全部覆盖天空时取值为 1，否则取值为 0。参考陆和周（2012）的研究，当风速小于 5km/h 时，人们并没有明显的感觉。因而，将风速也设定为虚拟变量，即当风速超过 5 千米/小时取值为 1，否则取值为 0。

三是季节性情绪紊乱（SAD）。卡姆斯特拉等（2003）的研究表明遭遇 SAD 的投资者会抑郁和风险厌恶。克莱默和韦伯（2012）发现相对于没有遭遇 SAD 的投资者，那些遭遇了 SAD 的投资者在交易时会更加谨慎，并且更偏好安全的资产。根据卡姆斯特拉等（2003）的方法，本章采用每个城市的夜间时间减去 12 作为 SAD 的代理变量。同时，还设定了一个秋天的虚拟变量，即在 9 月 21 日到下一年的 3 月 20 日期间取值为 1，否则取值为 0。

四是月相。袁等（2006）发现满月期间的股票收益率要显著低于新月期间的收益率，并且这种现象独立于其他的日历效应。月相的数据来源于 Cycletourist 的网站（cycletourist. com/moon）。该网站提供了每个月的四个月相（即新月、上弦月、满月和下弦月）的日期和具体时间。本章将新月设定为虚拟变量，即每个月中新月前后推三天的期间取值为 1，否则取值为 0。满月的虚拟变量也使用类似的方法设定，即每个月中满月前后推三天的期间取值为 1，否则取值为 0。

五是地区经济条件。公司注册地的经济状态往往与股价基本面相关。因此，本章控制了公司总部所在城市的 GDP、GDP 增长率、人口和人口增长率。

六是日历效应。设定一个虚拟变量来控制星期一效应（French，1980；Gibbons and Hess，1981），即星期一时取值为 1，否则取值为 0。此外，还设定了 11 个虚拟变量来控制月度效应。

四、描述性统计

表 6-3 为描述性统计。组 A、组 B 和组 C 分别报告了被解释变量、空气质量变量和控制变量的描述性统计。组 D 报告了被解释变量和基金

经理情绪代理变量之间的 Pearson 相关系数。从组 D 可以看到，七个基金经理情绪指标中有四个指标与股票收益率显著负相关。至于交易活动，悲观的基金经理情绪伴随着较低的换手率和波动性，以及较高的非流动性。随后，根据变量 AQI_fund 将样本分为三个组。AQI_fund 低于 50（或高于 150）的观测值被划分到基金经理情绪高涨（低落）的组。本章再分别对被解释变量在基金经理情绪高涨和低落的组之间的差值进行 t 检验。结果被报告在表 6 - 3 的组 E 中，与组 D 的结果一致。

表 6 - 3　　　　　　　　　　　描述性统计

变量	Mean	Std	Min	P25	Median	P75	Max	N
组 A:被解释变量								
$Return(\%)$	0.1453	2.7411	- 8.1272	- 1.3873	0.0961	1.6140	8.7287	524359
$Illiq$	1.7614	2.0608	0.0326	0.4006	1.0123	2.2949	12.5595	534479
$Turn(\%)$	2.7225	2.3913	0.0000	0.9555	1.9691	3.7580	11.8846	547126
Vol	0.2247	0.2230	0.0220	0.0694	0.1381	0.2979	1.1387	523231
组 B:空气污染变量								
AQI_fund	73.2599	43.3112	14.0000	45.9294	62.0000	87.1652	475.0000	628320
$PM_{2.5}\_fund$	49.6054	37.5736	5.2000	26.3800	39.8087	60.7297	477.5000	628320
PM_{10}_fund	69.8571	42.9674	0.0000	41.6878	59.0000	85.4137	480.8000	628320
SO_2_fund	13.3392	9.5817	2.0000	8.0126	10.7000	15.3000	259.6000	628320
CO_fund	0.9574	0.4774	0.2220	0.7160	0.8496	1.0603	8.3830	628320
NO_2_fund	43.0365	17.5977	10.3000	30.6707	39.1000	51.2000	153.5000	628320
O_3_fund	106.7101	48.3444	3.0000	71.1437	98.7118	134.5357	343.0000	628320
AQI_firm	80.8609	54.7344	12.0000	45.0000	65.0000	98.0000	500.0000	628320
$PM_{2.5}\_firm$	54.7525	47.6035	4.1000	24.5000	41.0000	68.0000	663.7000	628320
PM_{10}_fund	83.0170	60.0131	0.0000	42.3000	67.0000	105.7000	977.3000	628320
SO_2_firm	17.6981	20.2227	1.5000	7.7000	12.0000	19.6000	387.3000	628320
CO_firm	1.0220	0.6129	0.1410	0.6970	0.8790	1.1500	10.6740	628320
NO_2_firm	43.1748	20.3922	3.7000	29.0000	39.1000	53.0000	183.9000	628320
O_3_firm	103.4930	57.2129	2.0000	62.0000	92.0000	136.0000	532.0000	628320

续表

变量	Mean	Std	Min	P25	Median	P75	Max	N
组 C:控制变量								
Hum(%)	0.5955	0.2086	0.0710	0.4500	0.6230	0.7590	0.9970	628320
Temp(℃)	13.4296	13.5825	-27.1000	4.4000	16.2000	24.8750	35.1000	628320
Pressure(kPa)	101.6311	0.9734	97.2500	100.8300	101.5700	102.3600	104.5200	628320
Visibility(km)	10.4899	7.3530	0.1833	5.2222	8.3750	13.5000	30.0000	628320
Wind(km/h)	0.9501	0.2177	0	1	1	1	1	628320
Cloud	0.3719	0.4833	0	0	0	1	1	628320
SAD	-0.0982	1.5771	-3.7055	-1.4349	-0.1155	1.2468	3.4526	628320
Fall	0.2526	0.4345	00	0	00	1	1	628320
Fullmoon	0.2235	0.4166	0	0	0	0	1	628320
Newmoon	0.2296	0.4206	0	0	0	0	1	628320
Gdp	9.4192	0.7544	6.8075	9.0490	9.7236	10.0439	10.2463	628320
Ggdp	8.4416	3.8559	-28.6623	7.5975	8.5752	10.7671	20.4166	628320
Pop	6.6938	0.6061	5.0952	6.3743	6.7261	7.2043	8.1292	628320
Gpop	1.9110	2.8867	-15.4353	0.5117	1.2744	1.6898	13.6571	628320

组 D:被解释变量与基金经理情绪指标间的 Pearson 相关系数

变量	AQI_fund	$PM_{2.5}\_fund$	PM_{10}_fund	SO_2_fund	CO_fund	NO_2_fund	O_3_fund
Return(%)	-0.0028**	-0.0048***	-0.0040***	-0.0153***	-0.0149***	-0.0050***	0.0029***
Illiq	0.0200***	0.0198***	0.0252***	0.0874***	0.0203***	0.0063***	-0.0231***
Turn(%)	-0.0235***	-0.0289***	-0.0312***	-0.0375***	-0.0375***	-0.0248***	0.0266***
Vol	-0.0187***	-0.0205***	-0.0302***	0.0038***	-0.0247***	-0.0170***	0.0077***

组 E:分组分析

AQI_fund	Return		Illiq		Turn		Vol	
Low	0.1210		1.7928		2.7841		0.2266	
High	0.0328		2.0503		2.5886		0.2172	
Difference	0.0882		-0.2575		0.1954		0.0094	
t Statistics	5.1395***		-19.7063***		13.0526***		6.6034***	

注：*、**和***分别代表在10%、5%和1%的水平上显著。

五、研究模型

本章的基本回归模型如下所示：

$$Dep_{i,t} = \beta_0 + \beta_1 AQ\_fund_{i,t} + \beta_2 AQ\_firm_{c,t} + \beta_3 Cloud_{c,t} + \beta_4 Temp_{c,t}$$

$$+ \beta_5 Hum_{c,t} + \beta_6 Pressure_{c,t} + \beta_7 Wind_{c,t} + \beta_8 Visibility_{c,t}$$

$$+ \beta_9 SAD_{c,t} + \beta_{10} Fall_t + \beta_{11} Fullmoon_t + \beta_{12} Newmoon_t$$

$$+ \beta_{13} Gdp_{c,t} + \beta_{14} Ggdp_{c,t} + \beta_{15} Pop_{c,t} + \beta_{16} Gpop_{c,t}$$

$$+ \beta_{17} Monday + \beta_{18} Dep_{i,t-1} + \sum_{j=1}^{11} \gamma_j month_j + \varepsilon_{i,t} \qquad (6-3)$$

其中，Dep 是被解释变量，包括收益率、非流动性、换手率和波动性；AQ_fund 指公司层面的空气污染引致的基金经理情绪指标，包括 AQI_fund、$PM_{2.5}\_fund$、PM_{10}_fund、SO_2_fund、CO_fund、NO_2_fund 和 O_3_fund；AQ_firm 是公司注册地的空气质量，包括 AQI_firm、$PM_{2.5}\_firm$、PM_{10}_firm、SO_2_firm、CO_firm、NO_2_firm 和 O_3_firm；$Cloud$、$Temp$、Hum、$Pressure$、$Wind$ 和 $Visibility$ 分别是城市层面的云层覆盖率、温度、相对湿度、大气压强、风速和可见度；SAD 是城市层面的季节性情绪紊乱的代理变量；$Fall$ 是秋季的虚拟变量；$Fullmoon$ 和 $Newmoon$ 分别是满月和新月的虚拟变量；Gdp、$Ggdp$、Pop 和 $Gpop$ 分别是公司注册城市的 GDP、GDP 增长率、人口和人口增长率。模型中还控制了因变量滞后一期、星期一和月度效应。

第三节　基金经理者情绪对交易活动的影响

在表 6-4 中，AQI_fund、$PM_{2.5}\_fund$、PM_{10}_fund 和 CO_fund 的系数都不显著，而其他三个情绪变量的回归系数虽然显著但方向不一致。本章认为，基金经理情绪对股票流动性没有显著影响。从表 6-5 的结果可以看到，七个基金经理情绪指标中有五个指标显著地降低了换手率。拉夫兰和舒尔茨（2004）和刘（2015）认为情绪悲观的投资者在股票市场中进行交易的意愿较低，进而导致股票流动性的显著下降。本章结论与他们的观点相符。表 6-6 表明基金经理情绪指标对股票波动性有负向的影响，这与股票收益率波动代表投资者意见分散度的观点相左（Shalen，1993）。但是，本章的结果支持了格尔维斯和奥丁（2001）、诺夫辛格（2005）和斯塔特曼等（2006）的观点。他们认为投资者情绪与过度自信是相关的，投资者情绪越高涨，投资者会更加的过度自信，那么投资者就会更加激进地进行交易，最终增加股票的收益率波动。

相应地，公司注册地的空气质量对当地公司的交易活动有类似的影响，再次验证了空气质量通过本地偏好的机制影响公司交易活动的可能性。天气条件也对本地公司的交易活动有显著影响，证实了以前文献中的天气效应。

表 6 - 4　　　　　　　　　基金经理情绪对非流动性的影响

变量	模型 1	模型 2	模型 3	模型 4	模型 5	模型 6	模型 7
AQI_fund	0.0040 (0.0113)						
AQI_firm	0.0129 (0.0131)						
$PM_{2.5}\_fund$		0.0035 (0.0120)					
$PM_{2.5}\_firm$		0.0214 (0.0139)					
PM_{10}_fund			0.0167 (0.0111)				
PM_{10}_firm			0.0277** (0.0128)				
SO_2_fund				0.4627*** (0.0697)			
SO_2_firm				0.1196** (0.0557)			
CO_fund					-0.6260 (0.9008)		
CO_firm					0.0104 (1.2497)		
NO_2_fund						-0.0817*** (0.0294)	

续表

变量	模型 1	模型 2	模型 3	模型 4	模型 5	模型 6	模型 7
NO_2_firm						0.1635*** (0.0380)	
O_3_fund							−0.0356*** (0.0091)
O_3_firm							0.0004 (0.0122)
Hum	−18.6606*** (4.4966)	−18.6723*** (4.5572)	−16.4056*** (4.5716)	−12.0919** (4.8120)	−19.6048*** (4.6266)	−17.6609*** (4.6705)	−20.8886*** (5.0491)
$Temp$	0.7570*** (0.0824)	0.7599*** (0.0825)	0.7417*** (0.0823)	0.6491*** (0.0829)	0.7635*** (0.0825)	0.7646*** (0.0826)	0.7687*** (0.0835)
$Pressure$	7.0472*** (0.6413)	7.0925*** (0.6362)	7.3367*** (0.6435)	7.2661*** (0.6226)	6.8437*** (0.6285)	7.0028*** (0.6499)	6.7625*** (0.6242)
$Visibility$	−0.2400*** (0.0798)	−0.2278*** (0.0795)	−0.1808** (0.0794)	−0.1132 (0.0785)	−0.2818*** (0.0804)	−0.1724** (0.0783)	−0.2884*** (0.0788)
$Wind$	4.9090*** (1.6891)	4.9427*** (1.6892)	5.1913*** (1.6767)	5.3426*** (1.6805)	4.7296*** (1.6855)	5.3103*** (1.6624)	4.8021*** (1.6882)
$Cloud$	4.2060*** (0.9202)	4.1262*** (0.9206)	3.9239*** (0.9273)	3.4780*** (0.9498)	4.4786*** (0.9136)	4.0047*** (0.9379)	4.4957*** (0.9466)
SAD	−0.8429 (0.7529)	−0.9273 (0.7555)	−1.0272 (0.7531)	−2.6395*** (0.9181)	−0.6826 (0.7979)	−1.4424* (0.7640)	−0.8055 (0.8318)
$Fall$	−6.2676*** (0.8655)	−6.2252*** (0.8656)	−6.1160*** (0.8603)	−5.7341*** (0.8669)	−6.4582*** (0.8832)	−6.0559*** (0.8597)	−6.3810*** (0.8623)
$Fullmoon$	0.9326** (0.4594)	0.9485** (0.4591)	1.0099** (0.4595)	1.1124** (0.4595)	0.8855* (0.4587)	0.9623** (0.4627)	0.7614* (0.4606)
$Newmoon$	−3.1922*** (0.4688)	−3.1871*** (0.4687)	−3.2357*** (0.4689)	−2.9083*** (0.4703)	−3.1867*** (0.4687)	−3.2603*** (0.4707)	−3.2213*** (0.4692)
Gdp	−8.0317*** (2.5721)	−8.0502*** (2.5709)	−7.7389*** (2.5788)	−7.1932*** (2.6040)	−8.0587*** (2.5704)	−8.6014*** (2.5663)	−8.1064*** (2.5679)
$Ggdp$	0.0791 (0.2991)	0.0794 (0.2992)	0.0884 (0.2989)	0.1225 (0.2922)	0.0731 (0.2994)	0.1099 (0.2988)	0.0729 (0.2993)
Pop	2.2418 (3.4029)	2.1678 (3.3948)	1.9358 (3.4019)	1.7669 (3.4001)	2.4576 (3.3835)	1.6407 (3.3999)	2.5049 (3.3769)

续表

变量	模型1	模型2	模型3	模型4	模型5	模型6	模型7
$Gpop$	0.3916 (0.4722)	0.3940 (0.4729)	0.4070 (0.4734)	0.4285 (0.4739)	0.3668 (0.4737)	0.4384 (0.4737)	0.3757 (0.4726)
$Illiq_{t-1}$	0.4312*** (0.0042)	0.4312*** (0.0042)	0.4311*** (0.0042)	0.4302*** (0.0042)	0.4312*** (0.0042)	0.4311*** (0.0042)	0.4313*** (0.0042)
Monday	Yes	Yes	Yes	Yes	Yes	Yes	Yes
Month effects	Yes	Yes	Yes	Yes	Yes	Yes	Yes
N	506789	506789	506789	506789	506789	506789	506789
Adj-R^2	0.2159	0.2160	0.2160	0.2164	0.2159	0.2161	0.2160
F statistics	1524.3550	1524.2598	1526.1919	1517.0383	1524.9238	1526.8932	1545.8109

注：括号内为稳健标准误，*、** 和 *** 分别代表在10%、5%和1%的水平上显著。

表6-5　　　　　　　　　基金经理情绪对换手率的影响

变量	模型1	模型2	模型3	模型4	模型5	模型6	模型7
AQI_fund	-0.0203*** (0.0057)						
AQI_firm	-0.0318*** (0.0057)						
$PM_{2.5}\_fund$		-0.0278*** (0.0062)					
$PM_{2.5}\_firm$		-0.0340*** (0.0061)					
PM_{10}_fund			-0.0267*** (0.0055)				
PM_{10}_firm			-0.0270*** (0.0053)				
SO_2_fund				-0.0638** (0.0283)			
SO_2_firm				-0.1005*** (0.0207)			
CO_fund					-2.2558*** (0.4666)		

续表

变量	模型 1	模型 2	模型 3	模型 4	模型 5	模型 6	模型 7
CO_firm					-1.2748^{**} (0.5021)		
NO_2_fund						-0.0069 (0.0145)	
NO_2_firm						-0.0572^{***} (0.0150)	
O_3_fund							0.0023 (0.0055)
O_3_firm							-0.0260^{***} (0.0053)
Hum	-9.4905^{***} (2.0508)	-8.7486^{***} (2.0793)	-10.4619^{***} (2.1019)	-9.7530^{***} (2.2469)	-7.2027^{***} (2.0945)	-7.9815^{***} (2.1244)	-8.6169^{***} (2.2858)
$Temp$	0.4236^{***} (0.0381)	0.4153^{***} (0.0380)	0.4324^{***} (0.0381)	0.4380^{***} (0.0383)	0.4060^{***} (0.0378)	0.4061^{***} (0.0379)	0.4247^{***} (0.0382)
$Pressure$	-3.5560^{***} (0.3874)	-3.5853^{***} (0.3861)	-3.5927^{***} (0.3879)	-3.2073^{***} (0.3831)	-3.3708^{***} (0.3827)	-3.3036^{***} (0.3943)	-3.0339^{***} (0.3846)
$Visibility$	-0.0876^{**} (0.0397)	-0.0835^{**} (0.0395)	-0.0931^{**} (0.0401)	-0.0634 (0.0400)	-0.0376 (0.0392)	-0.0394 (0.0397)	-0.0148 (0.0378)
$Wind$	-4.3799^{***} (0.9588)	-4.3142^{***} (0.9576)	-4.4209^{***} (0.9537)	-4.1419^{***} (0.9551)	-4.1240^{***} (0.9572)	-4.1767^{***} (0.9512)	-3.9278^{***} (0.9575)
$Cloud$	0.2055 (0.4885)	0.1494 (0.4899)	0.0836 (0.4948)	-0.0564 (0.5073)	-0.2946 (0.4896)	-0.2873 (0.4989)	-0.4724 (0.5043)
SAD	0.5738 (0.3957)	0.6153 (0.3965)	0.5565 (0.3963)	1.4358^{***} (0.4481)	0.6797 (0.4136)	0.5234 (0.3995)	-0.6317 (0.4155)
$Fall$	-1.2539^{**} (0.5104)	-1.2319^{**} (0.5097)	-1.1852^{**} (0.5086)	-1.2780^{**} (0.5110)	-1.2784^{**} (0.5135)	-1.0345^{**} (0.5069)	-0.7613 (0.5099)
$Fullmoon$	-3.9567^{***} (0.3276)	-3.9754^{***} (0.3275)	-3.9669^{***} (0.3278)	-3.8679^{***} (0.3270)	-3.8499^{***} (0.3273)	-3.9310^{***} (0.3276)	-3.8998^{***} (0.3281)
$Newmoon$	-5.1892^{***} (0.3596)	-5.2072^{***} (0.3596)	-5.1393^{***} (0.3597)	-5.2911^{***} (0.3597)	-5.2012^{***} (0.3595)	-5.1254^{***} (0.3608)	-5.1892^{***} (0.3590)
Gdp	0.4423 (0.9826)	0.5071 (0.9827)	0.2000 (0.9829)	-0.1329 (0.9848)	0.5409 (0.9822)	0.7241 (0.9839)	0.6948 (0.9842)

续表

变量	模型1	模型2	模型3	模型4	模型5	模型6	模型7
$Ggdp$	-0.5272*** (0.1322)	-0.5206*** (0.1318)	-0.5262*** (0.1320)	-0.5794*** (0.1328)	-0.5205*** (0.1317)	-0.5238*** (0.1316)	-0.5113*** (0.1300)
Pop	-1.8679 (1.2804)	-1.9531 (1.2798)	-1.9035 (1.2848)	-1.9054 (1.2830)	-2.3600* (1.2807)	-2.1409* (1.2833)	-2.3486* (1.2824)
$Gpop$	-0.2821 (0.1998)	-0.2661 (0.1996)	-0.2606 (0.2005)	-0.2622 (0.1985)	-0.2300 (0.1999)	-0.2488 (0.2001)	-0.2380 (0.1996)
$Turn_{t-1}$	0.8226*** (0.0021)	0.8227*** (0.0021)	0.8226*** (0.0021)	0.8226*** (0.0021)	0.8228*** (0.0021)	0.8228*** (0.0021)	0.8228*** (0.0021)
Monday	Yes	Yes	Yes	Yes	Yes	Yes	Yes
Month effects	Yes	Yes	Yes	Yes	Yes	Yes	Yes
N	537441	537441	537441	537441	537441	537441	537441
Adj-R^2	0.7035	0.7035	0.7035	0.7035	0.7034	0.7034	0.7034
F statistics	8970.5517	8983.5640	8986.5536	8957.9715	8976.1648	9023.9407	9010.5574

注：括号内为稳健标准误，* 、** 和 *** 分别代表在10%、5%和1%的水平上显著。

表6-6　　　　　　　　　基金经理情绪对波动性的影响

变量	模型1	模型2	模型3	模型4	模型5	模型6	模型7
AQI_fund	-0.0022*** (0.0008)						
AQI_firm	-0.0045*** (0.0007)						
$PM_{2.5}\_fund$		-0.0022*** (0.0008)					
$PM_{2.5}\_firm$		-0.0046*** (0.0007)					
PM_{10}_fund			-0.0050*** (0.0007)				
PM_{10}_firm			-0.0042*** (0.0006)				
SO_2_fund				-0.0023 (0.0039)			

变量	模型 1	模型 2	模型 3	模型 4	模型 5	模型 6	模型 7
SO_2_firm				-0.0170*** (0.0026)			
CO_fund					-0.4751*** (0.0641)		
CO_firm					-0.1023 (0.0642)		
NO_2_fund						0.0089*** (0.0020)	
NO_2_firm						-0.0068*** (0.0020)	
O_3_fund							-0.0017** (0.0009)
O_3_firm							-0.0049*** (0.0007)
Hum	0.6068** (0.2895)	0.7346** (0.2920)	0.3526 (0.2947)	0.5470* (0.3075)	0.9216*** (0.2923)	0.9419*** (0.2960)	0.5494* (0.3135)
$Temp$	0.1220*** (0.0055)	0.1207*** (0.0055)	0.1245*** (0.0055)	0.1236*** (0.0055)	0.1206*** (0.0055)	0.1197*** (0.0055)	0.1239*** (0.0055)
$Pressure$	0.9082*** (0.0516)	0.9154*** (0.0515)	0.8813*** (0.0515)	0.9512*** (0.0509)	0.9256*** (0.0508)	0.9994*** (0.0522)	0.9676*** (0.0510)
$Visibility$	0.0577*** (0.0063)	0.0597*** (0.0064)	0.0536*** (0.0064)	0.0597*** (0.0064)	0.0646*** (0.0062)	0.0694*** (0.0064)	0.0656*** (0.0061)
$Wind$	-0.8599*** (0.1341)	-0.8461*** (0.1341)	-0.8792*** (0.1333)	-0.8242*** (0.1356)	-0.8253*** (0.1347)	-0.8169*** (0.1342)	-0.7923*** (0.1354)
$Cloud$	-0.2187*** (0.0730)	-0.2353*** (0.0732)	-0.2201*** (0.0731)	-0.2490*** (0.0742)	-0.2903*** (0.0728)	-0.3039*** (0.0735)	-0.3095*** (0.0738)
SAD	-0.2046*** (0.0639)	-0.2046*** (0.0640)	-0.2005*** (0.0642)	-0.0517 (0.0694)	-0.2034*** (0.0651)	-0.2333*** (0.0649)	-0.4242*** (0.0659)
$Fall$	-0.8380*** (0.0753)	-0.8274*** (0.0750)	-0.8450*** (0.0748)	-0.8493*** (0.0748)	-0.8426*** (0.0755)	-0.7808*** (0.0748)	-0.7608*** (0.0751)
$Fullmoon$	0.3872*** (0.0457)	0.3886*** (0.0456)	0.3785*** (0.0457)	0.3995*** (0.0455)	0.4003*** (0.0455)	0.4177*** (0.0459)	0.3897*** (0.0457)

续表

变量	模型1	模型2	模型3	模型4	模型5	模型6	模型7
$Newmoon$	0.6713***	0.6692***	0.6803***	0.6563***	0.6708***	0.6634***	0.6696***
	(0.0465)	(0.0465)	(0.0465)	(0.0466)	(0.0466)	(0.0466)	(0.0465)
Gdp	0.6035***	0.6125***	0.5630***	0.5033***	0.6187***	0.6371***	0.6412***
	(0.1169)	(0.1169)	(0.1172)	(0.1171)	(0.1171)	(0.1167)	(0.1178)
$Ggdp$	−0.0983***	−0.0974***	−0.0982***	−0.1084***	−0.0967***	−0.0981***	−0.0959***
	(0.0197)	(0.0196)	(0.0197)	(0.0200)	(0.0196)	(0.0196)	(0.0192)
Pop	−0.5368***	−0.5523***	−0.5337***	−0.5309***	−0.6146***	−0.5805***	−0.5991***
	(0.1483)	(0.1480)	(0.1491)	(0.1486)	(0.1482)	(0.1481)	(0.1485)
$Gpop$	−0.1218***	−0.1190***	−0.1195***	−0.1201***	−0.1142***	−0.1156***	−0.1155***
	(0.0240)	(0.0240)	(0.0241)	(0.0238)	(0.0240)	(0.0241)	(0.0241)
Vol_{t-1}	0.6025***	0.6026***	0.6023***	0.6023***	0.6027***	0.6028***	0.6029***
	(0.0022)	(0.0022)	(0.0022)	(0.0022)	(0.0021)	(0.0022)	(0.0022)
$Monday$	Yes	Yes	Yes	Yes	Yes	Yes	Yes
$Month\ effects$	Yes	Yes	Yes	Yes	Yes	Yes	Yes
N	496830	496830	496830	496830	496830	496830	496830
Adj-R^2	0.3917	0.3917	0.3918	0.3918	0.3917	0.3916	0.3917
F statistics	4044.7483	4068.3420	4013.6849	3979.4410	3991.1825	4030.6766	3986.9446

注：括号内为稳健标准误，＊、＊＊和＊＊＊分别代表在10%、5%和1%的水平上显著。

第四节　基金经理者情绪对股票收益率的影响

一、总体结果

由第三节的研究结果可知，空气污染引致的基金经理的悲观情绪会导致较少的成交量。在本节中，将检验基金经理情绪是否会更进一步地影响股票定价。在控制了本地的空气质量、天气条件和日历效应等变量后，表6-7报告了空气污染引致的基金经理情绪对股票收益率的影响结果。所有的模型均使用最小二乘法的方法进行回归，且采用安格瑞斯特和皮施克

（2009）中的公司聚类的稳健标准误。

　　由表6-7回归结果可知，有五个基金经理情绪代理变量对股票收益率有显著影响。当基金经理情绪越低落，股票收益率越低。这表明糟糕的空气污染会导致基金经理的悲观情绪，最终影响了他们在金融市场买卖决策。根据模型2，基金经理情绪指标（$PM_{2.5}\_fund$）的回归系数是-0.0195。由表6-3可知，$PM_{2.5}\_fund$的标准差为37.5736。那么，$PM_{2.5}\_fund$增加一个标准差，会导致日股票收益率下降0.0073%（0.000195×37.5736），相当于1.83%的年度的股票收益率。

表6-7　　　　　　　　　　　基金经理情绪对收益率的影响

变量	模型1	模型2	模型3	模型4	模型5	模型6	模型7
AQI_fund	-0.0080 (0.0086)						
AQI_firm	-0.0235*** (0.0084)						
$PM_{2.5}\_fund$		-0.0195** (0.0098)					
$PM_{2.5}\_firm$		-0.0257*** (0.0093)					
PM_{10}_fund			-0.0222** (0.0088)				
PM_{10}_firm			-0.0170** (0.0078)				
SO_2_fund				-0.3876*** (0.0453)			
SO_2_firm				-0.2206*** (0.0222)			
CO_fund					-4.4552*** (0.7655)		
CO_firm					-2.6458*** (0.6733)		
NO_2_fund						0.0177 (0.0254)	

续表

变量	模型 1	模型 2	模型 3	模型 4	模型 5	模型 6	模型 7
NO_2_firm						-0.0585^{***} (0.0225)	
O_3_fund							-0.0384^{***} (0.0086)
O_3_firm							-0.0018
Hum	-20.8139^{***} (2.6114)	-20.4764^{***} (2.5612)	-21.5954^{***} (2.6689)	-28.1631^{***} (2.5975)	-19.7269^{***} (2.5053)	-19.9429^{***} (2.5231)	-20.5836^{***} (2.6128)
$Temp$	0.2450^{***} (0.0460)	0.2419^{***} (0.0458)	0.2549^{***} (0.0461)	0.3525^{***} (0.0462)	0.2355^{***} (0.0460)	0.2354^{***} (0.0459)	0.2424^{***} (0.0461)
$Pressure$	-14.7179^{***} (0.7940)	-14.8064^{***} (0.7956)	-14.8119^{***} (0.7903)	-14.8473^{***} (0.7875)	-15.0384^{***} (0.7932)	-14.5275^{***} (0.8125)	-14.5764^{***} (0.7911)
$Visibility$	-0.0978 (0.0678)	-0.1025 (0.0670)	-0.1034 (0.0676)	-0.2450^{***} (0.0667)	-0.1331^{**} (0.0660)	-0.0733 (0.0658)	-0.0465 (0.0666)
$Wind$	-5.4430^{***} (1.6775)	-5.4298^{***} (1.6771)	-5.4791^{***} (1.6763)	-5.8336^{***} (1.6821)	-5.5380^{***} (1.6756)	-5.3507^{***} (1.6781)	-5.0286^{***} (1.6844)
$Cloud$	-1.1231 (0.9455)	-1.1170 (0.9450)	-1.2047 (0.9414)	-0.3019 (0.9249)	-1.1755 (0.9330)	-1.4244 (0.9303)	-1.5850^{*} (0.9218)
SAD	4.8338^{***} (0.7171)	4.8835^{***} (0.7197)	4.8103^{***} (0.7145)	7.6083^{***} (0.7337)	5.5558^{***} (0.7387)	4.8670^{***} (0.7206)	4.3828^{***} (0.7707)
$Fall$	-5.9277^{***} (1.2499)	-5.9452^{***} (1.2496)	-5.8897^{***} (1.2500)	-6.6884^{***} (1.2511)	-6.5632^{***} (1.2526)	-5.8018^{***} (1.2506)	-5.5817^{***} (1.2529)
$Fullmoon$	-32.3620^{***} (0.8376)	-32.3951^{***} (0.8372)	-32.3944^{***} (0.8378)	-32.5016^{***} (0.8399)	-32.3254^{***} (0.8380)	-32.3501^{***} (0.8449)	-32.3983^{***} (0.8374)
$Newmoon$	-22.8423^{***} (0.8521)	-22.8484^{***} (0.8522)	-22.8020^{***} (0.8526)	-23.1403^{***} (0.8524)	-22.8138^{***} (0.8527)	-22.8200^{***} (0.8536)	-22.8853^{***} (0.8518)
Gdp	-0.5243 (0.6593)	-0.4765 (0.6592)	-0.6762 (0.6665)	-2.0332^{***} (0.6794)	-0.4319 (0.6610)	-0.2620 (0.6609)	-0.4899 (0.6645)
$Ggdp$	-0.2889^{**} (0.1134)	-0.2835^{**} (0.1132)	-0.2849^{**} (0.1132)	-0.3956^{***} (0.1169)	-0.2943^{**} (0.1147)	-0.2912^{**} (0.1136)	-0.2765^{**} (0.1121)
Pop	-2.1627^{**} (0.9375)	-2.2190^{**} (0.9346)	-2.2404^{**} (0.9407)	-1.3789 (0.9134)	-2.4508^{***} (0.9210)	-2.2781^{**} (0.9379)	-2.5503^{***} (0.9223)

续表

变量	模型 1	模型 2	模型 3	模型 4	模型 5	模型 6	模型 7
$Gpop$	-1.0093^{***}	-0.9992^{***}	-0.9904^{***}	-1.0636^{***}	-0.9813^{***}	-0.9909^{***}	-0.9606^{***}
	(0.1472)	(0.1467)	(0.1472)	(0.1448)	(0.1476)	(0.1477)	(0.1469)
$Return_{t-1}$	-0.0295^{***}	-0.0295^{***}	-0.0294^{***}	-0.0295^{***}	-0.0295^{***}	-0.0294^{***}	-0.0294^{***}
	(0.0017)	(0.0017)	(0.0017)	(0.0017)	(0.0017)	(0.0017)	(0.0017)
$Monday$	Yes	Yes	Yes	Yes	Yes	Yes	Yes
$Month\ effects$	Yes	Yes	Yes	Yes	Yes	Yes	Yes
N	496550	496550	496550	496550	496550	496550	496550
Adj-R^2	0.0091	0.0091	0.0091	0.0094	0.0091	0.0090	0.0091
F statistics	204.0090	205.0001	203.9535	208.3422	205.3201	203.7054	201.1547

注：括号内为稳健标准误，*、**和***分别代表在10%、5%和1%的水平上显著。

至于公司所在地的空气质量指标，其中有六个空气质量变量显著与股票收益率负相关。这显示通过本地偏好机制，空气污染影响了本地投资者情绪，进而降低了当地的股票收益率。该结果与张等（2017）的研究一致。天气变量中，除了云层覆盖率和可见度，其他的变量都能显著影响本地的股票收益率。较高水平的相对湿度、大气压强和风速都降低了本地的股票收益率，而较高水平的温度则增加了本地股票收益率。曹和魏（2005）指出无论是较高的气温还是较低的气温，都能引发人们的激进行为，进而使其更加偏好风险。气温的回归系数为正，表明高气温的影响力度大于低气温的影响力度。陆和周（Lu and Chou，2012）在他们的研究中提到较高的气温通常伴随着较低的相对湿度。那么，相对湿度的回归系数支持了这个观点，且与约恩和康（Yoon and Kang，2009）的研究结果一致。与基夫和鲁什（Keef and Roush，2002）的研究结果相符，较快的风速会引致投资者的悲观情绪，从而降低股票收益率。这些结果都支持了天气条件在股票定价起到了重要作用的观点。

SAD 的回归系数为正，这与卡姆斯特拉等（2003）的研究结果一致。结合 SAD 对收益率的正向影响和秋季虚拟变量对收益率的负向影响，这表明遭受了 SAD 影响的投资者在秋季来临后会规避风险资产，而在冬至之后逐渐恢复持有风险资产。这样就致使股票收益率在秋季下降，而在冬至之后逐渐回升。新月和满月虚拟变量都与股票收益率负相关，但是满月的影响力度更大一些。袁等（2006）发现股票收益率在满月期间更低，这与本章的结果一致。

二、基金经理情绪和套利成本

通过有效的套利，股票误定价能够迅速地回归到其基本价值。但是，由于套利约束的存在，股票误定价经常是持续性的（Doukas et al.，2010；Jones and Lamont，2002；Nagel，2005）。杜卡斯等（Doukas et al.，2010）发现具有高套利风险的股票，它的估计误定价也高得多。内格尔（2005）发现横截面的股票收益率异象在那些具有较高卖空约束的股票中更为显著。因而，本章推测由投资者情绪引致的资产误定价在具有较高套利成本的股票中会更加容易被观测到。贝克和沃格勒（2006）和贝克等（2012）的研究结果显示投资者情绪对难以套利和估值的股票收益率影响更大。戈茨曼等（2015）发现由云层覆盖率引致的投资者情绪只对具有高套利成本的股票收益率有影响。

本章将采用六个套利成本的变量。首先，在2010年3月31日，中国股票市场正式实施卖空制度，结束了长达20年的卖空禁令。截至2016年末，已经有1017只股票可能被允许融资融券，占总上市公司数的32.61%。那么，不被允许融资融券就天然地成为中国股票市场中的高套利成本的代理变量。其次，查里等（Chari et al.，1988）认为公司规模是信息不对称的代理变量。并且，斯坦博等（Stambaugh et al.，2015）指出大公司的股票更容易被套利。那么，本章认为小规模公司伴随着高套利成本。再次，普拉多等（Prado et al.，2016）和内格尔（2005）发现了机构投资者持股与套利成本是负相关的。段等（Duan et al.，2010）、赫什莱弗等（2011）和斯坦博等（Stambaugh et al.，2015）的研究中，都采用机构投资者持股比例作为卖空约束的变量。最后，证券分析师能够促进有价值的信息在市场参与者中迅速传播（Ellul and Panayides，2018；Grossman and

Stiglitz，1980），从而降低内部与外部交易者的信息不对称程度。巴拉克里希南等（Balakrishnan et al.，2014）、德里安和克斯基斯（Derrien and Kecskes，2013）、洪和卡普齐克（Hong and Kacperczyk，2010）研究发现了分析师跟踪数能够提高公司的信息环境质量。因而，本章将采用分析师跟踪数和分析师研报跟踪数作为最后的两个套利成本变量。

根据是否允许被融资融券，以及在每个月月初公司规模、机构投资者持股比例、分析师跟踪数和研报跟踪数的中位数，分别将日收益率的观测值分为两组。再根据基金经理情绪指标（AQI_fund）的中位数，每个组中的观测值被分成两个组。随后，本章对各个组之间的收益率差异进行双尾 t 检验，并观测高套利成本组的平均收益率变动是否要明显高于低套利成本组的平均收益率变动。表6-8 的结果显示，无论基金经理情绪如何，高套利成本组的平均收益率明显更高，预示着高套利成本要求风险补偿。当基金经理情绪指标的数值越大时，平均收益率越低，这与之前的结果一致。更进一步地，处于高套利成本组的股票，其平均收益率从低 AQI_fund 的组到高 AQI_fund 的组时经历了更大程度的下跌。例如，当股票不被允许融资时，低 AQI_fund 的组的平均收益率与高 AQI_fund 的组的平均收益率之差为 0.0339%，而当股票被允许融资时，平均收益率变动为 0.0106%。总之，该结果支持了本章的假设。

表6-8　　　　　　　　　　　　　　单变量分析

AQI_fund	融资交易			融券交易			公司规模		
	No	Yes	Difference	No	Yes	Difference	Small	Large	Difference
Low	0.1816	0.1261	0.0555***	0.1815	0.1262	0.0553***	0.1938	0.1324	0.0614***
High	0.1477	0.1155	0.0322***	0.1477	0.1155	0.0322***	0.1591	0.1152	0.0439***
Difference	0.0339***	0.0106		0.0338***	0.0107		0.0347***	0.0172*	

AQI_fund	机构投资者持股比例			分析师跟踪数			研报分析师跟踪数		
	Low	High	Difference	Low	High	Difference	Low	High	Difference
Low	0.1878	0.1314	0.0564***	0.1659	0.1487	0.0172	0.1616	0.1523	0.0093
High	0.1396	0.1272	0.0124	0.1428	0.1264	0.0164	0.1432	0.1268	0.0164
Difference	0.0482***	0.0042		0.0231*	0.0223**		0.0184	0.0255***	

注：*、** 和 *** 分别代表在 10%、5% 和 1% 的水平上显著。

本章构造了六个代表套利成本的虚拟变量，并进行回归分析。当股票被允许融资时，虚拟变量取值为 1，否则为 0。按照同样方法，再对融券虚拟变量进行设定。公司规模的虚拟变量被设定为，如果公司规模小于其中位数则取值为 1，否则为 0。类似地，当机构投资者持股比例、分析师跟踪数和研报跟踪数低于其中位数时，虚拟变量取值为 1，否则取值为 0。在公式（6 - 3）的基础上，加入套利成本虚拟变量和基金经理情绪指标的交乘项，如下所示：

$$Return_{i,t} = \alpha_0 + \alpha_1 AQ\_fund_{i,t} + \alpha_2 D + \alpha_3 AQ\_fund_{i,t} \cdot D$$
$$+ \beta \cdot Ctrol_{i,t} + \mu_{i,t} \qquad (6 - 4)$$

其中，AQ_fund 指公司层面的空气污染引致的基金经理情绪指标，包括 AQI_fund、$PM_{2.5}\_fund$、PM_{10}_fund、SO_2_fund、CO_fund、NO_2_fund 和 O_3_fund；D 是套利成本的虚拟变量；$Ctrol$ 是控制变量，主要包括公司注册地的空气质量和天气变量、SAD 效应、地区经济条件，以及秋季、月相、星期一和月度效应的虚拟变量。

表 6 - 9 报告了回归结果。为了节省空间，只报告了基金经理情绪和交乘项的回归系数，以及对应的安格瑞斯特和皮施克（2009）的公司聚类稳健标准误。从表中可知，大多数基金经理情绪的代理变量在统计上并不显著。以组 A 的结果为例，七个情绪变量中只有两个变量显著为负。这很可能表明在套利成本较低的情况下，由基金经理情绪导致的股票误定价可以被套利者有效的消除。

本章也对在高套利成本的情况下，基金经理情绪对股票收益率的边际效应进行分析。根据布兰伯等（Brambor et al., 2006），在模型中引入交乘项后，基金经理情绪的边际影响的标准误已经改变①。为了较好地评判变量的统计显著性，本章重新计算了基金经理情绪指标的边际效应和相应的标准误，并且表 6 - 10 报告了对应的结果。

---

① 在公式（6 - 4）中，基金经理情绪指标对低套利成本的股票收益率的边际效应为 α_1，并且其对应的标准误被报告在表 6 - 9 括号中。然而，基金经理情绪指标对高套利成本的股票收益率的边际效应为 $\alpha_1 + \alpha_3$，其对应的标准误应该为 $\sqrt{var(\alpha_1) + var(\alpha_2) + 2cov(\alpha_1, \alpha_3)}$。

表6-9　套利成本对基金经理与收益率之间关系的影响

	AQI_fund		PM$_{2.5}$_fund		PM$_{10}$_fund		SO$_2$_fund		CO_fund		NO$_2$_fund		O$_3$_fund		N
	α_1	α_3	α_1	α_3	α_1	α_3	α_1	α_3	α_1	α_3	α_1	α_3	α_1	α_3	
组A：如果股票不被允许融资，则 D 取值为1，否则取值为0															
	0.0204*	-0.0475***	0.0100	-0.0496**	0.0087	-0.0522***	-0.4259*	0.0670	-3.0326***	-2.3425*	0.0596*	-0.0706*	-0.0092	-0.0475***	496550
	(0.0117)	(0.0148)	(0.0134)	(0.0170)	(0.0118)	(0.0152)	(0.0560)	(0.0729)	(1.1024)	(1.3657)	(0.0317)	(0.0388)	(0.0120)	(0.0144)	
组B：如果股票不被允许融券，则 D 取值为0															
	0.0203*	-0.0472***	0.0099	-0.0494**	-0.0081	-0.0487***	-0.4263*	0.0676	-3.0347***	-2.3396*	0.0596*	-0.0706*	-0.0095	-0.0471***	496550
	(0.0117)	(0.0148)	(0.0134)	(0.0170)	(0.0109)	(0.0140)	(0.0560)	(0.0730)	(1.1024)	(1.3656)	(0.0317)	(0.0388)	(0.0120)	(0.0144)	
组C：如果公司规模低于中位数，则 D 取值为1，否则取值为0															
	-0.0189	-0.0166	-0.0131	-0.0166	-0.0063	-0.0391**	-0.4950***	0.2493***	-4.6490***	0.3460	0.0177	-0.0057	-0.0115	-0.0616***	496550
	(0.0102)	(0.0158)	(0.0117)	(0.0181)	(0.0103)	(0.0159)	(0.0494)	(0.0771)	(0.9141)	(1.3861)	(0.0284)	(0.0406)	(0.0101)	(0.0146)	
组D：如果公司机构投资者持股比例低于中位数，则 D 取值为1，否则取值为0															
	0.0043	-0.0265*	-0.0068	-0.0273	-0.0046	-0.0383**	-0.4063***	0.0479	-3.4995***	-2.0651	0.0206	-0.0059	-0.0039	-0.0738***	496550
	(0.0106)	(0.0153)	(0.0122)	(0.0175)	(0.0107)	(0.0154)	(0.0525)	(0.0750)	(0.9812)	(1.3441)	(0.0299)	(0.0395)	(0.0104)	(0.0145)	
组E：如果分析师跟踪数低于中位数，则 D 取值为1，否则取值为0															
	0.0044	-0.0167	-0.0107	-0.0117	-0.0143	-0.0133	-0.3630***	-0.0116	-3.9798***	-0.6540	0.0624*	-0.0755*	-0.0136	-0.0424***	459426
	(0.0115)	(0.0163)	(0.0130)	(0.0186)	(0.0117)	(0.0167)	(0.0580)	(0.0780)	(1.0266)	(1.4596)	(0.0324)	(0.0420)	(0.0116)	(0.0159)	
组F：如果分析师研报跟踪数低于中位数，则 D 取值为1，否则取值为0															
	-0.0008	-0.0059	-0.0169	0.0018	-0.0197*	-0.0016	-0.3411***	-0.0631	-4.1687***	-0.2644	0.0510	-0.0538	-0.0201*	-0.0303*	459426
	(0.0113)	(0.0164)	(0.0128)	(0.0188)	(0.0116)	(0.0167)	(0.0570)	(0.0798)	(1.0170)	(1.4817)	(0.0324)	(0.0425)	(0.0114)	(0.0160)	

注：括号内为稳健标准误，*、**和***分别代表在10%、5%和1%的水平上显著。

表 6 - 10

基金经理情绪的边际效应分析

变量	Margin trade		Short sale		Firm size		Institution ownership		Analyst coverage		Report coverage	
	α_1	$\alpha_1 + \alpha_3$	α_1	$\alpha_1 + \alpha_3$	α_1	$\alpha_1 + \alpha_3$	α_1	$\alpha_1 + \alpha_3$	α_1	$\alpha_1 + \alpha_3$	α_{11}	$\alpha_1 + \alpha_3$
AQI_fund	0.0204* (0.0117)	-0.0271** (0.0109)	0.0203* (0.0117)	-0.0270** (0.0109)	-0.0006 (0.0102)	-0.0195 (0.0132)	0.0043 (0.0106)	-0.0221* (0.0124)	0.0044 (0.0115)	-0.0123 (0.0128)	-0.0008 (0.0113)	-0.0068 (0.0131)
$PM_{2.5}\_fund$	0.0100 (0.0134)	-0.0396*** (0.0125)	0.0099 (0.0134)	-0.0395*** (0.0125)	-0.0131 (0.0117)	-0.0297** (0.0152)	-0.0068 (0.0122)	-0.0341** (0.0141)	-0.0107 (0.0130)	-0.0224 (0.0147)	-0.0169 (0.0128)	-0.0151 (0.0151)
PM_{10}_fund	0.0087 (0.0118)	-0.0435*** (0.0113)	-0.0081 (0.0109)	-0.0568*** (0.0105)	-0.0063 (0.0103)	-0.0455*** (0.0136)	-0.0046 (0.0107)	-0.0429*** (0.0127)	-0.0143 (0.0117)	-0.0276** (0.0131)	-0.0197* (0.0116)	-0.0213 (0.0133)
SO_2_fund	-0.4259*** (0.0560)	-0.3589*** (0.0590)	-0.4263*** (0.0560)	-0.3588*** (0.0590)	-0.4950*** (0.0494)	-0.2457*** (0.0670)	-0.4063*** (0.0525)	-0.3584*** (0.0652)	-0.3630*** (0.0580)	-0.3745*** (0.0651)	-0.3411*** (0.0570)	-0.04042*** (0.0676)
CO_fund	-3.0326*** (1.1024)	-5.3750*** (0.9531)	-3.0347*** (1.1024)	-5.3742*** (0.9531)	-4.6490*** (0.9141)	-4.3031*** (1.1602)	-3.4995*** (0.9812)	-5.5646*** (1.0561)	-3.9798*** (1.0266)	-4.6339*** (1.1531)	-4.1687*** (1.0170)	-4.4331*** (1.1819)
NO_2_fund	0.0596* (0.0317)	-0.0110 (0.0317)	0.0596* (0.0317)	-0.0110 (0.0317)	0.0177 (0.0284)	0.0120 (0.0370)	0.0206 (0.0299)	0.0147 (0.0345)	0.0624* (0.0324)	-0.0130 (0.0356)	0.0510 (0.0324)	-0.0028 (0.0360)
O_3_fund	-0.0092 (0.0120)	-0.0567*** (0.0105)	-0.0095 (0.0120)	-0.0566*** (0.0105)	-0.0115 (0.0101)	-0.0731*** (0.0126)	-0.0039 (0.0104)	-0.0778*** (0.0122)	-0.0136 (0.0116)	-0.0560*** (0.0125)	-0.0201* (0.0114)	-0.0504*** (0.0128)
N	496550		496550		496550		496550		459426		459426	

注：括号内为稳健标准误，*，** 和 *** 分别代表在 10%，5% 和 1% 的水平上显著。

表 6 - 10 中的结果显示，基金经理情绪指标对高套利成本的股票收益率的边际效应几乎都显著为负。表中第一列展示了基金经理情绪在股票是否可以被融资的情况下的边际效应。在高套利成本的股票中，$PM_{2.5}\_fund$ 的边际效应为 - 0.0396。那么，$PM_{2.5}\_fund$ 变动一个标准差会导致股票收益率变动 0.0149%（0.000396 × 37.5736），相应的年收益率为 3.7198%。在最后一列中，三个基金经理情绪指标的回归系数在具有较低研报跟踪数的公司中显著为负，并且其经济显著性明显高于高研报跟踪数的公司。

第五节　稳健性检验

本章实施了一系列稳健性测试来对本章的结果进行检验。第一，笔者怀疑本章的结果可能是通过空气污染降低了基金经理的工作效率这一机制导致的。何等（2017）重点关注中国的两个工业城镇的工人层面的日产出，发现严重的空气污染对产出有重要的不利影响。常等（2016）发现高水平的空气污染能够降低服务行业工人的生产效率。集中于观察个人投资者，迈耶和佩格尔（Meyer and Pagel，2017）发现严重的空气污染会降低了投资者登录股票交易账户和进行股票交易的意愿。同时，拉维等（Lavy et al.，2014）发现空气污染会降低人们的认知能力，进而降低生产效率。因此，严重的空气污染可能会降低基金经理的认知能力和生产效率，那么基金经理就可能不会积极地进行交易。由表 6 - 2 可知，当 AQI 大于 100 时，空气质量会对一般群体的健康产生不利影响。因此，本章剔除当基金经理所在地的 AQI 大于 100 时的观测值，并重新估计所有的模型。表 6 - 11 的组 A 报告了回归结果。本章依然能够发现基金经理情绪指标的数值越大，股票收益率、流动性和波动性越低。这表明本章的结果可以归因于基金经理的情绪而非他们的低工作效率。

第二，笔者怀疑本章的结果可能是由于基金经理所在城市的空气污染通过本地偏好机制引起的。根据上海证券交易所统计年鉴 2016 年的数据，来自北京、重庆、广州、杭州、上海、深圳、太原、天津和厦门的交易订单总额占比为 44.55%，大约为中国市场订单总额的一半。由于本章公司层面的基金经理情绪代理变量是利用这 9 个城市的空气质量数据构建的，那么这 9 个城市的空气污染可能分别降低注册在当地的公司的股票收益率、流动性和波动性，最终驱动了本章的结果。为了排除这种可能性，删除了注册在这 9 个城市的公司，再重新估计了本章的模型。本章在表 6 – 11 的组 B 中依然可以发现一致的结果。

第三，将检验股票市场过去的收益率是否可以消除本章的结果。尤其对中国这样的新兴市场而言，投资者通常通过参考股票市场的过去信息来作出决策。布朗和克里夫（2004）认为股票市场过去的收益率能够显著地影响投资者的预期，因而是一个良好的投资者情绪代理变量。本章将上证综指在过去 30 个交易日的平均回报率加入回归模型中。本章重新估计回归模型，依然能够在表 6 – 11 的组 C 中可以发现类似的结果。

第四，参照赫什莱弗和肖姆威（2003）的方法，本章将使用去季节性的情绪代理变量来代替之前的情绪代理变量。季节性的空气污染为整个样本期间的同一日历周中的日度空气污染的平均值。去季节性的空气污染是空气污染原始值与季节性空气污染之间的差值。本章再将去季节性的空气污染变量代入公式（6 – 2）重新计算空气污染引致的基金经理情绪指标，并重新回归模型。表 6 – 11 的组 D 报告了类似的结果。此外，机构投资者有可能在一段时间内收集信息，然后再做出投资决策。本章再利用过去 14 天的空气污染移动平均值来重建基金经理的情绪代理指标。本章在表 6 – 11 中的组 E 发现了一致的结果。

第五，本章将控制行业因素。本章根据中国证监会的行业分类标准，将样本分为 13 个行业。随后，在所有的回归模型中，本章加入了 12 个行业的虚拟变量。在表 6 – 11 中的组 F 中，本章依然可以看到基金经理情绪指标与收益率、流动性和波动性显著负相关。此外，本章还剔除了金融行业的样本重新进行回归，且能够在表 6 – 11 中的组 G 中发现类似的结果。

表 6-11　　　　　　　　　　　稳健性检验

变量	AQI_fund	PM₂.₅_fund	PM₁₀_fund	SO₂_fund	CO_fund	NO₂_fund	O₃_fund	N
组 A：剔除当基金经理所在地的 AQI 大于 100 时的观测值								
Return	-0.0115 (0.0097)	-0.0303 *** (0.0110)	-0.0207 ** (0.0100)	-0.4303 *** (0.0525)	-4.4511 *** (0.8669)	-0.0151 (0.0275)	-0.0483 *** (0.0092)	443988
Illiq	0.0128 (0.0214)	0.0200 (0.0226)	0.0464 ** (0.0210)	0.8765 *** (0.1314)	-0.5079 (1.6495)	-0.1098 ** (0.0525)	-0.0270 * (0.0163)	453790
Turn	-0.0265 *** (0.0082)	-0.0353 *** (0.0088)	-0.0362 *** (0.0078)	-0.1032 ** (0.0411)	-3.0107 *** (0.6554)	-0.0002 (0.0198)	0.0111 (0.0074)	463007
Vol	-0.0053 *** (0.0010)	-0.0056 *** (0.0011)	-0.0079 *** (0.0009)	-0.0116 ** (0.0054)	-0.7399 *** (0.0867)	-0.0007 (0.0025)	-0.0015 (0.0011)	443322
组 B：剔除注册在基金经理所在地的公司样本								
Return	-0.0171 (0.0149)	-0.0326 * (0.0170)	-0.0144 (0.0151)	-0.3313 *** (0.0754)	-5.3434 *** (1.2966)	-0.1023 ** (0.0431)	-0.0308 ** (0.0144)	181783
Illiq	-0.0214 (0.0198)	-0.0226 (0.0212)	-0.0030 (0.0195)	0.4132 *** (0.1252)	-1.4113 (1.6555)	-0.1334 *** (0.0491)	-0.0630 *** (0.0153)	185699
Turn	-0.0328 *** (0.0099)	-0.0403 *** (0.0110)	-0.0364 *** (0.0095)	-0.0946 ** (0.0456)	-2.7539 *** (0.8041)	-0.0458 * (0.0239)	-0.0124 (0.0098)	191971
Vol	-0.0038 *** (0.0013)	-0.0036 *** (0.0014)	-0.0060 *** (0.0012)	-0.0017 (0.0067)	-0.5637 *** (0.1044)	0.0072 ** (0.0033)	-0.0034 ** (0.0015)	182494
组 C：控制市场收益率								
Return	-0.0121 (0.0085)	-0.0191 * (0.0098)	-0.0243 *** (0.0088)	-0.3393 *** (0.0452)	-5.0520 *** (0.7696)	0.0065 (0.0252)	-0.0323 *** (0.0087)	496550
Illiq	0.0107 (0.0115)	0.0040 (0.0122)	0.0217 * (0.0113)	0.3911 *** (0.0714)	0.5758 (0.9108)	-0.0656 ** (0.0300)	-0.0537 *** (0.0092)	506789
Turn	-0.0220 *** (0.0057)	-0.0279 *** (0.0062)	-0.0280 *** (0.0055)	-0.0438 (0.0283)	-2.5721 *** (0.4659)	-0.0115 (0.0145)	0.0067 (0.0054)	537441
Vol	-0.0023 *** (0.0008)	-0.0021 *** (0.0008)	-0.0050 *** (0.0007)	-0.0016 (0.0039)	-0.4828 *** (0.0639)	0.0088 *** (0.0020)	-0.0016 * (0.0009)	496830
组 D：去季节性的基金经理情绪指标								
Return	-0.0481 *** (0.0103)	-0.0632 *** (0.0113)	-0.0638 *** (0.0105)	-0.5760 *** (0.0549)	-5.3978 *** (0.9214)	-0.0027 (0.0286)	0.0030 (0.0108)	496550
Illiq	0.0347 *** (0.0080)	0.0333 *** (0.0088)	0.0459 *** (0.0086)	0.6481 *** (0.0671)	-0.3957 (0.7575)	0.0186 (0.0244)	-0.0342 *** (0.0082)	506789

续表

变量	AQI_fund	$PM_{2.5}\_fund$	PM_{10}_fund	SO_2_fund	CO_fund	NO_2_fund	O_3_fund	N
$Turn$	-0.0351*** (0.0049)	-0.0447*** (0.0055)	-0.0424*** (0.0049)	-0.1486*** (0.0263)	-3.0464*** (0.4537)	-0.0415*** (0.0129)	0.0082 (0.0056)	537441
Vol	-0.0049*** (0.0006)	-0.0046*** (0.0006)	-0.0089*** (0.0006)	-0.0253*** (0.0036)	-0.7060*** (0.0592)	0.0016 (0.0018)	-0.0031*** (0.0008)	496830

组 E：移动平均的基金经理情绪指标

$Return$	-0.0398** (0.0157)	-0.0669*** (0.0191)	-0.1004*** (0.0160)	-0.1743*** (0.0592)	-6.5469*** (1.6181)	-0.2341*** (0.0412)	0.0109 (0.0148)	496550
$Illiq$	0.1178*** (0.0317)	0.1553*** (0.0370)	0.1931*** (0.0334)	0.9849*** (0.1298)	7.7285*** (2.9827)	0.1314* (0.0767)	-0.0128 (0.0225)	506789
$Turn$	-0.0791*** (0.0138)	-0.1101*** (0.0161)	-0.1264*** (0.0141)	-0.4339*** (0.0472)	-11.0317*** (1.2463)	-0.2784*** (0.0331)	0.0025 (0.0108)	537441
Vol	-0.0099*** (0.0019)	-0.0128*** (0.0022)	-0.0187*** (0.0019)	-0.0782*** (0.0070)	-1.9331*** (0.1846)	-0.0366*** (0.0045)	0.0041** (0.0018)	496830

组 F：控制行业效应

$Return$	-0.0085 (0.0086)	-0.0201** (0.0098)	-0.0225** (0.0088)	-0.3841*** (0.0452)	-4.5250*** (0.7664)	0.0176 (0.0254)	-0.0380*** (0.0086)	496550
$Illiq$	0.0044 (0.0111)	0.0040 (0.0118)	0.0183* (0.0110)	0.5024*** (0.0683)	-0.6829 (0.8891)	-0.0811*** (0.0288)	-0.0329*** (0.0092)	506789
$Turn$	-0.0276*** (0.0057)	-0.0355*** (0.0062)	-0.0333*** (0.0055)	-0.0893*** (0.0274)	-2.8459*** (0.4689)	-0.0231 (0.0144)	0.0020 (0.0055)	537441
Vol	-0.0030*** (0.0008)	-0.0030*** (0.0008)	-0.0058*** (0.0007)	-0.0056 (0.0038)	-0.5366*** (0.0623)	0.0070*** (0.0019)	-0.0017** (0.0009)	496830

组 G：剔除金融行业

$Return$	-0.0070 (0.0087)	-0.0172* (0.0100)	-0.0214** (0.0090)	-0.3755*** (0.0461)	-4.2834*** (0.7807)	0.0220 (0.0259)	-0.0393*** (0.0088)	471086
$Illiq$	0.0027 (0.0115)	0.0021 (0.0122)	0.0165 (0.0113)	0.4987*** (0.0712)	-0.8034 (0.9179)	-0.0878*** (0.0300)	-0.0347*** (0.0094)	486613
$Turn$	-0.0190*** (0.0059)	-0.0260*** (0.0064)	-0.0256*** (0.0057)	-0.0541* (0.0294)	-2.1736*** (0.4788)	-0.0026 (0.0149)	0.0032 (0.0056)	510731
Vol	-0.0019** (0.0008)	-0.0018** (0.0008)	-0.0048*** (0.0007)	-0.0010 (0.0040)	-0.4421*** (0.0649)	0.0096*** (0.0020)	-0.0017* (0.0009)	474806

注：括号内为稳健标准误，*、** 和 *** 分别代表在 10%、5% 和 1% 的水平上显著。

第六节 本章小结

机构投资者通常被认为是有助于提高股票市场定价效率的重要交易者。然而，他们也容易遭受到认知偏差的影响。机构投资者可能会将情绪这个非理性因素归因于信息，尽管情绪与企业基本价值无关，进而影响他们在金融市场中的投资决策。根据以前的文献和本文的分析可知，空气污染基于它对人们身体和心理的不利影响，可以通过直接和间接两种效应使投资者情绪悲观和风险厌恶。在中国股票市场中，投资基金经理是非常重要的专业机构投资者。本章推测严重的空气污染会引致基金经理的悲观情绪，进而改变他们在股票市场中的交易行为。

在这一章中，本章利用基金经理所在地的空气污染数据和基金经理的投资组合，构建了7个公司层面的空气污染引致的基金经理情绪代理变量。本章考察基金经理情绪对交易活动的影响，进而检验这一效应是否会影响股票定价，得出以下主要结论。

一是严重的空气污染致使基金经理规避风险资产，从而降低了基金经理交易股票的意愿，最终导致了股票流动性和波动性的显著下降。

二是严重的空气污染致使基金经理不愿意购买或持有股票这一风险资产，进而降低了股票收益率。并且，基金经理情绪与股票收益率的负相关关系在不被允许融资融券的公司、小公司、机构投资者持股比例低的公司、分析师跟踪数和研报跟踪数低的公司中更为显著。

三是基金经理情绪对股票收益率和交易活动的影响效果并不是由于基金经理工作效率的下降引起的，也不是由基金经理所在城市的空气污染通过本地偏好机制驱动的。在使用去季节性和移动平均的基金经理情绪指标和控制行业因素后，本章的结果依然稳健。

第七章
结论及研究展望

　　空气污染问题严重威胁到人们的生存安全，已经引起了国内外的广泛关注。本书在这样的特定背景下，放松了传统金融理论中投资者理性的前提假设，基于空气污染会导致投资的悲观情绪和风险厌恶行为的逻辑主线，研究空气污染对中国股票市场的影响。本书利用个股数据，深入探讨了空气污染对股票定价和交易活动的影响机制。

　　首先，在本地投资者视角分析空气污染与股票定价关系的方面，从本地偏好机制的验证、投资者情绪机制的验证和空气污染如何影响股票市场三个方面展开实证研究，主要得到以下研究结论：第一，在中国这个采用订单驱动交易制度的股票市场上，空气污染影响了本地的投资者情绪，且投资者具有持有或购买本地股票的倾向，进而影响了总部注册在当地的公司的股票成交量。因而，如果将中国股票市场作为一个整体来进行该项研究则会存在一定的偏差，而利用个股数据展开研究是一个更好的选择。第二，采用季度数据，证实空气污染并没有通过降低当地人们的日常劳动生产率，从而影响当地经济状况，并最终降低了当地公司股票的长期收益率。相反地，本书发现空气污染只是在短期内降低了当地公司的股票收益率，因而本书的结果是通过投资者情绪渠道驱动的。第三，当地的空气质量越差，总部注册在当地的公司的股票收益率、换手率和波动性越低，而非流动性则越高。第四，空气污染对当地股票收益率的影响程度在财务悲观度高的公司和具有极端成长率的公司中更显著。

其次，在个人投资者视角分析空气污染与股票定价关系的方面，基于个人投资者对某只股票的关注度越高，交易该只股票的可能性就越大的观点，以来自各个城市的股票关注度为权重，对城市层面的空气污染进行加权平均得到了直接衡量个人投资者情绪的代理变量。本书利用该情绪代理变量进一步研究其对中国股票市场的影响路径，从而得到以下结论：第一，个人投资者情绪越悲观，个人投资者对风险的承受度降低，从而降低了交易股票资产的频率和积极性，并最终降低了股票收益率。第二，本书构造了日度的个人投资者情绪投资组合，发现该投资组合的异常收益率不能被资产定价模型所消除，并且在控制了行业因素、市场环境和日历效应后结果依然稳健。这表明由空气污染通过个人投资者情绪导致的资产误定价并不能被系统风险因子所分散，预示着中国股票市场并非完全有效。中国政府可以通过加强治理空气污染问题，改善空气质量，从而提高中国股票市场的效率。

最后，在从机构投资者视角分析空气污染与股票定价关系的方面，利用基金经理的持股数据和基金经理所在城市的空气污染数据，构建了空气污染引致的基金经理情绪指数。本书使用个股数据深入研究基金经理情绪对中国股票市场的影响，得到以下研究结论：第一，尽管基金经理是股票市场上的重要套利者，但是他们的情绪也会受到空气污染的不利影响，从而导致了其在金融市场中投资决策偏差。第二，基金经理情绪越低落，基金经理所持有股票的流动性和波动性都会降低。第三，空气污染影响了基金经理的交易行为，从而降低了基金经理持有股票的收益率，且这种效应在套利成本高的股票中更显著。第四，基金经理情绪对股票收益率和交易活动的影响并不是由于空气污染造成基金经理工作效率降低导致的，也不是由总部注册在基金经理所在城市的公司样本驱动的。

基于本书以上的研究结论，笔者认为本研究对股票市场参与者的行为决策有以下建议：首先，投资者应该明确其自身容易受到情绪的影响，从而可能作出非理性的投资决策。投资者在进行投资前，应充分获得和分析相关信息，尽量作出理性的投资者决策。其次，投资者可以利用本书的研究构建投资组合获得超额收益率。最后，空气污染问题恶化了股票的定价效率，因而中国政府相关部门应该进一步加快建设和完善环保相关的法律法规，加强环境监管的强度，从而增强中国股票市场的效率。

由于笔者的能力和精力有限，本书也存在一些不足之处。在此处指出，并为后续的研究提出一些设想。

第一，本书的基金经理情绪指数可能存在一定的偏误。Wind 数据库只公布了每只基金在季度末重仓的前 20 只股票的持股数，而并没有给出每天的所有股票的持股数。而本书是将日度的空气质量数据与上季度末基金经理的持股股数相匹配，从而构建了日度数据的个股层面的基金经理情绪指数。在日后关于中国股市的数据逐渐丰富后，笔者期望可以展开更为全面的研究。

第二，中国空气质量在线监测分析平台的空气质量数据是从 2013 年 12 月开始发布的，这就导致了本书的研究期间较短，无法将中国股票市场的制度改革考虑进来加以展开研究。然而，中国市场中的新制度政策和相关监管法规也在不断出台，随着时间推移，这为笔者展开相关研究提供了可能。

第三，人是一种感性动物，容易受到情绪的影响。因而，由人参与的各项决策就有可能受到情绪的影响。本书研究只考虑了空气污染对外部投资者情绪的影响，而没有考虑公司内部管理者。公司管理者对公司的各项经营决策有重要影响，进而影响着当地的经济活动。那么，受空气污染影响公司管理者所做出的经营决策偏差会产生更大的经济后果。如果空气污染导致的管理者悲观情绪能够对地区经济状况产生影响，这将是一项将微观公司金融与宏观经济连接在一起展开的研究，具有重要的意义。

附录　主要变量及其定义

附表 1　　　　　　　　　　　　　**第四章主要变量及其定义**

变量	定义	数据来源
Return	$(price_{i,t} - price_{i,t-1}) / price_{i,t-1} \times 100$	Wind 数据库
Ret_ adj	CAMP 模型调整后的收益率	Wind 和 CSMAR 数据库
Turn	当天的成交量除以流通股数的百分比	Wind 数据库
Illiq	日收益率的绝对值除以对应的日成交金额，再放大 10^8 倍	Wind 数据库
Vol	每只每天股票每五分钟收益率的方差	CSMAR 数据库
AQI	城市层面每天的空气质量指数	www. aqistudy. cn
$PM_{2.5}$	城市层面每天的 $PM_{2.5}$ 浓度	www. aqistudy. cn
PM_{10}	城市层面每天的 PM_{10} 浓度	www. aqistudy. cn
SO_2	城市层面每天的 SO_2 浓度	www. aqistudy. cn
CO	城市层面每天的 CO 浓度	www. aqistudy. cn
NO_2	城市层面每天的 NO_2 浓度	www. aqistudy. cn
O_3	城市层面每天的 O_3 浓度	www. aqistudy. cn
Cloud	当天具有雨、雪、雾和其他大部分或全部覆盖天空的天气事件时，变量取值为 1，否则取值为 0	www. wunderground. com
Hum	日平均的相对湿度	www. wunderground. com
Temp	日平均的温度	www. wunderground. com
Pressure	日平均的大气压强	www. wunderground. com
Visibility	日平均的可见度	www. wunderground. com
Wind	日平均的风速	www. wunderground. com
SAD	参考卡姆斯特拉等（Kamstra et al.，2003）的方法计算，表示夜间的时长	—
Monday	如果当天是星期一则取值为 1，否则为 0	—
Rm	上证 A 股综指在过去 30 个交易日的平均收益率	Wind 数据库

附表 2	第五章主要变量及其定义	
变量	定义	数据来源
BSI_retail^{vol}	利用个人投资者成交金额计算的差额买卖非平衡度	Wind 数据库
BSI_retail^{order}	利用个人投资者订单数计算的差额买卖非平衡度	Wind 数据库
BSI_ins^{vol}	利用机构投资者成交金额计算的差额买卖非平衡度	Wind 数据库
BSI_ins^{order}	利用机构投资者订单数计算的差额买卖非平衡度	Wind 数据库
Buy_retail^{vol}	个人投资者股票买入金额	Wind 数据库
$Sell\_retail^{vol}$	个人投资者股票卖出金额	Wind 数据库
Buy_ins^{vol}	机构投资者股票买入金额	Wind 数据库
$Sell\_ins^{vol}$	机构投资者股票卖出金额	Wind 数据库
Buy_retail^{order}	个人投资者股票买入订单数	Wind 数据库
$Sell\_retail^{order}$	个人投资者股票卖出订单数	Wind 数据库
Buy_ins^{order}	机构投资者股票买入订单数	Wind 数据库
$Sell\_ins^{order}$	机构投资者股票卖出订单数	Wind 数据库
$Return$	$(price_{i,t} - price_{i,t-1})/price_{i,t-1} \times 100$	Wind 数据库
$Turn$	当天的成交量除以流通股数的百分比	Wind 数据库
$Illiq$	日收益率的绝对值除以对应的日成交金额，再放大 10^8 倍	Wind 数据库
Vol	每只每天股票每五分钟收益率的方差	CSMAR 数据库
AQI_svol	以来自不同城市的对某家公司的搜索量为权重，对各个城市的 AQI 进行加权平均	www.aqistudy.cn 和 http://index.baidu.com
$PM_{2.5}\_svol$	以来自不同城市的对某家公司的搜索量为权重，对各个城市的 $PM_{2.5}$ 进行加权平均	www.aqistudy.cn 和 http://index.baidu.com
PM_{10}_svol	以来自不同城市的对某家公司的搜索量为权重，对各个城市的 PM_{10} 进行加权平均	www.aqistudy.cn 和 http://index.baidu.com
SO_2_svol	以来自不同城市的对某家公司的搜索量为权重，对各个城市的 SO_2 进行加权平均	www.aqistudy.cn 和 http://index.baidu.com
CO_svol	以来自不同城市的对某家公司的搜索量为权重，对各个城市的 CO 进行加权平均	www.aqistudy.cn 和 http://index.baidu.com
NO_2_svol	以来自不同城市的对某家公司的搜索量为权重，对各个城市的 NO_2 进行加权平均	www.aqistudy.cn 和 http://index.baidu.com
O_3_svol	以来自不同城市的对某家公司的搜索量为权重，对各个城市的 O_3 进行加权平均	www.aqistudy.cn 和 http://index.baidu.com

变量	定义	数据来源
OMP_AQI	将观测值按照 AQI_svol 排序后，用小规模公司的乐观情绪组与大规模公司的乐观情绪组的平均收益率，再减去小规模公司的悲观情绪组与大规模公司的悲观情绪组的平均收益率	Wind 数据库、www. aqistudy. cn 和 http：//index. baidu. com
$OMP\_PM_{2.5}$	将观测值按照 $PM_{2.5}\_svol$ 排序后，用小规模公司的乐观情绪组与大规模公司的乐观情绪组的平均收益率，再减去小规模公司的悲观情绪组与大规模公司的悲观情绪组的平均收益率	Wind 数据库、www. aqistudy. cn 和 http：//index. baidu. com
OMP_PM_{10}	将观测值按照 PM_{10}_svol 排序后，用小规模公司的乐观情绪组与大规模公司的乐观情绪组的平均收益率，再减去小规模公司的悲观情绪组与大规模公司的悲观情绪组的平均收益率	Wind 数据库、www. aqistudy. cn 和 http：//index. baidu. com
OMP_SO_2	将观测值按照 SO_2_svol 排序后，用小规模公司的乐观情绪组与大规模公司的乐观情绪组的平均收益率，再减去小规模公司的悲观情绪组与大规模公司的悲观情绪组的平均收益率	Wind 数据库、www. aqistudy. cn 和 http：//index. baidu. com
OMP_CO	将观测值按照 CO_svol 排序后，用小规模公司的乐观情绪组与大规模公司的乐观情绪组的平均收益率，再减去小规模公司的悲观情绪组与大规模公司的悲观情绪组的平均收益率	Wind 数据库、www. aqistudy. cn 和 http：//index. baidu. com
OMP_NO_2	将观测值按照 NO_2_svol 排序后，用小规模公司的乐观情绪组与大规模公司的乐观情绪组的平均收益率，再减去小规模公司的悲观情绪组与大规模公司的悲观情绪组的平均收益率	Wind 数据库、www. aqistudy. cn 和 http：//index. baidu. com
OMP_O_3	将观测值按照 O_3_svol 排序后，用小规模公司的乐观情绪组与大规模公司的乐观情绪组的平均收益率，再减去小规模公司的悲观情绪组与大规模公司的悲观情绪组的平均收益率	Wind 数据库、www. aqistudy. cn 和 http：//index. baidu. com
AQI_local	公司总部注册城市每天的空气质量指数	www. aqistudy. cn
$PM_{2.5}\_local$	公司总部注册城市每天的 $PM_{2.5}$ 浓度	www. aqistudy. cn
PM_{10}_local	公司总部注册城市每天的 PM_{10} 浓度	www. aqistudy. cn
SO_2_local	公司总部注册城市每天的 SO_2 浓度	www. aqistudy. cn
CO_local	公司总部注册城市每天的 CO 浓度	www. aqistudy. cn
NO_2_local	公司总部注册城市每天的 NO_2 浓度	www. aqistudy. cn
O_3_local	公司总部注册城市每天的 O_3 浓度	www. aqistudy. cn

续表

变量	定义	数据来源
Svol	股票代码当天的百度检索量减去过去 15 天的检索量均值	http：//index. baidu. com
Cloud	当云层部分或全部覆盖天空时取值为 1，否则取值为 0	www. wunderground. com
Hum	日平均的相对湿度	www. wunderground. com
Temp	日平均的温度	www. wunderground. com
Pressure	日平均的大气压强	www. wunderground. com
Visibility	日平均的可见度	www. wunderground. com
Wind	如果当日的平均风速超过 5km/h 则取值为 1，否则取值为 0	www. wunderground. com
SAD	参考卡姆斯特拉等（2003）的方法计算，表示夜间的时长	—
Fall	在每年的 9 月 21 日到 12 月 20 日期间取值为 1，否则取值为 0	—
Fullmoon	在满月前后三天内取值为 1，否则取值为 0	cycletourist. com/moon
Newmoon	在新月前后三天内取值为 1，否则取值为 0	cycletourist. com/moon
Gdp	公司所在城市的 GDP	国家统计局和地区统计年鉴
Ggdp	公司所在城市的 GDP 增长率	国家统计局和地区统计年鉴
Pop	公司所在城市的人口	国家统计局和地区统计年鉴
Gpop	公司所在城市的人口增长率	国家统计局和地区统计年鉴
Monday	如果当天是星期一则取值为 1，否则为 0	—
Rm	上证 A 股综指在过去 30 个交易日的平均收益率	Wind 数据库

附表 3　　　　　第六章主要变量及其定义

变量	定义	数据来源
Return	$(price_{i,t} - price_{i,t-1}) / price_{i,t-1} \times 100$	Wind 数据库
Turn	当天的成交量除以流通股数的百分比	Wind 数据库
Illiq	日收益率的绝对值除以对应的日成交金额，再放大 10^8 倍	Wind 数据库
Vol	每只每天股票每五分钟收益率的方差	CSMAR 数据库
AQI_fund	以基金经理持有的某只股票的股数为权重，对基金经理所在城市的 AQI 进行加权平均	www. aqistudy. cn 和 http：//index. baidu. com

续表

变量	定义	数据来源
$PM_{2.5\_fund}$	以基金经理持有的某只股票的股数为权重，对基金经理所在城市的 $PM_{2.5}$ 进行加权平均	www. aqistudy. cn 和 http：//index. baidu. com
PM_{10_fund}	以基金经理持有的某只股票的股数为权重，对基金经理所在城市的 PM_{10} 进行加权平均	www. aqistudy. cn 和 http：//index. baidu. com
SO_{2_fund}	以基金经理持有的某只股票的股数为权重，对基金经理所在城市的 SO_2 进行加权平均	www. aqistudy. cn 和 http：//index. baidu. com
CO_fund	以基金经理持有的某只股票的股数为权重，对基金经理所在城市的 CO 进行加权平均	www. aqistudy. cn 和 http：//index. baidu. com
NO_{2_fund}	以基金经理持有的某只股票的股数为权重，对基金经理所在城市的 NO_2 进行加权平均	www. aqistudy. cn 和 http：//index. baidu. com
O_{3_fund}	以基金经理持有的某只股票的股数为权重，对基金经理所在城市的 O_3 进行加权平均	www. aqistudy. cn 和 http：//index. baidu. com
AQI_firm	公司总部注册城市每天的空气质量指数	www. aqistudy. cn
$PM_{2.5}\_firm$	公司总部注册城市每天的 $PM_{2.5}$ 浓度	www. aqistudy. cn
PM_{10}_firm	公司总部注册城市每天的 PM_{10} 浓度	www. aqistudy. cn
SO_{2_firm}	公司总部注册城市每天的 SO_2 浓度	www. aqistudy. cn
CO_firm	公司总部注册城市每天的 CO 浓度	www. aqistudy. cn
NO_{2_firm}	公司总部注册城市每天的 NO_2 浓度	www. aqistudy. cn
O_{3_firm}	公司总部注册城市每天的 O_3 浓度	www. aqistudy. cn
$Cloud$	当云层部分或全部覆盖天空时取值为1，否则取值为0	www. wunderground. com
Hum	日平均的相对湿度	www. wunderground. com
$Temp$	日平均的温度	www. wunderground. com
$Pressure$	日平均的大气压强	www. wunderground. com
$Visibility$	日平均的可见度	www. wunderground. com
$Wind$	如果当日的平均风速超过 5km/h 则取值为1，否则取值为0	www. wunderground. com
SAD	参考卡姆斯特拉等（2003）的方法计算，表示夜间的时长	—
$Fall$	在每年的 9 月 21 日到 12 月 20 日期间取值为1，否则取值为0	—

续表

变量	定义	数据来源
Fullmoon	在满月前后三天内取值为 1，否则取值为 0	cycletourist. com/moon
Newmoon	在新月前后三天内取值为 1，否则取值为 0	cycletourist. com/moon
Gdp	公司所在城市的 GDP	国家统计局和地区统计年鉴
Ggdp	公司所在城市的 GDP 增长率	国家统计局和地区统计年鉴
Pop	公司所在城市的人口	国家统计局和地区统计年鉴
Gpop	公司所在城市的人口增长率	国家统计局和地区统计年鉴
Monday	如果当天是星期一则取值为 1，否则为 0	—

参 考 文 献

［1］ 陈其安、朱敏、赖琴云：《基于投资者情绪的投资组合模型研究》，载于《中国管理科学》2012 年第 3 期。

［2］ 程昆、刘仁和：《投资者情绪与股市的互动研究》，载于《上海经济研究》2005 年第 11 期。

［3］ 范雯：《投资者情绪对股票收益的影响》，南京理工大学学位论文，2013 年。

［4］ 高彦彦、张嘉润：《雾霾污染会影响股票收益吗？——基于上证股票指数的实证研究》，载于《产业经济评论》2018 年第 4 期。

［5］ 高振华：《中国股市投资者情绪与股票收益的研究》，南昌大学学位论文，2011 年。

［6］ 耿志民、乔智：《股吧对个人投资者情绪的影响研究》，载于《金融理论与实践》2013 年第 11 期。

［7］ 关晨晖：《A－H 股投资者情绪对股票收益和价格影响研究》，华南理工大学学位论文，2012 年。

［8］ 郭际、郭莹莹、吴先华、陈珊珊：《空气污染对地方重污染企业的股票收益率及盈余管理的影响》，载于《数理统计与管理》2019 年第 1 期。

［9］ 郭永济、张谊浩：《空气质量会影响股票市场吗?》，载于《金融研究》2016 年第 2 期。

［10］ 韩泽县：《投资者情绪与中国证券市场的实证研究》，天津大学学位论文，2005 年。

［11］韩泽县：《中国证券市场指数收益天气效应实证研究》，载于《北京航空航天大学学报（社会科学版）》2005年第2期。

［12］刘晓星、张旭、顾笑贤、姚登宝：《投资者行为如何影响股票市场流动性？——基于投资者情绪、信息认知和卖空约束的分析》，载于《管理科学学报》2016年第10期。

［13］刘新新：《个人和机构投资者情绪与股票收益》，山西大学学位论文，2013年。

［14］鲁训法、黎建强：《中国股市指数与投资者情绪指数的相互关系》，载于《系统工程理论与实践》2012年第3期。

［15］陆江川、陈军：《极端投资者情绪对股价指数影响的非对称研究》，载于《系统工程》2013年第2期。

［16］陆静：《中国股票市场天气效应的实证研究》，载于《中国软科学》2011年第6期。

［17］孟祥旭、李增刚：《空气质量对股票投资行为影响的实证检验——以$PM_{2.5}$为例》，载于《城市与环境研究》2017年第4期。

［18］饶育蕾、张轮：《行为金融学》，复旦大学出版社2005年版。

［19］石广平、刘晓星、魏岳嵩：《投资者情绪、市场流动性与股市泡沫——基于TVP-SV-SVAR模型的分析》，载于《金融经济学研究》2016年第3期。

［20］史永东、王镇：《投资者情绪影响动量效应吗？——来自上证A股的经验证据》，载于《投资研究》2015年第9期。

［21］万孝园、陈欣：《雾霾对中国股市收益的影响》，载于《投资研究》2016年第1期。

［22］王美今、孙建军：《中国股市收益、收益波动与投资者情绪》，载于《经济研究》2004年第10期。

［23］王木伟：《投资者情绪与股市收益关系实证研究》，南京理工大学学位论文，2012年。

［24］王宇：《我国投资者情绪与股市收益互动关系研究》，江西财经

大学学位论文，2012 年。

[25] 文凤华、肖金利、黄创霞、陈晓红、杨晓光：《投资者情绪特征对股票价格行为的影响研究》，载于《管理科学学报》2014 年第 3 期。

[26] 肖金利：《不同投资者情绪对股票价格行为的影响研究》，长沙理工大学学位论文，2013 年。

[27] 薛斐：《基于情绪的投资者行为研究》，复旦大学学位论文，2005 年。

[28] 闫伟：《基于投资者情绪的行为资产定价研究》，华南理工大学学位论文，2012 年。

[29] 杨磊：《雾霾天气与股票收益影响的实证研究》，西南财经大学学位论文，2016 年。

[30] 仪垂林：《中国证券市场价格波动》，河海大学学位论文，2006 年。

[31] 易志高、茅宁：《中国股市投资者情绪测量研究：CICSI 的构建》，载于《金融研究》2009 年第 11 期。

[32] 尹海员：《投资者情绪对股票流动性影响效应与机理研究》，载于《厦门大学学报（哲学社会科学版）》2017 年第 4 期。

[33] 于晓红、张雪、李燕燕：《公司内在价值、投资者情绪与 IPO 抑价——基于创业板市场的经验证据》，载于《当代经济研究》2013 年第 1 期。

[34] 张圣平、熊德华、张峥、刘力：《现代经典金融学的困境与行为金融学的崛起》，载于《金融研究》2003 年第 4 期。

[35] 张婷、吕东锴、蒋先玲：《非理性投资与股票最优价格水平》，载于《西安财经学院学报》2013 年第 2 期。

[36] 张婷、于瑾、吕东锴：《新兴市场投资者情绪与价值溢价异象——基于中国内地、香港和台湾地区的比较分析》，载于《国际金融研究》2013 年第 1 期。

[37] 张谊浩、任清莲、汪晓樵：《空气污染、空气污染关注与股票市

场》，载于《中国经济问题》2017 年第 5 期。

[38] 张紫琼、钱国明、李一军：《基于观点在线投票的投资者情绪与中国股市相互影响的实证研究》，载于《软科学》2013 年第 7 期。

[39] 张宗新、王海亮：《投资者情绪、主观信念调整与市场波动》，载于《金融研究》2013 年第 4 期。

[40] 朱小能、刘鹏林：《雾里看花——空气质量影响了分析师的预期吗?》，载于《经济管理》2018 年第 10 期。

[41] Akins B. K. , Ng J. and Verdi R. S. , Investor Competition Over Information and the Pricing of Information Asymmetry. *Accounting Review*, Vol. 87, No. 1, 2012, pp. 35 – 58.

[42] Allen W. T. and Shen H. , *Assessing China' Stop-Down Securities Markets*. Chicago：University of Chicago Press, 2013.

[43] Amihud Y. , Illiquidity and Stock Returns：Cross-Section and Time-Series Effects. *Journal of Financial Markets*, Vol. 5, No. 1, 2002, pp. 31 – 56.

[44] Amihud Y. and Mendelson H. , Dealership Market：Market-Making with Inventory. *Journal of Financial Economics*, Vol. 8, No. 1, 1980, pp. 31 – 53.

[45] An H. and Zhang T. , Stock Price Synchronicity, Crash Risk, and Institutional Investors. *Journal of Corporate Finance*, Vol. 21, 2013, pp. 1 – 15.

[46] Andersen T. G. , Bollerslev T. , Diebold F. X. and Ebens H. , The Distribution of Realized Stock Return Volatility. *Journal of Financial Economics*, Vol. 61, No. 1, 2001a, pp. 43 – 76.

[47] Andersen T. G. , Bollerslev T. , Diebold F. X. and Labys P. , The Distribution of Realized Exchange Rate Volatility. *Journal of the American Statistical Association*, Vol. 96, No. 453, 2001b, pp. 42 – 55.

[48] Anderson C. W. , Fedenia M. , Hirschey M. and Skiba H. , Cultural Influences on Home Bias and International Diversification by Institutional Investors. *Journal of Banking and Finance*, Vol. 35, No. 4, 2011, pp. 916 – 934.

[49] Anderson J. O. , Thundiyil J. G. and Stolbach A. , Clearing the Air: A Review of the Effects of Particulate Matter Air Pollution on Human Health. *Journal of Medical Toxicology*, Vol. 8, No. 2, 2012, pp. 166 – 175.

[50] Angrist J. D. and Pischke J. S. , *Mostly Harmless Econometrics: An Empiricist's Companion*. Princeton University Press, 2009.

[51] Antoniou C. , Doukas J. A. and Subrahmanyam A. , Cognitive Dissonance, Sentiment, and Momentum. *Journal of Financial and Quantitative Analysis*. 2013, Vol. 48, No. 1, 2013, pp. 245 – 275.

[52] Arkes H. R. and Blumer C. , The Psychology of Sunk Cost. *Organizational Behavior and Human Decision Processes*, Vol. 35, No. 1, 1985, pp. 124 – 140.

[53] Ashraf Q. and Galor O. , The "Out of Africa" Hypothesis, Human Genetic Diversity, and Comparative Economic Development. *American Economic Review*, Vol. 103, No. 1, 2013, pp. 1 – 46.

[54] Baker M. and Stein J. C. , Market Liquidity as a Sentiment Indicator. *Journal of Financial Markets*, Vol. 7, No. 3, 2004, pp. 271 – 299.

[55] Baker M. and Wurgler J. , Investor Sentiment and the Cross-Section of Stock Returns. *Journal of Finance*, Vol. 61, No. 4, 2006, pp. 1645 – 1680.

[56] Baker M. and Wurgler J. , Investor Sentiment in the Stock Market. *Journal of Economic Perspectives*, Vol. 21, No. 2, 2007, pp. 129 – 151.

[57] Baker M. , Wurgler J. and Yuan Y. , Global, Local, and Contagious Investor Sentiment. *Journal of Financial Economics*, Vol. 104, No. 2, 2012, pp. 272 – 287.

[58] Balakrishnan K. , Billings M. B. , Kelly B. and Ljungqvist A. , Shaping Liquidity: On the Causal Effects of Voluntary Disclosure. *Journal of Finance*, Vol. 69, No. 5, 2014, pp. 2237 – 2278.

[59] Banz R. W. , The Relationship between Return and Market Value of Common Stocks. *Journal of Financial Economics*, Vol. 9, No. 1, 1981, pp. 3 – 18.

［60］ Barber B. M. , Lee Y. T. , Liu Y. J. and Odean T. , Do Professional Traders Exhibit Loss Realisation Aversion ? *European Financial Management*, Vol. 13, No. 3, 2007, pp. 423 – 447.

［61］ Becker B. , Cronqvist H. and Fahlenbrach R. , Estimating the Effects of Large Shareholders Using a Geographic Instrument. *Journal of Financial and Quantitative Analysis*, Vol. 46, No. 4, 2011, pp. 907 – 942.

［62］ Beer F. and Zouaoui M. , Measuring Stock Market Investor Sentiment. *Journal of Applied Business Research*, Vol. 29, No. 1, 2013, pp. 51 – 68.

［63］ Bekiros S. , Gupta R. and Kyei C. , A Non-Linear Approach for Predicting Stock Returns and Volatility with the Use of Investor Sentiment Indices. *Applied Economics*, Vol. 48, No. 31, 2016, pp. 2895 – 2898.

［64］ Bell M. L. Dominici F. and Samet J. M. , A Meta-Analysis of Time-Series Studies of Ozone and Mortality with Comparison to the National Morbidity, Mortality, and Air Pollution Study. *Epidemiology*, Vol. 16, No. 4, 2005, pp. 436 – 445.

［65］ Ben-Rephael A. , Kandel S. and Wohl A. , Measuring Investor Sentiment with Mutual Fund Flows. *Journal of Financial Economics*, Vol. 104, No. 2, 2012, pp. 363 – 382.

［66］ Berger D. and Turtle H. J. , Cross-Sectional Performance and Investor Sentiment in a Multiple Risk Factor Model. *Journal of Banking and Finance*, Vol. 36, No. 4, 2012, pp. 1107 – 1121.

［67］ Black F. , Noise. *Journal of Finance*, Vol. 41, No. 3, 1986, pp. 529 – 543.

［68］ Bodnaruk A. , Proximity Always Matters: Local Bias When the Set of Local Companies Changes. *Review of Finance*, Vol. 13, No. 4, 2009, pp. 629 – 656.

［69］ Bodnaruk A. and Simonov A. , Loss-Averse Preferences, Performance, and Career Success of Institutional Investors. *Review of Financial Studies*,

Vol. 29, No. 11, 2016, pp. 3140 – 3176.

[70] Boehmer E. and Kelley E. K. , Institutional Investors and the Informational Efficiency of Prices. *Review of Financial Studies*, Vol. 22, No. 9, 2009, pp. 3563 – 3594.

[71] Brambor T. and Clark W. R. and Golder M. , Understanding Interaction Models: Improving Empirical Analyses. *Political Analysis*, Vol. 14, No. 1, 2006, pp. 63 – 82.

[72] Brook R. D. , Franklin B. , Cascio W. , Hong Y. L. , Howard G. , Lipsett M. , Luepker R. , Mittleman M. , Samet J. , Smith S. C. and Tager I. , Air Pollution and Cardiovascular Disease-A Statement for Healthcare Professionals from the Expert Panel on Population and Prevention Science of the American Heart Association. *Circulation*, Vol. 109, No. 21, 2004, pp. 2655 – 2671.

[73] Brown G. W. , Volatility, Sentiment, and Noise Traders. *Financial Analysts Journal*, Vol. 55, No. 2, 1999, pp. 82 – 90.

[74] Brown G. W. and Cliff M. T. , Investor Sentiment and the Near-Term Stock Market. *Journal of Empirical Finance*, Vol. 11, No. 1, 2004, pp. 1 – 27.

[75] Brown R. , *A Brief Account of Microscopical Observations Made... on the Particles Contained in the Pollen of Plants, and on the General Existence of Active Molecules in Organic and Inorganic Bodies.* Richard Taylor, Red Lion Court, Fleet Street. 1828.

[76] Brunnermeier M. K. and Nagel S. , Hedge Funds and the Technology Bubble. *Journal of Finance*, Vol. 59, No. 5, 2004, pp. 2013 – 2040.

[77] Bushman R. , Chen Q. , Engel E. and Smith A. , Financial Accounting Information, Organizational Complexity and Corporate Governance Systems. *Journal of Accounting and Economics*, Vol. 37, 2004, pp. 167 – 201.

[78] Cao M. and Wei J. , Stock Market Returns: A Note on Temperature

Anomaly. *Journal of Banking and Finance*, Vol. 29, No. 6, 2005, pp. 1559 – 1573.

[79] Chang S. C., Chen S. S., Chou R. K. and Lin Y. H., Weather and Intraday Patterns in Stock Returns and Trading Activity. *Journal of Banking and Finance*, Vol. 32, No. 9, 2008, pp. 1754 – 1766.

[80] Chang S. C., Chen S. S., Chou R. K. and Lin Y. H., Local Sports Sentiment and Returns of Locally Headquartered Stocks: A Firm-Level Analysis. *Journal of Empirical Finance*, Vol. 19, No. 3, 2012, pp. 309 – 318.

[81] Chang T., Zivin J. G., Gross T. and Neidell M., The Effect of Pollution on Worker Productivity: Evidence from Call-Center Workers in China. NBER Working Paper, No. w22328, 2016.

[82] Chari V. V., Jagannathan R. and Ofer A. R., Seasonalities in Security Returns-the Case of Earnings Announcements. *Journal of Financial Economics*. 1988, Vol. 21, No. 1, 1988, pp. 101 – 121.

[83] Chen C., Chen Y., Pittman J., Podolski E. and Veeraraghavan M., Managerial Mood and Earnings Forecast Bias: Evidence from Sunshine Exposure. SSRN Working Paper, No. 2973184, 2017.

[84] Chen H. Q., Chong T. T. L. and Duan X., A Principal-Component Approach to Measuring Investor Sentiment. *Quantitative Finance*, Vol. 10, No. 4, 2010, pp. 339 – 347.

[85] Chen M. P., Chen P. F. and Lee C. C., Asymmetric Effects of Investor Sentiment on Industry Stock Returns: Panel Data Evidence. *Emerging Markets Review*, Vol. 14, 2013, pp. 35 – 54.

[86] Chhaochharia V., Kim D., Korniotis G. M. and Kumar A., Mood, Firm Behavior, and Aggregate Economic Outcomes. *Journal of Financial Economics*, Vol. 132, No. 2, 2019, pp. 427 – 450.

[87] Cho J., Choi Y. J., Suh M., Sohn J., Kim H., Cho S. K., Ha K. H., Kim C. and Shin D. C., Air Pollution as a Risk Factor for Depres-

sive Episode in Patients with Cardiovascular Disease, Diabetes Mellitus, or Asthma. *Journal of Affective Disorders*, Vol. 157, 2014, pp. 45 – 51.

［88］Choe H. and Yang C. W. , Liquidity Commonality and its Causes: Evidence from the Korean Stock Market. *Asia-Pacific Journal of Financial Studies*, Vol. 39, No. 5, 2010, pp. 626 – 658.

［89］Choi N. and Sias R. W. , Institutional Industry Herding. *Journal of Financial Economics*, Vol. 94, No. 3, 2009, pp. 469 – 491.

［90］Choi N. and Skiba H. , Institutional Herding in International Markets. *Journal of Banking and Finance*, Vol. 55, 2015, pp. 246 – 259.

［91］Chou R. K. , Wang G. H. and Wang Y. Y. , The Impacts of Individual Day Trading Strategies on Market Liquidity and Volatility: Evidence from the Taiwan Index Futures Market. *Journal of Futures Markets*, Vol. 35, No. 5, 2015, pp. 399 – 425.

［92］Chuang W. I. and Susmel R. , Who is the More Overconfident Trader? Individual vs. Institutional Investors. *Journal of Banking and Finance*, Vol. 35, No. 7, 2011, pp. 1626 – 1644.

［93］Chung S. L. , Hung C. H. and Yeh C. Y. , When does Investor Sentiment Predict Stock Returns? *Journal of Empirical Finance*, Vol. 19, No. 2, 2012, pp. 217 – 240.

［94］Claeson A. S. , Liden E. , Nordin M. and Nordin S. , The Role of Perceived Pollution and Health Risk Perception in Annoyance and Health Symptoms: A Population-Based Study of Odorous Air Pollution. *International Archives of Occupational and Environmental Health*, Vol. 86, No. 3, 2013, pp. 367 – 374.

［95］Clarke R. G. and Statman M. , Bullish or Bearish? *Financial Analysts Journal*, Vol. 54, No. 3, 1998, pp. 63 – 72.

［96］Corredor P. , Ferrer E. and Santamaria R. , Investor Sentiment Effect in Stock Markets: Stock Characteristics or Country-Specific Factors? *Inter-*

national Review of Economics and Finance, Vol. 27, 2013, pp. 572 – 591.

[97] Cortés K., Duchin R. and Sosyura D., Clouded Judgment: The Role of Sentiment in Credit Origination. *Journal of Financial Economics*, Vol. 121, No. 2, 2016, pp. 392 – 413.

[98] Coval J. D. and Moskowitz T. J., Home Bias at Home: Local Equity Preference in Domestic Portfolios. *Journal of Finance*, Vol. 54, No. 6, 1999, pp. 2045 – 2073.

[99] Da Z., Engelberg J. and Gao P. J., In Search of Attention. *Journal of Finance*, Vol. 66, No. 5, 2011, pp. 1461 – 1499.

[100] Dales R. E. and Cakmak S., Does Mental Health Status Influence Susceptibility to the Physiologic Effects of Air Pollution? A Population Based Study of Canadian Children. *Plos One*, Vol. 11, No. 12, 2016.

[101] Damodaran A. The Weekend Effect in Information Releases: A Study of Earnings and Dividend Announcements. *Review of Financial Studies*, Vol. 2, No. 4, 1989, pp. 607 – 623.

[102] Dasgupta A., Prat A. and Verardo M., The Price Impact of Institutional Herding. *Review of Financial Studies*, Vol. 24, No. 3, 2011, pp. 892 – 925.

[103] Dash S. R. and Mahakud J., Investor Sentiment and Stock Return: Do Industries Matter? *Margin: The Journal of Applied Economic Research*, Vol. 7, No. 3, 2013, pp. 315 – 349.

[104] De Bondt W. P., Betting on Trends-Intuitive Forecasts of Financial Risk and Return. *International Journal of Forecasting.* 1993, Vol. 9, No. 3, 1993, pp. 355 – 371.

[105] De Jong A., Rosenthal L. and Van Dijk M. A., The Risk and Return of Arbitrage in Dual-Listed Companies. *Review of Finance*, Vol. 13, No. 3, 2009, pp. 495 – 520.

[106] De Long J. B., Shleifer A., Summers L. H. and Waldmann R. J., Noise Trader Risk in Financial-Markets. *Journal of Political Economy*,

Vol. 98, No. 4, 1990, pp. 703 – 738.

[107] Debata B. and Mahakud J., Economic Policy Uncertainty and Stock Market Liquidity: Does Financial Crisis Make Any Difference? *Journal of Financial Economic Policy.* 2018, Vol. 10, No. 1, 2018, pp. 112 – 135.

[108] Dehaan E., Madsen J. and Piotroski J. D., Do Weather-Induced Moods Affect the Processing of Earnings News? *Journal of Accounting Research*, Vol. 55, No. 3, 2017, pp. 509 – 550.

[109] Del Rio C. and Santamaria R., Stock Characteristics, Investor Type, and Market Myopia. *Journal of Behavioral Finance*, Vol. 17, No. 2, 2016, pp. 183 – 199.

[110] Demir E. and Ersan O., When Stock Market Investors Breathe Polluted Air, in: Bilgin M. H. and Danis H. (Eds), *Entrepreneurship, Business and Economics-Vol. 2: Proceedings of the 15th Eurasia Business and Economics Society Conference.* Springer, 2016.

[111] Derrien F. and Kecskes A., The Real Effects of Financial Shocks: Evidence from Exogenous Changes in Analyst Coverage. *Journal of Finance*, Vol. 68, No. 4, 2013, pp. 1407 – 1440.

[112] Dhaoui A. and Bacha S., Investor Emotional Biases and Trading Volume's Asymmetric Response: A Non-Linear ARDL Approach Tested in S&P500 Stock Market. *Cogent Economics & Finance*, Vol. 5, No. 1, 2017.

[113] Doukas J. A., Kim C. and Pantzalis C., Arbitrage Risk and Stock Mispricing. *Journal of Financial and Quantitative Analysis*, Vol. 45, No. 4, 2010, pp. 907 – 934.

[114] Dowling M. and Lucey B. M., Robust Global Mood Influences in Equity Pricing. *Journal of Multinational Financial Management*, Vol. 18, No. 2, 2008, pp. 145 – 164.

[115] Dreman D. N., Investor Overreaction and Contrarian Strategies, AIMR Conference Proceedings, vol. 2000. Association for Investment Manage-

ment and Research, 2000. pp. 55 – 64.

[116] Driscoll J. C. and Kraay A. C., Consistent Covariance Matrix Estimation with Spatially Dependent Panel Data. *Review of Economics and Statistics*, Vol. 80, 1998, pp. 549 – 560.

[117] Duan Y., Hu G. and Mclean R. D., Costly Arbitrage and Idiosyncratic Risk: Evidence from Short Sellers. *Journal of Financial Intermediation*, Vol. 19, No. 4, 2010, pp. 564 – 579.

[118] Dubois M., Louvet P. The day – of – the – week effect: The international evidence. *Journal of Banking & Finance*, Vol. 20, No. 9, 1996, pp. 1463 – 1484.

[119] Edmans A., Garcia D. and Norli O., Sports sentiment and stock returns. *Journal of Finance*, Vol. 62, No. 4, 2007, pp. 1967 – 1998.

[120] Ekman P., *Emotions Revealed: Recognizing Faces and Feelings to Improve Communication and Emotional Life*. New York: Holt, 2007.

[121] Ellsberg D., Risk, Ambiguity, and the Savage Axioms. *Quarterly Journal of Economics*, Vol. 75, No. 4, 1961, pp. 643 – 669.

[122] Ellul A. and Panayides M., Do Financial Analysts Restrain Insiders' Informational Advantage? *Journal of Financial and Quantitative Analysis*, Vol. 53, No. 1, 2018, pp. 203 – 241.

[123] Fama E. F., Efficient Capital Markets-Review of Theory and Empirical Work. *Journal of Finance*, Vol. 25, No. 2, 1970, pp. 383 – 423.

[124] Fama E. F. and French K. R., The Cross-Section of Expected Stock Returns. *Journal of Finance*, Vol. 47, No. 2, 1992, pp. 427 – 465.

[125] Fama E. F. and French K. R., Common Risk-Factors in the Returns on Stocks and Bonds. *Journal of Financial Economics*, Vol. 33, No. 1, 1993, pp. 3 – 56.

[126] Fama E. F. and French K. R., A Five-Factor Asset Pricing Model. *Journal of Financial Economics*, Vol. 116, No. 1, 2015, pp. 1 – 22.

[127] Fama E. F. and MacBeth J. D. , Risk, Return, and Equilibrium-Empirical Tests. *Journal of Political Economy*, Vol. 81, No. 3, 1973, pp. 607 – 636.

[128] Firth M. , Wang K. and Wong S. M. L. , Corporate Transparency and the Impact of Investor Sentiment on Stock Prices. *Management Science*, Vol. 61, No. 7, 2015, pp. 1630 – 1647.

[129] Fong W. M. , Risk Preferences, Investor Sentiment and Lottery Stocks: A Stochastic Dominance Approach. *Journal of Behavioral Finance*, Vol. 14, No. 1, 2013, pp. 42 – 52.

[130] Fonken L. K. , Xu X. , Weil Z. M. , Chen G. , Sun Q. , Rajagopalan S. and Nelson R. J. , Air Pollution Impairs Cognition, Provokes Depressive-Like Behaviors and Alters Hippocampal Cytokine Expression and Morphology. *Molecular Psychiatry*, Vol. 16, No. 10, 2011, pp. 987 – 995.

[131] Försti A. , The Stock Market Effect of Air Pollution: Evidence from Finland and Hong Kong. Aalto University Working Paper, 2017.

[132] Foucault T. , Sraer D. and Thesmar D. J. , Individual Investors and Volatility. *Journal of Finance*, Vol. 66, No. 4, 2011, pp. 1369 – 1406.

[133] Frank M. Z. and Sanati A. , How does the Stock Market Absorb Shocks? *Journal of Financial Economics*, Vol. 129, No. 1, 2018, pp. 136 – 153.

[134] Frazzini A. , The Disposition Effect and Underreaction to News. *Journal of Finance*, Vol. 61, No. 4, 2006, pp. 2017 – 2046.

[135] Frazzini A. and Lamont O. A. , Dumb Money: Mutual Fund Flows and the Cross-Section of Stock Returns. *Journal of Financial Economics*, Vol. 88, No. 2, 2008, pp. 299 – 322.

[136] French K. R. , Stock Returns and the Weekend Effect. *Journal of Financial Economics*, Vol. 8, No. 1, 1980, pp. 55 – 69.

[137] French K. R. and Poterba J. M. , Investor Diversification and International Equity Markets. *American Economic Review*, Vol. 81, No. 2, 1991,

pp. 222 – 226.

[138] Gao D. L. and Zhang X. Y. , Investor Sentiment and Stock Market Volatility Decomposition. 2013 International Conference on Industrial Engineering and Management Science (Iciems 2013), 2013, pp. 548 – 553.

[139] Gao Y. , Mao C. X. and Zhong R. , Divergence of Opinion and Long-Term Performance of Initial Public Offerings. *Journal of Financial Research*, Vol. 29, No. 1, 2006, pp. 113 – 129.

[140] Garcia D. , Sentiment during Recessions. *Journal of Finance*, Vol. 68, No. 3, 2013, pp. 1267 – 1300.

[141] Gervais S. , Heaton J. B. and Odean T. , The Positive Role of Overconfidence and Optimism in Investment Policy. Rodney L. White Center for Financial Research Working Paper, 2002.

[142] Gervais S. and Odean T. , Learning to be Overconfident. *Review of Financial Studies*, Vol. 14, No. 1, 2001, pp. 1 – 27.

[143] Gibbons M. R. and Hess P. , Day of the Week Effects and Asset Returns. *Journal of Business*, Vol. 54, No. 4, 1981, pp. 579 – 596.

[144] Goetzmann W. N. , Kim D. , Kumar A. and Wang Q. , Weather-Induced Mood, Institutional Investors, and Stock Returns. *Review of Financial Studies*, Vol. 28, No. 1, 2015, pp. 73 – 111.

[145] Goetzmann W. N. and Zhu N. , Rain or Shine: Where is the Weather Effect? *European Financial Management*, Vol. 11, No. 5, 2005, pp. 559 – 578.

[146] Grinblatt M. and Keloharju M. , How Distance, Language, and Culture Influence Stockholdings and Trades. *Journal of Finance*, Vol. 56, No. 3, 2001, pp. 1053 – 1073.

[147] Grossman S. J. and Stiglitz J. E. , On the Impossibility of Informationally Efficient Markets. *American Economic Review*, Vol. 70, No. 3, 1980, pp. 393 – 408.

[148] Guo T., The Price Discounts of Chinese Cross-Listed Companies and Their Variation across Sectors. CMC Senior Theses, 2013.

[149] Hausman J. A., Ostro B. D. and Wise D. A., Air Pollution and Lost Work. NBER Working Paper, No. 1263, 1984.

[150] He X. B. and Liu Y., The Public Environmental Awareness and the Air Pollution Effect in Chinese Stock Market. *Journal of Cleaner Production*, Vol. 185, 2018, pp. 446 – 454.

[151] Hendershott T., Livdan D. and Schurhoff N., Are Institutions Informed about News? *Journal of Financial Economics*, Vol. 117, No. 2, 2015, pp. 249 – 287.

[152] Heyes A., Neidell M. and Saberian S., The Effect of Air Pollution on Investor Behavior: Evidence from the S&P 500. NBER Working Paper, No. 22753, 2016.

[153] Hirshleifer D. and Shumway T., Good Day Sunshine: Stock Returns and the Weather. *Journal of Finance*, Vol. 58, No. 3, 2003, pp. 1009 – 1032.

[154] Hirshleifer D., Teoh S. H. and Yu J. J., Short Arbitrage, Return Asymmetry, and the Accrual Anomaly. *Review of Financial Studies*, Vol. 24, No. 7, 2011, pp. 2429 – 2461.

[155] Hochberg Y. V. and Rauh J. D., Local Overweighting and Underperformance: Evidence from Limited Partner Private Equity Investments. *Review of Financial Studies*, Vol. 26, No. 2, 2013, pp. 403 – 451.

[156] Hong H. and Kacperczyk M., Competition and Bias. *Quarterly Journal of Economics*, Vol. 125, No. 4, 2010, pp. 1683 – 1725.

[157] Hu C. and Wang Y., Investor Sentiment and Assets Valuation. *Systems Engineering Procedia*, Vol. 3, 2012, pp. 166 – 171.

[158] Hu C. and Wang Y., Noise Trading and Stock Returns: Evidence from China. *China Finance Review International*, Vol. 3, No. 3, 2013, pp. 301 – 315.

[159] Hu X., Li O. Z. and Lin Y., Particles, Pollutions and Prices. SSRN Working Paper, No. 2525980, 2014.

[160] Huang D. S., Jiang F. W., Tu J. and Zhou G. F., Investor Sentiment Aligned: A Powerful Predictor of Stock Returns. *Review of Financial Studies*, Vol. 28, No. 3, 2015, pp. 791 –837.

[161] Huang E. J., The Role of Institutional Investors and Individual Investors in Financial Markets: Evidence from Closed-End Funds. *Review of Financial Economics*, Vol. 26, 2015, pp. 1 –11.

[162] Huang J., Xu N. and Yu H., Pollution and Performance: Do Investors Make Worse Trades on Hazy Days. SSRN Working Paper, No. 2846165, 2017.

[163] Huang X. B., PM2.5, Investor Sentiment, and Stock Returns. DEStech Transactions on Engineering and Technology Research, (ICAENM), 2017.

[164] Ivkovic Z. and Weisbenner S., Local does as Local is: Information Content of the Geography of Individual Investors' Common Stock Investments. *Journal of Finance*, Vol. 60, No. 1, 2005, pp. 267 –306.

[165] Jacobs H., What Explains the Dynamics of 100 Anomalies? *Journal of Banking and Finance*, Vol. 57, 2015, pp. 65 –85.

[166] Ji D., Li L., Wang Y., Zhang J., et al., The Heaviest Particulate Air-Pollution Episodes Occurred in Northern China in January, 2013: Insights gained from observation. *Atmospheric Environment*, Vol. 92, 2014, pp. 546 –556.

[167] Jia Z., Wei Y. J., Li X. Q., et al., Exposure to Ambient Air Particles Increases the Risk of Mental Disorder: Findings from a Natural Experiment in Beijing. *International Journal of Environmental Research and Public Health*, Vol. 15, No. 1, 2018.

[168] Jiang D., Norris D. and Sun L., Weather, Institutional Inves-

tors, and Earnings News. SSRN Working Paper, No. 3142635, 2018.

[169] Jones C. M. and Lamont O. A., Short-Sale Constraints and Stock Returns. *Journal of Financial Economics*, Vol. 66, No. 2 – 3, 2002, pp. 207 – 239.

[170] Joseph K., Wintoki M. B. and Zhang Z. L., Forecasting Abnormal Stock Returns and Trading Volume Using Investor Sentiment: Evidence from Online Search. *International Journal of Forecasting*, Vol. 27, No. 4, 2011, pp. 1116 – 1127.

[171] Kahneman D. and Riepe M. W., Aspects of Investor Psychology. *Journal of Portfolio Management*, Vol. 24, No. 4, 1998, pp. 52 – 65.

[172] Kahneman D. and Tversky A., On the Psychology of Prediction. *Psychological Review*, Vol. 80, No. 4, 1973, pp. 237 – 251.

[173] Kahneman D. and Tversky A., Prospect Theory-Analysis of Decision under Risk. *Econometrica*, Vol. 47, No. 2, 1979, pp. 263 – 291.

[174] Kamstra M. J., Kramer L. A. and Levi M. D. Winter Blues: A SAD Stock Market Cycle. *American Economic Review*, Vol. 93, No. 1, 2003, pp. 324 – 343.

[175] Kang S. H., Jiang Z., Lee Y. and Yoon S. M., Weather Effects on the Returns and Volatility of the Shanghai Stock Market. *Physica a-Statistical Mechanics and Its Applications*, Vol. 389, No. 1, 2010, pp. 91 – 99.

[176] Karolyi G. A., Lee K. H. and van Dijk M. A., Understanding Commonality in Liquidity around the World. *Journal of Financial Economics*, Vol. 105, No. 1, 2012, pp. 82 – 112.

[177] Keef S. P. and Roush M. L., The Weather and Stock Returns in New Zealand. *Quarterly Journal of Business and Economics*, Vol. 41, No. 1/2, 2002, pp. 61 – 79.

[178] Keef S. P. and Roush M. L., Daily Weather Effects on the Returns of Australian Stock Indices. *Applied Financial Economics*, Vol. 17, No. 3,

2007, pp. 173 – 184.

[179] Keltner D. and Lerner J. S. , *Emotion*. Handbook of Social Psychology, 2010, p. 2: II: 9.

[180] Keltner D. , Oatley K. and Jenkins J. M. , *Understanding Emotions. Hoboken*, NJ: Wiley, 2014.

[181] Kim J. S. , Kim D. H. and Seo S. W. , Individual Mean-Variance Relation and Stock-Level Investor Sentiment. *Journal of Business Economics and Management*, Vol. 18, No. 1, 2017, pp. 20 – 34.

[182] Kim M. and Park J. , Individual Investor Sentiment and Stock Returns: Evidence from the Korean Stock Market. *Emerging Markets Finance and Trade*, Vol. 51, 2015, pp. S1 – S20.

[183] Kramer L. A. and Weber J. M. , This is Your Portfolio on Winter: Seasonal Affective Disorder and Risk Aversion in Financial Decision Making. *Social Psychological and Personality Science*, Vol. 3, No. 2, 2012, pp. 193 – 199.

[184] Kumar A. and Lee C. M. C. , Retail Investor Sentiment and Return Comovements. *Journal of Finance*, Vol. 61, No. 5, 2006, pp. 2451 – 2486.

[185] Kumar A. , Page J. K. and Spalt O. G. , Investor Sentiment and Return Comovements: Evidence from Stock Splits and Headquarters Changes. *Review of Finance*, Vol. 17, No. 3, 2013, pp. 921 – 953.

[186] Kumari J. and Mahakud J. , Does Investor Sentiment Predict the Asset Volatility? Evidence from Emerging Stock Market India. *Journal of Behavioral and Experimental Finance*, Vol. 8, 2015, pp. 25 – 39.

[187] Kyle A. S. , Continuous Auctions and Insider Trading. *Econometrica*, Vol. 53, No. 6, 1985, pp. 1315 – 1335.

[188] Lam K. C. K. , Sami H. and Zhou H. , Changes in the Value Relevance of Accounting Information over Time: Evidence from the Emerging Market of China. *Journal of Contemporary Accounting and Economics*, Vol. 9, 2013, pp. 123 – 135.

［189］Lavy V. , Ebenstein A. and Roth S. , The Impact of Short Term Exposure to Ambient Air Pollution on Cognitive Performance and Human Capital Formation. NBER Working paper, No. w20648, 2014.

［190］Lee E. P. K. , Individual Stock Investor Sentiment, Stock Issuance, and Financial Market Anomalies. Publicly Accessible Penn Dissertations, No. 771, 2013.

［191］Lee H. C. , Tseng Y. C. and Yang C. J. , Commonality in Liquidity, Liquidity Distribution, and Financial Crisis: Evidence from Country ETFs. *Pacific-Basin Finance Journal*, Vol. 29, 2014, pp. 35 – 58.

［192］Lee W. Y. , Jiang C. X. and Indro D. C. , Stock Market Volatility, Excess Returns, and the Role of Investor Sentiment. *Journal of Banking and Finance*, Vol. 26, No. 12, 2002, pp. 2277 – 2299.

［193］Lemmon M. and Portniaguina E. , Consumer Confidence and Asset Prices: Some Empirical Evidence. *Review of Financial Studies*, Vol. 19, No. 4, 2006, pp. 1499 – 1529.

［194］Lepori G. M. , Air Pollution and Stock Returns: Evidence from a Natural Experiment. *Journal of Empirical Finance*, Vol. 35, 2016, pp. 25 – 42.

［195］Lercher P. , Schmitzberger R. and Kofler W. , Perceived Traffic Air-Pollution, Associated Behavior and Health in an Alpine Area. *Science of the Total Environment*, Vol. 169, No. 1 – 3, 1995, pp. 71 – 74.

［196］Lerner J. , Li Y. , Valdesolo P. and Kassam K. , Emotion and Decision Making. *Annual Review of Psychology*, Vol. 66, 2015, pp. 799 – 823.

［197］Levy T. and Yagil J. , Air Pollution and Stock Returns in the US. *Journal of Economic Psychology*, Vol. 32, No. 3, 2011, pp. 374 – 383.

［198］Li J. J. , Massa M. , Zhang H. and Zhang J. , Behavioral Bias in Haze: Evidence from Air Pollution and the Disposition Effect in China. SSRN Working Paper, No. 2993763, 2017.

［199］Li Q. and Peng C. H. , The Stock Market Effect of Air Pollution:

Evidence from China. *Applied Economics*, Vol. 48, No. 36, 2016, pp. 3442 – 3461.

[200] Li W. , Academic Claims Air Pollution is More Frightening than SARS Virus, China Daily, 2013.

[201] Lim Y. H. , Kim H. , Kim J. H. , et al. , Air Pollution and Symptoms of Depression in Elderly Adults. *Environmental Health Perspectives*, Vol. 120, No. 7, 2012, pp. 1023 – 1028.

[202] Lintner J. , The Valuation of Risk Assets and the Selection of Risky Investments in Stock Portfolios and Capital Budgets. *Review of Economics and Statistics*, Vol. 47, No. 1, 1965, pp. 13 – 37.

[203] Liu S. M. , Investor Sentiment and Stock Market Liquidity. *Journal of Behavioral Finance*, Vol. 16, No. 1, 2015, pp. 51 – 67.

[204] Loewenstein G. F. , Weber E. U. , Hsee C. K. , et al. , Risk as Feelings. *Psychological Bulletin*, Vol. 127, No. 2, 2001, p. 267.

[205] Loughran T. and Schultz P. , Weather, Stock Returns, and the Impact of Localized Trading Behavior. *Journal of Financial and Quantitative Analysis*, Vol. 39, No. 2, 2004, pp. 343 – 364.

[206] Lu J. and Chou R. K. , Does the Weather Have Impacts on Returns and Trading Activities in Order-Driven Stock Markets? Evidence from China. *Journal of Empirical Finance*, Vol. 19, No. 1, 2012, pp. 79 – 93.

[207] Lucey B. and Dowling M. , The Role of Feelings in Investor Decision-Making. *Journal of Economic Surveys*, Vol. 19, No. 2, 2005, pp. 211 – 237.

[208] Lundberg A. , Psychiatric Aspects of Air Pollution. *Otolaryngology-Head and Neck Surgery*, Vol. 114, No. 2, 1996, pp. 227 – 231.

[209] Markowitz H. , Portfolio Selection. *Journal of Finance*, Vol. 7, No. 1, 1952, pp. 77 – 91.

[210] Mohai P. , Kweon B. S. , Lee S. and Ard K. , Air Pollution

Around Schools Is Linked To Poorer Student Health And Academic Performance. *Health Affairs*, Vol. 30, No. 5, 2011, pp. 852 – 862.

［211］Mokoena M. L., Harvey B. H., Viljoen F., Ellis S. M. and Brink C. B., Ozone Exposure of Flinders Sensitive Line Rats is a Rodent Translational Model of Neurobiological Oxidative Stress with Relevance for Depression and Antidepressant Response. *Psychopharmacology*, Vol. 232, No. 16, 2015, pp. 2921 – 2938.

［212］Mossin J., Equilibrium in a Capital Asset Market. *Econometrica*, Vol. 34, No. 4, 1966, pp. 768 – 783.

［213］Nagel S., Short Sales, Institutional Investors and the Cross-Section of Stock Returns. *Journal of Financial Economics*, Vol. 78, No. 2, 2005, pp. 277 – 309.

［214］Neal R. and Wheatley S. M., Do Measures of Investor Sentiment Predict Returns? *Journal of Financial and Quantitative Analysis*, Vol. 33, No. 4, 1998, pp. 523 – 547.

［215］Nofsinger J. R., Social Mood and Financial Economics. *Journal of Behavioral Finance*, Vol. 6, No. 3, 2005, pp. 144 – 160.

［216］Nofsinger J. R. and Sias R. W., Herding and Feedback Trading by Institutional and Individual Investors. *Journal of Finance*, Vol. 54, No. 6, 1999, pp. 2263 – 2295.

［217］Osborne M. F. M., Brownian-Motion in the Stock-Market. *Operations Research*, Vol. 7, No. 2, 1959, pp. 145 – 173.

［218］Otoo M., Consumer Sentiment and the Stock Market. Working Paper, No. 205028, 1999.

［219］Paek M. and Ko K., Aggregate Net Flows, Inflows, and Outflows of Equity Funds: The US versus Japan. *Japan and the World Economy*, Vol. 32, 2014, pp. 85 – 95.

［220］Polk C. and Sapienza P., The Stock Market and Corporate Investment: A Test of Catering Theory. *Review of Financial Studies*, Vol. 22, No. 1, 2009, pp. 187 –217.

[221] Pope C. A., Hansen J. C., Kuprov R., Sanders M. D., et al., Vascular Function and Short-Term Exposure to Fine Particulate Air Pollution. *Journal of the Air and Waste Management Association*, Vol. 61, No. 8, 2011, pp. 858 –863.

[222] Power M. C., Kioumourtzoglou M. A., Hart J. E., Okereke O. I., Laden F. and Weisskopf M. G., The Relation between Past Exposure to Fine Particulate Air Pollution and Prevalent Anxiety: Observational Cohort Study. *Bmj-British Medical Journal*, Vol. 350, 2015.

[223] Prado M. P., Saffi P. A. C. and Sturgess J., Ownership Structure, Limits to Arbitrage, and Stock Returns: Evidence from Equity Lending Markets. *Review of Financial Studies*, Vol. 29, No. 12, 2016, pp. 3211 – 3244.

[224] Qian X. L., Small Investor Sentiment, Differences of Opinion and Stock Overvaluation. *Journal of Financial Markets*, Vol. 19, 2014, pp. 219 – 246.

[225] Qiu L. and Welch I., Investor Sentiment Measures. Working Paper, No. w10794, 2004.

[226] Rautio N., Filatova S., Lehtiniemi H. and Miettunen J., Living Environment and its Relationship to Depressive Mood: A Systematic Review. *International Journal of Social Psychiatry*, Vol. 64, No. 1, 2018, pp. 92 –103.

[227] Roll R. W., Weather, in: Malkiel B., Newman P., Milgrate M. and Eatwell J. (Eds.), *New Palgrave Dictionary of Money and Finance*, Macmillan London, 1992.

[228] Rosenblitt J. C., Soler H., Johnson S. E. and Quadagno D. M., Sensation Seeking and Hormones in Men and Women: Exploring the Link. *Hormones and Behavior*, Vol. 40, No. 3, 2001, pp. 396 –402.

［229］Ross S. A. , Arbitrage Theory of Capital Asset Pricing. *Journal of Economic Theory*, Vol. 13, No. 3, 1976, pp. 341 – 360.

［230］Saunders E. M. , Stock-Prices and Wall-Street Weather. *American Economic Review*, Vol. 83, No. 5, 1993, pp. 1337 – 1345.

［231］Sayim M. , Morris P. D. and Rahman H. , The effect of US Individual Investor Sentiment on Industry-Specific Stock Returns and Volatility. *Review of Behavioural Finance*, Vol. 5, No. 1, 2013, pp. 58 – 76.

［232］Schmeling M. , Investor Sentiment and Stock Returns: Some International Evidence. *Journal of Empirical Finance*, Vol. 16, No. 3, 2009, pp. 394 – 408.

［233］Schmittmann J. M. , Pirschel J. , Meyer S. and Hackethal A. , The Impact of Weather on German Retail Investors. *Review of Finance*, Vol. 19, No. 3, 2015, pp. 1143 – 1183.

［234］Seasholes M. S. and Zhu N. , Individual Investors and Local Bias. *Journal of Finance*, Vol. 65, No. 5, 2010, pp. 1987 – 2010.

［235］Shalen C. T. , Volume, Volatility, and the Dispersion of Beliefs. *Review of Financial Studies*, Vol. 6, No. 2, 1993, pp. 405 – 434.

［236］Shan L. W. and Gong S. X. , Investor Sentiment and Stock Returns: Wenchuan Earthquake. *Finance Research Letters*, Vol. 9, No. 1, 2012, pp. 36 – 47.

［237］Sharpe W. F. , Capital-Asset Prices-A Theory of Market Equilibrium under Conditions of Risk. *Journal of Finance*, Vol. 19, No. 3, 1964, pp. 425 – 442.

［238］Shefrin H. , Investors' Judgments, Asset Pricing Factors and Sentiment. *European Financial Management*, Vol. 21, No. 2, 2015, pp. 205 – 227.

［239］Shefrin H. and Statman M. , The Disposition to Sell Winners Too Early and Ride Losers Too Long-Theory and Evidence. *Journal of Finance*, Vol. 40, No. 3, 1985, pp. 777 – 790.

［240］Shiller R. J., Stock-Prices and Social Dynamics. *Brookings Papers on Economic Activity*, Vol. 1984, No. 2, 1984, pp. 457 – 510.

［241］Shive S., Local Investors, Price Discovery, and Market Efficiency. *Journal of Financial Economics*, Vol. 104, No. 1, 2012, pp. 145 – 161.

［242］Shleifer A., *Inefficient Markets*: *An Introduction to Behavioral Finance*. Oxford University Press: New York, 2000.

［243］Shleifer A. and Vishny R. W., The Limits of Arbitrage. *Journal of Finance*, Vol. 52, No. 1, 1997, pp. 35 – 55.

［244］Sias R. W., Institutional Herding. *Review of Financial Studies*, Vol. 17, No. 1, 2004, pp. 165 – 206.

［245］Sias R. W. and Starks L. T., Return Autocorrelation and Institutional Investors. *Journal of Financial Economics*, Vol. 46, No. 1, 1997, pp. 103 – 131.

［246］Solt M. E. and Statman M., How Useful is the Sentiment Index? *Financial Analysts Journal*, Vol. 44, No. 5, 1998, pp. 45 – 55.

［247］Stambaugh R. F., Yu J. F. and Yuan Y., Arbitrage Asymmetry and the Idiosyncratic Volatility Puzzle. *Journal of Finance*, Vol. 70, No. 5, 2015, pp. 1903 – 1948.

［248］Statman M., Thorley S. and Vorkink K., Investor Overconfidence and Trading Volume. *Review of Financial Studies*, Vol. 19, No. 4, 2006, pp. 1531 – 1565.

［249］Stecklow S., For Stock Market Advice, Just Call the Meteorologist for Manhattan. *Wall Street Journal*, Vol. 28, 1993.

［250］Stein J. C., Rational Capital Budgeting in an Irrational World. *Journal of Business*, Vol. 69, No. 4, 1996, pp. 429 – 455.

［251］Su J. and Zhang S. J., Investor Sentiment and Stock Price Volatility in Chinese Small and Medium-sized Board. *2013 3rd International Conference on Applied Social Science* (*Icass* 2013), Vol. 3, 2013, pp. 124 – 129.

[252] Szyszkowicz M. , Rowe B. H. and Colman I. , Air Pollution and Daily Emergency Department Visits for Depression. *International Journal of Occupational Medicine and Environmental Health*, Vol. 22, No. 4, 2009, pp. 355 – 362.

[253] Tallon L. A. , Manjourides J. , Pun V. C. , et al. , Cognitive Impacts of Ambient Air Pollution in the National Social Health and Aging Project (NSHAP) Cohort. *Environment International*, Vol. 104, 2017, pp. 102 – 109.

[254] Thaler R. , Toward a Positive Theory of Consumer Choice. *Journal of Economic Behavior and Organization*, Vol. 1, No. 1, 1980, pp. 39 – 60.

[255] Thaler R. H. , Mental Accounting Matters. *Journal of Behavioral Decision Making*, Vol. 12, No. 3, 1999, pp. 183 – 206.

[256] Tversky A. and Kahneman D. , Judgment under Uncertainty-Heuristics and Biases. *Science*, Vol. 185, No. 4157, 1974, pp. 1124 – 1131.

[257] Tversky A. and Kahneman D. , The Framing of Decisions and the Psychology of Choice. *Science*, Vol. 211, No. 4481, 1981, pp. 453 – 458.

[258] Waggle D. and Agrrawal P. , Investor Sentiment and Short-Term Returns for Size-Adjusted Value and Growth Portfolios. *Journal of Behavioral Finance*, Vol. 16, No. 1, 2015, pp. 81 – 93.

[259] Wang K. , Li Y. M. , Erickson J. A new look at the Monday effect. *Journal of Finance*, Vol. 52, No. 5, 1997, pp. 2171 – 2186.

[260] Wei J. S. , Behavioral Biases in the Corporate Bond Market. *Journal of Empirical Finance*, Vol. 46, 2018, pp. 34 – 55.

[261] Weuve J. , Puett R. C. , Schwartz J. , et al. , Exposure to Particulate Air Pollution and Cognitive Decline in Older Women. *Archives of Internal Medicine*, Vol. 172, No. 3, 2012, pp. 219 – 227.

[262] Wu Q. Q. , Hao Y. and Lu J. , Air Pollution, Stock Returns, and Trading Activities in China. *Pacific-Basin Finance Journal*, Vol. 51, 2018a, pp. 342 – 365.

［263］ Wu X. H. , Chen S. S. , Guo J. , et al. , Effect of Air Pollution on the Stock Yield of Heavy Pollution Enterprises in China's Key Control Cities. *Journal of Cleaner Production*, Vol. 170, 2018b, pp. 399 – 406.

［264］ Wulfmeyer S. , Irrational Mutual Fund Managers: Explaining Differences in Their Behavior. *Journal of Behavioral Finance*, Vol. 17, No. 2, 2016, pp. 99 – 123.

［265］ Xu P. , Chen Y. and Ye X. , Haze, Air Pollution, and Health in China. *The Lancet*, Vol. 382, No. 9910, 2013, p. 2067.

［266］ Yang C. P. and Li J. F. , Two-Period Trading Sentiment Asset Pricing Model with Information. *Economic Modelling*, Vol. 36, 2014, pp. 1 – 7.

［267］ Yang C. P. and Zhou L. Y. , Individual Stock Crowded Trades, Individual Stock Investor Sentiment and Excess Returns. *North American Journal of Economics and Finance*, Vol. 38, 2016, pp. 39 – 53.

［268］ Yang L. , Goh J. and Chiyachantana C. , Valuation Uncertainty, Market Sentiment and the Informativeness of Institutional Trades. *Journal of Banking and Finance*, Vol. 72, 2016, pp. 81 – 98.

［269］ Ye P. F. , Does the Disposition Effect Matter in Corporate Takeovers? Evidence from Institutional Investors of Target Companies. *Journal of Financial and Quantitative Analysis*, Vol. 49, No. 1, 2014, pp. 221 – 248.

［270］ Yoon S. M. and Kang S. H. , Weather Effects on Returns: Evidence from the Korean Stock Market. *Physica a-Statistical Mechanics and Its Applications*, Vol. 388, No. 5, 2009, pp. 682 – 690.

［271］ Yu J. F. and Yuan Y. Investor Sentiment and the Mean-Variance Relation. *Journal of Financial Economics*, Vol. 100, No. 2, 2011, pp. 367 – 381.

［272］ Yuan K. , Zheng L. and Zhu Q. , Are Investors Moonstruck? -Lunar Phases and Stock Returns. *Journal of Empirical Finance*, Vol. 13, No. 1, 2006, pp. 1 – 23.

［273］ Zhang Y. H. , Jiang Y. and Guo Y. J. , The Effects of Haze Pollution on Stock Performances: Evidence from China. *Applied Economics*, Vol. 49, No. 23, 2017, pp. 2226 – 2237.

[274] Zivin J. G. and Neidell M. , The Impact of Pollution on Worker Productivity. *American Economic Review*, Vol. 102, No. 7, 2012, pp. 3652 – 3673.

[275] Zouaoui M. , Nouyrigat G. and Beer F. , How does Investor Sentiment Affect Stock Market Crises? Evidence from Panel Data. *Financial Review*, Vol. 46, No. 4, 2011, pp. 723 – 747.